»Ich sehe Amerika tanzen«
Isadora Duncan

DAS BUCH

»Die göttliche Isadora« – so hat man sie in ganz Europa gefeiert. Sie schuf zu Beginn des 20. Jahrhunderts den »Tanz der Zukunft« – voller Ästhetik und Natürlichkeit – und darf damit als die Begründerin des modernen Tanzes gelten. Ihre Ideale hat sie in eigenen Tanzschulen, die sie in den verschiedensten Ländern Europas eröffnete, an die nachfolgende Generation weitergegeben.
Ihr Leben lang war Isadora aufsässig. Als Kind schwor sie sich, niemals zu heiraten, denn sie war für die freie Liebe: »Ich habe mich nie geschämt, verliebt zu sein – und ich war oft verliebt.« Immer bereit zu provozieren, kämpfte sie gegen die verhaßten Konventionen. Sie schreckte nicht davor zurück, als halbentblößte Marianne die Marseillaise zu tanzen oder ihren kommunistisch roten Schal vor den puritanisch-amerikanischen Zuschauern zu schwenken.
Ihr Leben war auch eine Tragödie: Ihre drei Kinder, die sie von drei verschiedenen Männern bekam, starben noch in Kindesjahren. Der russische Dichter Sergej Jessenin – der einzige Mann, dem Isadora jemals das Jawort gab – beging kurz nach ihrer Trennung Selbstmord. Und trotz all dieser Schicksalsschläge war Isadora immer weiter bereit, für ihre Ideale zu kämpfen. Ein tragischer Unfall beendete ihr Leben, als ihr Schal sich in den Speichen ihres Wagens verfing und sie erdrosselte, so daß sie nicht mehr erlebte, wie ihr Traum vom tanzenden Amerika sich Jahre später zu erfüllen begann.

DER AUTOR

Jochen Schmidt ist Tanzkritiker der FAZ, außerdem Autor der Pina-Bausch-Biographie und ein profunder Kenner des modernen Tanzes. Kenntnisreich erzählt er Isadoras Leben voller Höhen und Tiefen.

JOCHEN SCHMIDT

»Ich sehe Amerika tanzen«

Isadora Duncan

LIST TASCHENBUCH VERLAG

Alle Bilder mit dem Signet D. D. aus: Dorée Duncan, Carol Pratl, Cynthia Splatt, »Life into Art. Isadora Duncan and Her World«, London/New York 1993

List Taschenbuch Verlag 2000
Der List Taschenbuch Verlag ist ein Unternehmen der
Econ Ullstein List Verlag GmbH & Co. KG, München
Originalausgabe

Lektorat: Ulrike Meiser
Umschlagkonzept: HildenDesign, München – Stefan Hilden
Titelkonzept und Umschlaggestaltung: Büro Meyer & Schmidt, München – Jorge Schmidt (Tabea Dietrich, Costanza Puglisi)
Titelabbildung: Ullstein Bilderdienst, Berlin
Satz: Josefine Urban – KompetenzCenter, Düsseldorf
Druck und Bindearbeiten: Clausen & Bosse, Leck
Printed in Germany
ISBN 3-612-65051-3

Für Maria

In der Reihe »Rebellische Frauen« sind in unserem Hause bereits erschienen:

Annette Seemann
»Ich bin eine befreite Frau« – PEGGY GUGGENHEIM

Jochen Schmidt
»Tanzen gegen die Angst« – PINA BAUSCH

Leo Linder
»Ah, mein kleiner Herzog, du hast Angst?« – JEANNE D'ARC

Barbara Leisner
»Unabhängig sein ist mein heißester Wunsch« – MALWIDA VON MEYSENBUG

Matthias Henke
»Süchtig nach der Sehnsucht« – EDITH PIAF

Mariam Niroumand
»Westwärts, junger Mann!« – MAE WEST

Max Gallo
»Ich fürchte mich vor gar nichts mehr« – ROSA LUXEMBURG

Siegfried Obermeier
»Ein Weib mit ungeheurem Talent« – ANGELIKA KAUFFMANN

Katharina Zilkowski
»Le style c'est moi!« – COCO CHANEL

Verena Joos
»Mutter Courage des Theaters« – IDA EHRE

Ingeborg Drewitz
». . . darum muß man nichts als leben« – BETTINE VON ARNIM

Florence Hervé
»Salz der Freiheit« – BENOÎTE GROULT

Françoise Giroud
»Die Menschheit braucht auch Träumer« – MARIE CURIE

Klaus Hübner
»Leben auf dünnem Eis« – YOKO ONO

Monika Keuthen
». . . und ich male doch!« – PAULA MODERSOHN-BECKER

Annette Seemann
»Ich bin alles!« – GALA DALÍ

Monika Becker
»Starke Weiblichkeit entfesseln« – NIKI DE SAINT PHALLE

Monika Keuthen
»Und trotzdem bin ich glücklich« – CHRISTIANE VULPIUS

Barbara Leisner
»Ich würde es genauso wieder machen« – SOPHIE SCHOLL

Steven Bach
»Die Wahrheit über mich gehört mir« – MARLENE DIETRICH

INHALT

VORWORT

Jeder weiß etwas über Isadora:
die unbekannte Berühmtheit

Vermutlich ist über keine Persönlichkeit der Tanzgeschichte, Rudolf Nurejew eingeschlossen, auch nur halbwegs soviel geschrieben worden wie über die amerikanische Tanzpionierin Isadora Duncan. Im Deutschen Tanzarchiv in Köln nehmen die Bücher und Broschüren über die Choreographin, die man mit Fug und Recht als »Mutter des modernen Tanzes« bezeichnen kann, fast anderthalb Meter Regalwand ein. Aber die komplette Duncan-Literatur ist das keineswegs. Die junge Frau aus San Francisco, die um die Jahrhundertwende über Chicago und New York nach Europa zog, um das von ihr als ästhetische Perversion angesehene klassische Ballett durch eine neue, »natürliche« Form des Tanzes abzulösen, hat die Menschen – und zumal die Künstler und Literaten – schon früh fasziniert. Sehr bald, sie war kaum älter als Mitte zwanzig, huldigten ihr ihre Anhänger als »Göttin des Tanzes«.
Wo immer sie auftrat, wurde sie in ausführlichen Rezensionen, wenn auch nicht immer positiv, gewürdigt. Buchstäblich jedes Wort, das sie in der Öffentlichkeit von sich gab, fand seinen Widerhall in den Spalten der Zeitungen und Magazine. Nicht wenige Menschen, mit denen sie, wie kurz auch immer, zusammengearbeitet hat oder auch nur zusammengetroffen ist, haben sich bemüßigt gefühlt, ihre Erinnerungen an Isadora Duncan niederzuschreiben und ihre persönliche Erklärung des Phänomens »Duncan« zu liefern. Bis heute – mehr als siebzig Jahre nach ihrem filmreifen Tod im Rennsportwagen –

gibt es in Amerika wie in Europa Tanzensembles, die ihre Arbeit gänzlich dem Weiterleben des choreographischen Œuvres der Isadora Duncan gewidmet haben. Immer mal wieder kommt ein Tanzstück oder ein Ballett heraus, das Aspekte ihres Werks oder ihres Lebens reflektiert. Selbst Hollywood konnte nicht widerstehen und hat die Tänzerin mehrfach auf der Filmleinwand auferstehen und sterben lassen, mit der nachhaltigsten Wirkung in der Verkörperung durch die englische Schauspielerin Vanessa Redgrave (1969).

»Praktisch jedermann weiß zumindest irgend etwas über Isadora Duncan«, beginnt die amerikanische Tanzwissenschaftlerin Ann Daly ihre 1995 publizierte Isadora-Duncan-Studie »Done Into Dance«, das – trotz einer angreifbaren, überaus patriotischen Perspektive – wohl einsichtigste und substantiellste Buch, das bislang über die Tänzerin geschrieben (oder zumindest publiziert) wurde. Doch gehen die Kenntnisse der breiten Öffentlichkeit, wie Daly gleich anfügt, über Peripheres und Unwichtiges kaum hinaus. Sie orientieren sich, kaum verwunderlich, an den dramatischen oder tragischen Ereignissen in Duncans Biographie: daß sie, auf der Bühne wie im Leben, die Fesseln eines Korsetts verschmähte, ein erotisch freizügiges Leben führte und drei Kinder von drei verschiedenen Männern hatte, mit denen sie nicht verheiratet war; daß die beiden ältesten ihrer Kinder bei einem Unfall in der Seine ertranken, als Duncans Chauffeur den Wagen am abschüssigen Seine-Ufer abstellte und die Bremsen nicht festzog, während er sich bemühte, den Motor wieder in Gang zu setzen; daß die Tänzerin selbst bei einem grotesken Unfall ums Leben kam, als sich ihr langer chinesischer Seidenschal, den sie lokker um ihren Hals geschlungen hatte, in den Speichenrädern eines Bugatti-Sportwagens verfing, in den sie in Nizza an der französischen Reviera zu einer Probefahrt gestiegen war.

»Noch heute«, mokiert sich Daly, »werden Bücher über die Duncan geschrieben, die dem Leser immer wieder überholte

Fakten präsentieren. Immer noch werden Stücke produziert, die die sensationellen Ereignisse ihres privaten Lebens ausbeuten. Und die Fachleute tun so, als sei sie ästhetisch nie über ihre lyrischen Chopin-Jahre hinausgekommen. Neuere Forschungsergebnisse, die nicht mit den alten anekdotischen Geschichten übereinstimmen, werden mit Entrüstung aufgenommen«, schreibt Daly und verweist auf amerikanische Bücher und Schauspiele aus den neunziger Jahren – etwa Martin Shermans »When She Danced« aus dem Jahre 1990 –, aber auch auf einen bösen Leserbrief, den die deutsche Tanzzeitschrift »Ballett international« auf einen von Dalys Beiträgen voller neuer Erkenntnisse erhielt.

Diese Mißverständnisse, meint Daly, habe Isadora allerdings selbst provoziert – und zwar ganz bewußt –, indem sie sich schon zu Lebzeiten zu einem Mythos stilisierte. Mythen aber sind dazu angetan, die Personen und Ereignisse, um die sie sich ranken, in einem diffusen Licht erscheinen zu lassen. Bewußt hat es Isadora, wie fast gleichzeitig die große klassische Ballerina Anna Pawlowa oder später die deutsche Tänzerin Mary Wigman, immer abgelehnt, ihre Tänze filmen zu lassen. Deshalb gibt es zwar viele Fotos und Zeichnungen, aber nicht ein einziges Stückchen Film, das ihre Kunst in der Bewegung dokumentiert. Isadoras Ziel, so Daly, sei es gewesen, eine Legende zu werden, und diese Vision hat sie schon zu Lebzeiten erreicht und durch ihren spektakulären Tod unfreiwillig untermauert.

Schon früh ist Isadora Duncan in Deutschland aufgetreten, wo man sie sehr bald als »die göttliche Isadora« feierte. Ihre Tanzabende in der Berliner Kroll-Oper sind Meilensteine auf dem Weg der Tänzerin aus den privaten Zirkeln der vornehmen Gesellschaft oder der künstlerischen Boheme in die breite Öffentlichkeit und stehen auch für die Anerkennung ihrer ästhetischen Leistungen als »Kunst« anstelle populärer Unterhaltung. Duncans erste programmatische Verlautbarung zu

ihrer Kunst, »Der Tanz der Zukunft«, ist 1903 in deutscher Sprache als eine Art Rechtfertigungsschrift erschienen. Aber außer einem stark auf den Partner konzentrierten, Isadora eher ungnädig behandelnden Büchlein der Publizistin Carola Stern über ihre Zeit mit dem wesentlich jüngeren russischen Dichter Sergej Jessenin, den sie – entgegen ihrem lebenslang erklärten Willen, nie heiraten zu wollen, und aus Gründen, über die wir an dieser Stelle nicht spekulieren möchten – 1922 geehelicht hatte, hält der deutsche Buchmarkt keine Informationen über die Tänzerin bereit.
Die bedeutenden angelsächsischen Schriften – das Buch von Daly, ein von der Großnichte Dorée Duncan sowie Carol Pratl und Cynthia Splatt unter dem Titel »Life Into Dance. Isadora Duncan and Her World« herausgegebener opulenter Text/Bildband, die Biographien des Kritikers Walter Terry, ihres letzten Liebhabers, des jungen russischen Musikers Victor Seroff oder ihrer Freundin Mary Desti – sind meiner Kenntnis nach nie ins Deutsche übersetzt worden. Die Übersetzungen der aus diesen (und anderen angelsächsischen Werken) zitierten Texte stammen von mir. Isadoras Autobiographie »My Life«, von der Tänzerin kurz vor ihrem Tod fertiggestellt, ist zwar nur ein Jahr nach der Publikation des Originals, 1928, in deutscher Übersetzung erschienen und sechzig Jahre später noch einmal als deutschsprachiges Taschenbuch herausgekommen. Sie ist aber heute ebenso vergriffen wie Max Niehaus' Biographie »Isadora Duncan – Triumph und Tragik einer Tänzerin« aus dem Jahre 1981. Und Maurice Levers »Primavera – Tanz und Leben der Isadora Duncan«, im Erscheinungsjahr des Taschenbuchs ins Deutsche übersetzt und vermutlich auch nicht mehr zu haben, ist, nicht unbedingt im Umgang mit Fakten und Daten, sondern in seiner freien Ausgestaltung der Details, ohnehin mit Vorsicht zu genießen. Wo ihm Isadoras durchaus nicht prüde Autobiographie die pikanten Details nicht liefert, geniert sich der Autor nicht, diese Details zu

Isadora Duncan, 1905. (Foto: Ullstein Bilderdienst, Berlin)

erfinden, als sei er dabeigewesen. Gleichwohl ein Buch, das dem Leser Isadora näherbringt.
Obwohl es auf eine Lücke trifft, versteht sich mein Buch nicht als Lückenfüller. Isadoras Werk, so bruchstückhaft es erhalten sein mag und so unvollkommen die Rekonstruktionen sein mögen, haben mich fasziniert, seit ich einige ihrer Arbeiten gesehen hatte. Das letzte der von mir organisierten Internationalen Tanzfestivals von Nordrhein-Westfalen, 1994, hat der großen Tanzpionierin schon im Titel seinen Tribut gezollt: »Von Isadora zu Pina. 100 Jahre moderner Tanz«. Das der New World School of the Arts in Miami, Florida, attachierte, ausschließlich aus Tänzerinnen bestehende »Isadora Duncan Dance Ensemble« zeigte damals in Düsseldorf, Wuppertal und Leverkusen ein Programm aus frühen und späten Werken Isa-

dora Duncans, war damit allerdings – was wahr ist, muß wahr bleiben – nicht sehr erfolgreich. In der Pause der Düsseldorfer Aufführung wanderte ein nicht geringer Teil des Publikums enttäuscht ab; ein Ministerialdirigent des Düsseldorfer Kultusministeriums verabschiedete sich mit der dümmlichen Bemerkung, er sei doch durch das Ballett der Rheinoper »so verwöhnt«. Zuweilen fallen eben nicht Künstler durch, gelegentlich blamiert sich das Publikum.

Inzwischen habe ich, bei den Vorarbeiten zu diesem Buch, eine Menge über Isadora dazugelernt: über ihre Kunst wie über ihr Leben, und meine Hochachtung vor dieser einzigartigen Frau ist weiter gestiegen, obwohl mir klar ist, daß sie zwar den Weg wies, der zum »modernen Tanz« führte, der Ausbau und die Befestigung dieses Weges aber erst von ihren Nachfolgerinnen wie Ruth St. Denis, Mary Wigman oder Martha Graham geleistet werden konnten.

Isadora Duncan war mutig, ja kühn in ihrem Privatleben und scherte sich nicht die Bohne um die Vorurteile der Gesellschaft. Wenn sie liebte, liebte sie unbedingt und ohne Vorbehalte, und daß sie sich »nie geschämt hat, verliebt zu sein – und ich war oft verliebt«, hat sie kurz vor ihrem Tod selbst zu Protokoll gegeben. Doch richtig ist auch, was Gillian Freeman im Programmheft zur Uraufführung von Kenneth MacMillans abendfüllendem Ballett »Isadora«, am 30. April 1981 durch das Londoner Royal Ballet im Opernhaus von Covent Garden, zu Papier brachte: »Isadora Duncan hatte viele Liebhaber, aber nur eine dauerhafte Liebe: die Kunst.«

Dieses Buch, gewiß keine wissenschaftliche Studie, möchte dem Leser Isadoras Kunst vergegenwärtigen, ohne die Fakten ihres Lebens zu unterschlagen, und über ihr Leben informieren, ohne ihre Kunst hinter den sensationellen Begebenheiten ihrer Biographie verschwinden zu lassen. Und wenn die Lektüre über das Interesse an Duncans Person hinaus ein wenig Aufmerksamkeit auf Duncans Werk lenken und für künftige Aufführungen mit Duncanscher Choreographie etwas mehr Verständnis wecken könnte, als es den Vorstellungen der »Isadora Duncan Dance Company« aus Miami beim NRW-Tanzfestival anno 1994 entgegengebracht wurde, würde es mich freuen.

Mein Dank gilt dem Deutschen Tanzarchiv in Köln und seinem Leiter Frank-Manuel Peter, der mir Einblick in die von ihm und seinem Vorgänger Kurt Peters gesammelten Isadora-Duncan-Materialien gewährte, und Dr. Andrea Seidel, der Leiterin der »Isadora Duncan Dance Company« in Miami, für den Hinweis auf Ann Dalys Buch »Done Into Dance. Isadora Duncan in America«. Dalys Buch hat mich zeitweise zwar stark eingeschüchtert, so sehr, daß ich – wäre ich ein in englischer Sprache schreibender Autor – es vermutlich nicht gewagt hätte, den vielen Büchern über Isadora Duncan ein weiteres hinzuzufügen. Aber es hat mir auch für viele Aspekte von Isadoras Kunst die Augen erst richtig geöffnet. Auch von Dorée Duncans, Carol Pratls und Cynthia Splatts »Life into Art. Isadora Duncan and Her World« sowie natürlich von Isadora Duncans Memoiren »My Life« habe ich sehr profitiert.

Düsseldorf, im Januar 2000
Jochen Schmidt

1. KAPITEL

Austern und Champagner: Isadoras Familie und Kindheit

Isadora Duncan ist an einem 26. Mai in San Francisco geboren; über das Geburtsjahr herrschte lange Zeit einige Verwirrung. Ältere Tanzlexika, selbst aus dem angelsächsischen Sprachraum, nennen durchweg das Jahr 1878. Auch der deutsche Kritiker Horst Koegler, dessen Lexikon als die deutsche Fachbibel gilt, hat den Fehler erst in der zweiten Auflage seines Nachschlagewerks (Reclams Ballettlexikon) von 1984 korrigiert. Doch wird heute allgemein der 26. Mai 1877 als Angela Isadora Duncans korrektes Geburtsdatum angesehen. Weshalb das Jahr ihrer Geburt überhaupt strittig war, ist nicht ganz klar. Gillian Freeman erklärt es damit, daß dem großen Feuer, das im Jahre 1906 dem Erdbeben folgte und die Stadt San Francisco beinahe völlig vernichtete, sämtliche Register des Standesamtes der Stadt zum Opfer fielen (das Register der Kirche, in der Isadora getauft wurde, blieb aller-

dings erhalten); außerdem aber hätten Isadora und ihre Mutter während Isadoras Schulzeit und zu Beginn ihrer professionellen Karriere als Tänzerin das Kind je nach Bedarf älter oder jünger gemacht.
Isadora und ihre Familie, zum Zeitpunkt von Erdbeben und Brand längst in Europa lebend, seien über den Verlust der standesamtlichen Unterlagen vermutlich nicht unglücklich gewesen, glaubt an die hundert Jahre später die Großnichte Dorée; schließlich sei mit den Papieren auch jener Teil der Vergangenheit verbrannt, auf den die Familie Duncan nicht sonderlich stolz war. Die Duncans, schreiben Dorée Duncan, Carol Pratl und Cynthia Splatt in »Life Into Art«, hätten eine der führenden Familien von San Francisco sein können, verloren aber Geld und Ansehen durch einige fatale Fehlspekulationen im Bank- und Grundstücksgeschäft.
Isadoras Vater, Joseph Charles Duncan, war der Enkel eines ehemaligen Generals und »respektierten Politikers« aus Philadelphia. Joseph Duncan – Kunstliebhaber, Literat, Weiberheld und Connaisseur – scheint in seinen jungen Jahren ein unruhiger Geist gewesen zu sein. Er lebte in Illinois und New Orleans, ehe er sich 1850 in San Francisco niederließ, damals noch verehelicht mit Eleanor Hill, die er in Illinois geheiratet und mit der er vier Kinder hatte. Sowohl in Illinois als auch in New Orleans betätigte sich der Gedichte schreibende Schöngeist als Verleger. In Illinois handelte er allerdings auch mit dem Fleisch aus Chicagos Schlachthöfen. Auch in San Francisco gab Joseph Duncan mehrere Zeitungen heraus. Außerdem gründete er 1854 ein Kunstauktionshaus, The Chinese Salesroom, das einen regen Import europäischer Kunstwerke in die USA betrieben haben soll. Als 1871 die San Francisco Art Association gegründet wurde, gehörte Joseph Duncan zu den Gründungsmitgliedern. »Unglücklicherweise«, liest man in »Life Into Art«, »verstrickte er sich auch in Immobilien- und Bankgeschäfte«, und damit beginnt jener Teil der Familienge-

schichte, die Isadora und die Ihren später zu vergessen trachteten.
Kurz nach der Ankunft in San Francisco hatte sich Joseph Duncan, Mitglied der Episkopalkirche, von Eleanor scheiden lassen. Jahre später heiratete er zum zweiten Mal: die rund dreißig Jahre jüngere, katholische Mary Isadora (»Dora«) Gray, deren Familie, eine der angesehensten der Stadt, diese Ehe zweifellos als Mesalliance betrachtete, die Tochter jedoch nie im Stich ließ. Doras Eltern – Mary Gorman und Thomas Gray – hatten auf ihrem Weg nach San Francisco den Kontinent mit dem Planwagen durchquert. Für diese Tat werden sie von der Enkelin Isadora in ihren Memoiren (»My Life«) Jahrzehnte später als Pioniere gefeiert. Thomas Gray hatte im Bürgerkrieg auf Seiten des Nordens gekämpft und war als Oberst aus dem Krieg zurückgekehrt. Er trat in den kalifornischen Staatsdienst ein und betrieb mit einer kleinen Schiffahrtslinie den ersten regelmäßigen Fährdienst über die Bucht von Oakland. Auch aus Joseph Duncans zweiter Ehe gingen vier Kinder hervor. (Mary) Elizabeth (Bioren) wurde 1871 geboren, Augustin zwei, Raymond drei Jahre später und Angela Isadora, mit geringem Abstand, am 26. Mai 1877. Aber auch diese Ehe scheiterte.
Befassen wir uns, ehe wir uns endgültig der Tochter zuwenden, noch einen Moment mit dem Vater. 1869 gründete Joseph Duncan die »Pioneer Land & Loan Bank«, bei der er auch Mitglieder seiner alten und neuen Familie unterbrachte. Schwiegervater Thomas Gray wurde, wenn auch nur dem Namen nach, Präsident. Ein Sohn Josephs aus erster Ehe und ein Schwiegersohn wurden Partner. Mitte der siebziger Jahre geriet die Bank, mehr durch konjunkturelle Umstände als durch Joseph Duncans Verschulden, in Schwierigkeiten. Obwohl Joseph Duncan das Familienvermögen einsetzte (tatsächlich will er sogar das Familiensilber eingeschmolzen haben), war die Bank nicht zu retten. Am 8. Oktober 1877,

Porträt der Duncan-Familie. Dora Duncan mit ihren Kindern Augustin, Elizabeth, Raymond und Isadora (v. l. n. r.). Der Vater Joseph Duncan, der Mary Isadora Grey (kurz Dora) in zweiter Ehe geheiratet hatte, lebte schon bald nicht mehr mit der Familie zusammen.
(Bayley & Howland, Oakland 1889; D. D.)

nicht einmal ein halbes Jahr nach Isadoras Geburt, war Joseph Duncans Bank pleite. Zusammen mit seinem Schwiegersohn flüchtete er vor der Strafverfolgung und kam nach seiner Festnahme im folgenden Februar in Untersuchungshaft. Nach vier Gerichtsverhandlungen wurde er zwar freigesprochen, doch sein guter Leumund war ruiniert, sein Vermögen fürs erste verloren.

Nachdem Dora sich von Joseph hatte scheiden lassen, zog Isadoras Vater nach Los Angeles und heiratete dort zum dritten Mal. Finanziell ging es mit ihm weiter auf und ab; insgesamt soll er in seinem Leben vier Vermögen gemacht und wieder verloren haben. Wenn es ihm gut ging, unterstützte er großzügig die Familie, von der er sich getrennt hatte. Wenn er blank war – und das war recht häufig der Fall –, blieb die Unterstützung aus, und die Familie nagte buchstäblich am Hungertuch. Unter diesen Umständen ist es kein Wunder, daß auch Isadoras Haltung zu ihrem Vater, der später mitsamt seiner dritten Familie bei einem Schiffsunglück auf dem Atlantik ums Leben kam, dauerhaft ambivalent blieb.

In ihren Memoiren berichtet Isadora, aus einem Abstand von vierzig Jahren, von einer Begegnung mit ihrem Vater, den sie bis zu diesem Zeitpunkt nie gesehen habe; ihre Darstellung liest sich ein bißchen zu glatt, ihr kindliches Agieren ein wenig zu altklug, um völlig korrekt zu sein. Eine der Tanten hatte dem Kind auf die Frage nach dem Vater, von dem im Hause Duncan offenbar nie gesprochen wurde, geantwortet, er sei ein Dämon gewesen, der das Leben ihrer Mutter ruiniert habe. So stellte ihn sich die kleine Isadora als ein Ungeheuer aus dem Bilderbuch vor – »mit Hörnern und Schweif«.

Isadora war sieben Jahre alt und lebte mit ihrer Mutter und ihren drei älteren Geschwistern »in zwei sehr einfachen Räumen im dritten Stock«, als es an der Haustür klingelte und Isadora öffnete. Draußen stand »ein sehr gut aussehender Herr mit einem Zylinder«, der darum bat, zu Frau Duncans Räumen geführt zu werden. Als die Siebenjährige sich als »Mrs. Duncan's little girl« zu erkennen gab, schloß der Fremde die Kleine in seine Arme und überdeckte sie »mit Tränen und Küssen«, noch ehe er sich als ihr Vater zu erkennen gab. Gleichwohl ließ ihn Isadora an der Tür warten, kehrte zur Familie zurück und verkündete, an der Tür sei ein Mann, der behauptete, er sei ihr Vater. Die Familie habe darauf panisch reagiert: Die Mutter sei im nächsten Raum verschwunden, einer der Brüder habe sich unterm Bett versteckt, die Schwester einen hysterischen Anfall bekommen. Alle trugen ihr auf: »Sag ihm, er solle verschwinden.« Klein Isadora kleidete die Absage in höfliche Worte. Die Familie sei »ziemlich indisponiert und könne heute niemanden empfangen«, will sie ihrem Vater gesagt haben. Sie selbst ließ sich von ihm aber zu einem Spaziergang einladen und in der nächsten Eisdiele mit Mengen von Süßigkeiten traktieren.

Das Bild des Dämonen mit Hörnern und Schweif war damit Geschichte. Von da an sah Isadora ihren Vater »von Zeit zu Zeit«, erfuhr, daß er ein Dichter sei, und »lernte ihn schätzen«. Doch wirklich gut wurde das Verhältnis Isadoras zu ihrem Vater nie, und in gewisser Weise prägte die Erfahrung mit der zerrütteten Ehe ihrer Eltern und der Scheidung Isadoras ganzes Leben. Schon als Kind will sich Isadora aufgrund der schlechten Erfahrungen ihrer Mutter geschworen haben, nie zu heiraten. Sie hat diesen Schwur lange gehalten und erst in den letzten Jahren ihres Lebens gebrochen, um den russischen Dichter und Exzentriker Sergej Jessenin zu heiraten. Natürlich ging die Ehe furchtbar schief.

Bei Isadoras Geburt lebte die Familie noch zusammen und in guten Verhältnissen. Dennoch berichtet Isadora, unmittelbar vor ihrer Geburt habe sich ihre Mutter in einem Zustand »höchster seelischer Pein und in einer tragischen Situation« befunden: »Während dieser Zeit machte meine Mutter so tragische Erfahrungen, daß sie öfters sagte: ›Das Kind, das bald geboren wird, wird gewiß nicht normal sein.‹« Dora Duncans Probleme scheinen allerdings während ihrer Schwangerschaft mit Isadora eher körperlicher als seelischer Natur gewesen zu sein. Isadora berichtet, die einzigen Nahrungsmittel, die ihre Mutter vertragen habe, während sie mit ihr schwanger war, seien geeiste Austern und eiskalter Champagner – die »Nahrung der Aphrodite« – gewesen – dies, so vermutet sie, sei der Grund, weshalb sie schon im Bauch ihrer Mutter zu tanzen begonnen und gleich nach ihrer Geburt damit weitergemacht habe: »Vom Augenblick meiner Geburt an habe ich anscheinend meine Arme und Beine in einer solchen Geschwindigkeit bewegt, daß meine Mutter schrie: ›Seht ihr, ich hatte recht, das Kind ist wahnsinnig.‹«

Abgesehen von ihren frühen Tanzübungen ist Isadoras erste Erinnerung die an ein Feuer, bei dem die Wohnung der Familie abbrannte und die Mutter nur mit Gewalt davon abgehalten werden konnte, auf der Suche nach ihren beiden – längst geretteten – Söhnen noch einmal ins brennende Haus zu stürzen und Isadora selbst, zwei oder drei Jahre alt, von einem irischen Polizisten aus einem Fenster im oberen Stockwerk geborgen wurde. Dabei hatte sie ein »bei aller Aufregung, den Schreien und Flammen« sehr behagliches Gefühl von Sicherheit.

Die Familie ist in Isadoras frühen Jahren in der Gegend von San Francisco sehr häufig umgezogen. Daß ein Brand die Ursache für die Suche nach einer neuen Bleibe war, zählt dabei eher zu den Seltenheiten. Normalerweise wurde die Familie vom Vermieter an die Luft gesetzt, weil sie die Miete nicht mehr bezahlen konnte. Schon 1878, ein Jahr nach Isadoras Geburt, war Dora Duncan, die die hohen Mieten in San Francisco nicht mehr aufbringen konnte, gezwungen, ihren Wohnsitz von San Francisco aufs Umland zu verlegen. »Mit Ausnahme von sechs Monaten im Jahre 1880, als sie sich auf eine Farm in Napa Valley zurückzogen, und der letzten zwei Jahre in San Francisco«, als ihnen der neue Wohlstand von

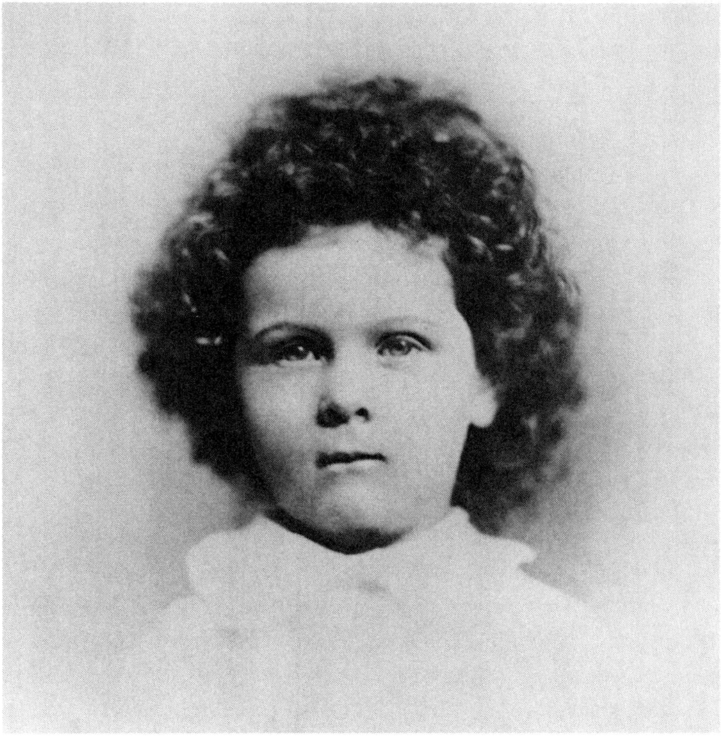

Da die Familie die meiste Zeit in Armut lebte, mußte Angela Isadora Duncan als Niedlichste und Mutigste der Familie in den Läden um Nahrung betteln – ein Talent, das Isadora sich auch später zunutze machen sollte. (Ormsby, Oakland 1879; D. D.)

Joseph Duncan die Anmietung eines schönen Hauses ermöglichte, wohnte die Familie in wechselnden Unterkünften in Oakland, jenseits der Bay, fand Ann Daly heraus. In einem Schulaufsatz, in dem sie ihre Lebensgeschichte niederschreiben sollte, will Isadora in sechs Zeilen vier Umzüge beschrieben haben, ganz so, als habe ihr und ihrer Familie Leben zeitweise aus nichts anderem bestanden.

Auch für Lebensmittel war nicht immer Geld da. So mußte dann gar nicht so selten eines der Familienmitglieder losgehen und im Laden um die Ecke um Kredit oder gar um eine milde Gabe betteln. Das war meistens Isadoras Aufgabe, weil sich das Nesthäkchen, bei dem sich kindliche Naivität mit Charme und einer gewissen Dreistigkeit optimal verband, auf diesen Job am besten verstand. Sie scheint sich bei solchen Bittgängen auch wenig oder gar nicht geniert zu haben. Offenbar war sie der Ansicht, daß die Welt ihr und ihrer Familie mehr schuldete als ein paar altbackene Bagels. »Von der ganzen Familie«, schreibt sie, »war ich die Mutigste, und wenn absolut nichts mehr zu essen im Haus war, ging ich freiwillig zum Metzger, und mit List und Augenaufschlag brachte ich ihn dazu, mir die Lammkoteletts ohne Bezahlung zu geben.« Isadora zog »ein abenteuerliches Vergnügen« aus diesen Ausflügen, von denen sie tanzend und singend zurückkehrte, »vor allem, wenn ich, wie meistens, erfolgreich gewesen war«. Und irgendwie bereitete sie auch das auf ihr späteres Leben vor: »Indem ich lernte, grobschlächtige Metzger zu beschwatzen, eignete ich mir eine Technik an, die mich später befähigte, grobschlächtigen Managern die Stirn zu bieten.«

Im nachhinein war Isadora sogar dankbar, daß sie nicht als reiche Nichtstuerin aufwuchs. Der Tatsache, daß sich die Mutter keine Diener und Gouvernanten habe leisten können, so schreibt sie in »My Life«, verdanke sie das selbstbestimmte Leben, das sie als Kind geführt und danach nie mehr aufgegeben habe. Als Analytikerin ihrer selbst ist Isadora Duncan zuweilen ganz vorzüglich.

Als Isadora fünf Jahre alt war, meldete ihre Mutter sie auf einer staatlichen Schule an. Isadora vermutet, daß sie dabei ihr Alter falsch angegeben und sie ein Jahr älter gemacht habe. Dora brauchte einfach einen Platz, an dem das Kind wenigstens zeitweise gut aufgehoben war. Denn Dora benutzte die musikalische Ausbildung, die sie als höhere Tochter genossen hatte, um den Lebensunterhalt für sich und ihre vier Kinder zu verdienen: Sie gab Musikstunden. Und da sie diese Musikstunden in den Wohnungen ihrer Schülerinnen und Schüler gab, war sie, wie sich Isadora später erinnerte, »den ganzen Tag und viele Stunden am Abend unterwegs«.

Isadora sah die Schule, wie viele Kinder, als harte Pflichtaufgabe, die Erziehung, die sie dort erhielt, als »absolut nutzlos«. Sie sei in ihren Klassen grundsätzlich entweder als »verblüffend intelligent« oder aber als »hoffnungslos blöd« eingestuft worden, abhängig davon, ob sie die Zeit gefunden – und die Lust gehabt – habe, das Gelernte, aber nie wirklich Verstandene, zu memorieren. Im übrigen schockierte sie ihre Lehrer durch ihre Aufsässigkeit. Dora, die sich nach ihrer Scheidung von einer braven Katholikin zu einer entschiedenen Atheistin entwickelt hatte, klärte ihre Kinder dahingehend auf, daß der Weihnachtsmann eine Erfindung der Menschen sei. So korrigierte Isadora auf einer Weihnachtsfeier ihrer Schule, auf der eine Lehrerin die vorgeblichen Gaben von »Santa Claus« verteilte: »Ich glaube Ihnen nicht; es gibt keinen Santa Claus.« Und als die Lehrerin meinte, Isadora mit der Bemerkung bestrafen zu müssen, wer nicht an Santa Claus glaube, bekomme auch keine Süßigkeiten, verzichtete Isadora dankend und »hielt die erste meiner berühmten Reden: ›Ich glaube keine Lügen. Meine Mutter sagte mir, sie sei zu arm, um den Weihnachtsmann zu spielen; nur reiche Mütter sind in der Lage, sich als Weihnachtsmann auszugeben und Geschenke zu machen.‹« Die Szene endete mit Isadoras Bestrafung: Sie mußte in der Ecke stehen, auf dem Boden liegen oder wurde vorzeitig nach Hause geschickt. Doch Isadoras Trotz brach das nicht. Auf dem ganzen Heimweg habe sie laut gesungen: »Es gibt keinen Santa Claus. Es gibt keinen Santa Claus.« Und als sie daheim ihre Mutter fragte, ob sie richtig oder falsch gehandelt habe, habe die ihr gesagt: »Es gibt keinen Weihnachtsmann und keinen Gott, nur deinen eigenen Mut, der dir hilft.«

Auch die nächsten vierzig Jahre lebte Isadora Duncan nach diesem Prinzip.

In der Schule wartete Isadora vor allem darauf, daß der Unterricht zu Ende ging. »Mit leerem Bauch oder kalten Füßen in nassen Schuhen« saß sie auf einer harten Bank und starrte auf die Zeiger der Uhr, bis der eine auf drei vorrückte »und wir frei waren«. Ihre Lehrer sah sie als »Monster«, zur Folterung der Kinder angestellt. »Ich kann mich nicht daran erinnern, zu Hause unter unserer Armut gelitten zu haben; es war immer in der Schule, wenn ich litt.« Dem stolzen und sensiblen Kind Isadora erschien diese Institution als eine Art Straf- oder Besserungsanstalt: »Ich habe immer dagegen revoltiert.«

Ihre wahre Erziehung, darin sind sich die Biographen mit dem Kind einig, erhielt Isadora in den Abendstunden (oder jedenfalls in ihrer Freizeit) – und zwar ganz zwanglos. Die Mutter, weit davon entfernt, durch die öden Übungsstunden mit unbegabten Zöglingen reicher Eltern die Freude an der Musik verloren zu haben, setzte sich ans Klavier und spielte stundenlang: Beethoven, Mozart, Schubert, Schumann, Chopin. Großmutter und Tanten tanzten oder forderten die Duncan-Kinder zu unorthodoxen Theateraufführungen auf. Dora rezitierte ihren Kindern, weitgehend aus dem Gedächtnis, die Werke der Dichter Shakespeare, Shelley, Keats und Burns. Isadora, aber auch die anderen Geschwister, saugten alles begierig auf. Es war alles andere als ein systematischer Unterricht in Sachen Dichtung und Literatur, aber es war die geistige Basis, auf der sich Isadoras spätere Ästhetik aufbaute.

Allerdings muß Isadora in ihren frühen Jahren schon viel gelesen haben. In Oakland gab es eine öffentliche Bibliothek, und gleichgültig, wie viele Meilen entfernt von dieser Bibliothek die Duncans wohnten: nach der Schule rannte oder tanzte Isadora dorthin. Es gab dort eine »wundervolle und schöne« Bibliothekarin, die das Mädchen in ihrem Hunger nach Lesestoff nicht etwa bremste, sondern unterstützte. Später sollte Isadora erfahren, daß die junge Frau, die selbst Gedichte schrieb, zeitweise die große Liebe ihres Vaters gewesen war. Isadora las in jenen jungen Jahren »Dickens, Thackery, Shakespeare und daneben Tausende von Romanen, gute und schlechte, inspirierende Bücher und Schund – ich verschlang alles«. Sie las nachts bei Kerzenschein, was sie tagsüber gesammelt hatte, und begann, selbst einen Roman zu schreiben, gab – wie professionell auch immer – eine Zeitung heraus, für die sie jede Zeile selbst schrieb, und führte Tagebuch in einer Geheimsprache. Denn sie hatte »ein großes Geheimnis. Ich war verliebt«.

Isadora war zu diesem Zeitpunkt elf Jahre alt, sah aber älter aus, da sie ihr Haar hochgesteckt trug und ihre Kleider lang waren. Der Verehrte war ein junger Apotheker namens Vernon, der bei Isadoras älterer Schwester Elizabeth Tanzstunden nahm und Walzer, Polkas und Mazurken lernte. Isadora ging mit ihm zum Tanzen. Sie schlich um den Drugstore, in dem er arbeitete, und um das Haus, in dem er wohnte. Doch letztlich blieb alles platonisch. In ihren Memoiren ist sich Isadora nicht sicher, ob der junge Mann ihre Verliebtheit auch nur ahnte. Ihre Leidenszeit dauerte immerhin zwei Jahre. Dann gab der junge Mann seine Heirat mit einem Mädchen aus der guten Gesellschaft von Oakland bekannt. Isadora glaubt, ihn an seinem Hochzeitstag mit seiner Braut, einem einfachen Mädchen mit einem weißen Schleier, auf der Straße gesehen zu haben. Und dann, außer einem kurzen, enttäuschenden Treffen bei einem ihrer späten Bühnenauftritte in San Francisco, nie mehr. Ihrem Tagebuch vertraute sie ihre Verzweiflung an, und noch in ihrer Autobiographie war sie sich sicher, daß sie nie wieder so »wahnsinnig« verliebt gewesen sei. Und das will angesichts ihrer heißen Affären mit Gordon Craig und Sergej Jessenin einiges heißen.

2. KAPITEL

Das Land der Griechen mit der Sohle suchend: erste Tanzschritte und Ideen

Auch wenn wir die von Austern und Champagner befeuerten Bewegungen des Embryos in Doras Bauch, das manische Zappeln der Neugeborenen in der Wiege nicht als die ersten tänzerischen Bekundungen des künftigen Genies akzeptieren, müssen wir doch zugeben, daß Isadora Duncan früh mit dem Tanzen begonnen hat. Sie war vier Jahre alt, als sie – bei ihrer älteren Schwester Elizabeth – die ersten regulären Tanzschritte lernte, und sechs, als sie damit begann, anderen das Tanzen beizubringen – jedenfalls ihrer eigenen Darstellung nach.

»Ich war ungefähr sechs Jahre alt«, schreibt sie, »als meine Mutter eines Tages nach Hause kam und mich mit einem halben Dutzend Babys aus der Nachbarschaft – allesamt zu klein zum Laufen – vorfand, die ich im Kreis um mich herum gesetzt hatte. Ich brachte ihnen bei, ihre Arme zu schwingen.« Isadoras Erklärung, das sei ihre Tanzklasse, wurde von der Mutter nicht nur angehört, sondern sie setzte sich gleich amüsiert ans Klavier und spielte für Isadora und die Babys.

Laut Isadora war das der Beginn einer regelmäßigen und »sehr beliebten« Einrichtung. Als die Babys größer wurden, kamen sie auf ihren eigenen Füßen zu Isadoras Tanzstunden, »und ihre Eltern zahlten mir sogar etwas Geld, damit ich ihnen Tanzen beibrachte«. Im zarten Alter von zehn Jahren – ihre Tanzklassen waren immer größer geworden – beschloß Isadora, daß es verschwendete Zeit sei, weiter zur Schule zu gehen, wenn sie gleichzeitig – »was ich für wichtiger hielt« – auch Geld verdienen konnte. Ein Zusammenhang, der nicht ganz einleuchtet. Denn wenn schon Isadora ihre Zeit nicht mehr auf der Schulbank verbrachte: die Kinder, die sie das Tanzen lehrte, konnten sich dieselbe Freiheit nicht nehmen. Isadoras Tanzstunden können nur nach Schulschluß stattgefunden haben. Das Geldverdienen war also nur ein Vorwand für Isadora, die verhaßte Schule zu verlassen.

Parallel zu Isadoras Tanzstunden entwickelte die Familie ihr privates Theater. Eine von Doras Halbschwestern, Augusta, war von der puritanischen Familienmoral daran gehindert worden, Schauspielerin zu werden, lebte ihre heimliche Leidenschaft aber gern im Kreis von Doras Familie aus, indem sie dort zum Beispiel den Hamlet spielte. Nur zu gern ließen sich die Duncan-Kinder von Augusta animieren, selbst Theater zu machen. Als die Familie 1893 von Oakland nach San Francisco zurückkehrte und das schöne, weitläufige Haus bezog, das der vorübergehend wieder vermögende Vater, Joseph Duncan, ihnen für einige Zeit finanzieren konnte, richtete Augustin recht bald ein kleines Theater in der Scheune ein, das in der Gegend schnell bekannt war. Aus den Aufführungen, in denen Augustin zunächst Gedichte rezitierte, während Isadora tanzte, bis sich alle vier Geschwister zusammentaten und Komödien zum besten gaben, wurden schließlich regelrechte

Tourneen entlang der Küste. Frühe Fotos zeigen die vier Duncan-Geschwister, die Jungen mexikanisch, die Mädchen eher nach Art der amerikanischen Pionierfrauen gekleidet, in beschwingten Reigenformationen mit dramatischen Eckpunkten: Bruder Raymond auf den Knien vor der ihm halb zugewandten Elizabeth.

Doch blieb das Lehren vorerst Isadoras (und Elizabeths) Hauptaufgabe, beinahe so etwas wie ein richtiger Beruf. 1894, Isadora war gerade siebzehn, tauchte ihr Name zum ersten Mal im Verzeichnis der Tanzlehrer von San Francisco auf. Um diese Zeit kehrte auch Elizabeth, die bei der Großmutter aufgewachsen war, zur Familie zurück und beteiligte sich am Familiengeschäft: »Wir hatten eine große Nachfrage zu verzeichnen und lehrten in vielen Häusern der wohlhabendsten Familien von San Francisco.«

Die Schulung von jungen Tänzern sollte zeitlebens Isadoras Leidenschaft bleiben, auch als sie die praktische Durchführung der Ausbildung vor allem der älteren Schwester überließ. Dabei war das Ziel der Ausbildung nie die Ausbildung professioneller Tänzer, auch wenn die spätere Aussage von »My Life« im Jahre 1927 die Praxis der frühen Jahre vermutlich nur unvollkommen widergibt: »Mein eigentliches Ziel haben die Leute nie verstanden. Ich war weit entfernt von dem Wunsch, Profis auszubilden, ich habe immer gehofft, in meiner Schule viele Kinder so ausbilden zu können, daß sie durch Tanz, Musik, Poesie und Gesang in der Lage sind, mit Grazie und Schönheit die Gefühle der Menschen auszudrücken.« Nur ganz wenige der vielen hundert Kinder, die Isadora Duncan in beinahe vierzig Jahren das Tanzen lehrte, sind denn auch professionelle Tänzer geworden.

Was aber lehrte Isadora ihre Schüler, die vermutlich vornehmlich Schülerinnen waren? Isadoras eigenen Äußerungen ist nur sehr bedingt zu trauen. »Wir nannten es«, erinnert sie sich, »ein neues System des Tanzes, aber in Wirklichkeit gab es kein System.« Vielmehr sei sie ihrer Phantasie gefolgt und habe improvisiert, sei »jeder hübschen Idee gefolgt, die mir in den Kopf kam«. Diese Ideen seien ihr freilich weder aus der Auseinandersetzung mit der Kunst, noch mit der Tanzgeschichte gekommen. »Als ich fünfzehn war«, schreibt sie 1928 in dem Artikel »The Art of Dance«, »und begriff, daß es in der ganzen Welt keinen Lehrer gab, der mir in meinem Verlangen, Tänzerin zu werden, helfen konnte, weil zu dieser Zeit die einzige existierende Schule die des klassischen Balletts war, wandte ich mich dem Studium der Natur zu, wie es, meiner Einsicht nach, alle Künstler tun, mit Ausnahme der Tänzer.«

In ihren Erinnerungen mißt Isadora dem Meer den größten Einfluß auf ihr Leben und auch auf ihre Ästhetik bei: »Ich wurde am Meer geboren und habe festgestellt, daß alle wichtigen Ereignisse meines Lebens sich am Meer abgespielt haben.« Das Meer, auch als Lebenselement der griechischen Göttin Aphrodite, die sie als ihre Muse und ihren Leitstern ansah, hat Isadora zeitlebens angezogen. Berge dagegen vermittelten ihr »ein unbestimmtes Gefühl von Trostlosigkeit« und den Wunsch zu fliehen. Sogar die Grundidee ihrer Bewegungen, ihrer Tänze, hat sie aus dem Wogen der Wellen abgeleitet: ein ruhiger, stetiger, aber nie langweiliger Rhythmus, zuweilen verführerisch sanft, gelegentlich wild und zerstörerisch.

»Unter allen Bewegungen, die uns erfreuen und den Sinn der Seele für Bewegung befriedigen«, schreibt sie 1905 in einer ihrer zahlreichen theoretischen Schriften, »The Dancer and the Nature« (Der Tänzer und die Natur), »sind es die Wogen des Meeres, die mir am schönsten erscheinen.« Vier Jahre später, in »Movement is Life« (Bewegung ist Leben), stellt sie richtig, daß mit dem Bekenntnis zur Natur nichts vage Gefühliges oder gar Chaotisches gemeint sei: »Wiederum öffnete ich der Natur die Tür, um eine andere Art des Tanzes zu entfalten, die manche Menschen beschrieben, indem sie sagten: ›Schau, das ist natürliches Tanzen.‹ Doch bei aller Freiheit, aller Übereinstimmung mit den Bewegungen der Natur, war da auch Form. ›Natürliches‹ Tanzen sollte lediglich bedeuten, daß sich der Tanz niemals gegen die Natur richtet, nicht, daß alles dem Zufall überlassen ist.«

Daß die Formung von Bewegung wichtig sei, hat Isadora Duncan schon früh gewußt oder gelernt. Abgesehen vielleicht von jener ungewöhnlichen Lehrstunde, als die Sechsjährige eine Handvoll Babys die Arme schwingen ließ, war es nie das unbestimmte Gefühl eines den Meereswogen abgelauschten Rhythmus', das Isadora in ihren Tanzstunden, geschweige denn in ihren Tänzen, zu vermitteln suchte. Obwohl Isadora im späteren Leben immer so tat, als habe sie ihre Ästhetik und ihre Ausbildungsprinzipien völlig unbeeinflußt entwickelt, hat sie die jüngsten tanzpädagogischen Errungenschaften ihrer Zeit schon als Teenager durchaus studiert und für ihr eigenes »Neues System der Körperkultur und des Tanzes« adaptiert.

Isadoras konkrete tänzerische Ausbildung hatte nicht nur »Social Dancing«, also Gesellschaftstanz, eingeschlossen, sondern auch einiges Ballett-Training, sowohl in ihrer Kindheit in San Francisco als auch zu Beginn ihrer professionellen Karriere in New York und London. In New York soll sie, nach Aussagen ihres Bruders Augustin (»Sie studierte jede Art von Tanz«), einige Zeit bei der amerikanischen Ballerina Marie Bonfanti trainiert haben – was die Tanzhistorikerin Ann Daly eher bezweifelt. Sie zitiert Bonfantis vernichtende Urteil: »Isadora Duncan ... Isadora Donkey! Das ist doch kein Tanz, was immer Enthusiasten sagen mögen. Als ob Herumspringen mit nackten Füßen das erste künstlerische Prinzip des Tanzes wäre ...«

Mit Sicherheit aber hat Isadora in London Tanzstunden bei Katti Lanner, der Ballerina des Empire Theater, genommen – und zwar schon bei ihrem ersten Londoner Aufenthalt mit Augustin Dalys Theaterensemble. Und als sie 1899 auf eigene

Faust nach London ging, hatte sie offenbar nichts Eiligeres zu tun, als »zumindest für kurze Zeit« erneut bei Katti Lanner – übrigens eine Tochter des Wiener Walzerkomponisten – an der Ballettstange zu stehen. So jedenfalls hat sie es vor ihrer Abreise nach Europa der New York Daily Tribune erzählt. Später allerdings hat sie davon nichts mehr wissen wollen. Doch wenn sie das Ballett als eine veraltete Kunstform darstellte, die es zu überwinden gelte, wußte sie durchaus, wovon sie sprach.

Ob Isadoras erste Ballettausbildung in San Francisco so kurz und schmerzhaft verlief, wie sie es in »My Life« schildert, darf bezweifelt werden. Vermutlich hat die Memoirenschreiberin die Erlebnisse der Zehn- oder Zwölfjährigen der Pointe wegen stark zugespitzt. Eine alte Freundin der Familie, die in Isadora eine neue Fanny Elßler – eine der großen romantischen Ballerinen der Romantik, die »heidnische Ballerina«, wie man sie nannte – sah, hatte der Mutter empfohlen, ihr Kind einem berühmten Ballettlehrer in San Francisco anzuvertrauen. Doch mit dem ging es Isadora wie mit der staatlichen Schule: Was ihr dort beigebracht werden sollte, gefiel ihr nicht. »Das dominierende Merkmal meiner Kindheit«, schreibt sie in anderem Zusammenhang, »war der ständige Geist der Revolte gegen die Enge der Gesellschaft, in der wir lebten, und gegen die Beschränkungen des Lebens«, die zuweilen recht simple, wenn auch für den kindlichen Körper – wie man heute weiß – recht gefährliche technische Anweisungen waren.

Als der Ballettlehrer Isadora in der ersten Stunde auftrug, sich auf die Zehenspitzen zu stellen, wollte sie von ihm wissen, warum das so sein müsse. Und als er ihr erklärte, daß das schön sei, antwortete sie ihm patzig, auf den Zehenspitzen zu tanzen sei, im Gegenteil, »häßlich und gegen die Natur, und nach der dritten Stunde verließ ich die Klasse, um niemals zurückzukehren«. Die steife und gemeinplätzige Art von Gymnastik, die der berühmteste Ballettlehrer als Tanz ausgab, habe sie nur in ihren Träumen gestört, hat Isadora später zu

Protokoll gegeben: »Ich träumte von einem anderen Tanz.« Zwar hatte sie gegen Ende der achtziger Jahre noch keine Ahnung, wie dieser Tanz aussehen könnte, nur das sichere Gefühl, daß es eine andere Welt des Tanzes geben müßte, »in die ich eintauchen könnte, wenn ich nur den Schlüssel fände«.

Doch bestand das neue System aus mehr als dunklen Ahnungen. Obwohl durch einen Ozean und einen ganzen Kontinent von Europa getrennt, ohne die heutigen Möglichkeiten der Information und Kommunikation, waren der jungen Tanzlehrerin in San Francisco die Lehren und Ideen des französischen Gymnastiklehrers François Delsarte aus dem fernen Paris, die für den modernen Tanz in der ganzen Welt eine Initialzündung sondergleichen bedeuteten, nicht fremd geblieben. Einer von Isadoras ersten Tänzen interpretierte das Gedicht des amerikanischen Lyrikers Henry Wadsworth Londfellow »I shot an arrow into the air« (Ich schoß einen Pfeil in die Luft). In ihren Tanzstunden pflegte Isadora das Gedicht zu rezitieren und die Kinder aufzufordern, den Bewegungen des Gedichts mit Gesten und Posen zu folgen. Für Ann Daly klingt das wie die direkte Umsetzung Delsartescher Prinzipien.

In einem Interview, das die Zeitschrift The Director 1898 – als sich die Tänzerin bereits nach Europa abgesetzt hatte – veröffentlichte, rühmt Isadora Delsarte denn auch als »Meister aller Prinzipien der Biegsamkeit und der Leichtigkeit des Körpers«, dem allgemeiner Dank dafür gebühre, daß er »die Fesseln von unseren eingezwängten Gliedmaßen« genommen habe: »Seine Lehren, getreulich ausgeführt und« – was immer das heißen mag, da sie ja den Zwang der Ballettausbildung vehement ablehnte – »kombiniert mit den fürs Erlernen des Tanzes üblichen Instruktionen, bringen ein außergewöhnlich anmutiges und bezauberndes Ergebnis.« Großnichte Dorée Duncan vermutet, es seien vor allem zwei Punkte in Delsartes Theorien gewesen, die Isadora zu jener Begeisterung

für den Solarplexus geführt hätten, die in ihrem eigenen expressiven System eine Hauptrolle spielte: Der Darsteller solle bei seinen Bewegungen und Gesten seinen eigenen Emotionen folgen; der Körper des Tänzers aber aufgeteilt sein in bestimmte Zonen, die von säuberlich separierten Aspekten beherrscht werden: Intellekt, Gefühle, Sinne.
Schon in einem Alter, in dem andere Kinder noch im Sandkasten spielen, hatten Isadora und ihre Geschwister begonnen, sich mit griechischer Kultur, Kunst und Philosophie zu beschäftigen: ein Interesse, das ihnen ein Leben lang erhalten bleiben sollte. Bei ihrem ersten Aufenthalt in Paris verbrachten Isadora und Raymond Duncan tagelang viele Stunden im Louvre – und zwar in der griechischen Abteilung. Raymond zeichnete alle griechischen Vasenbilder ab, deren er ansichtig wurde. Isadora pflegte sich tanzend zwischen den Ausstellungsstücken herumtreiben zu lassen – kein Wunder, daß bald einer der Museumswärter mißtrauisch wurde. Doch nachdem ihm Isadora, zu dieser Zeit des Französischen noch nicht mächtig, »mit einer Pantomime« mitgeteilt hatte, daß sie »lediglich hergekommen sei, um zu tanzen«, habe der brave Mann sie wohl für eine »harmlose Irre« gehalten und gewähren lassen. Isadora erinnert sich, daß sie und ihr Bruder stundenlang auf dem Boden herumgerutscht seien und die Ausstellungsstücke in den unteren Fächern der Vitrinen bestaunt hätten: »Schau, hier ist Dionysos, sieh, da ist Medea, wie sie ihre Kinder tötet.«
Aber nicht erst in ihren späteren, professionellen Werken sahen die Betrachter so viel Griechisches, daß in Deutschland in Verballhornung eines Verses aus Goethes »Iphigenie«, die das Land der Griechen mit der Seele sucht, ein Spottwort auf Isadora und ihre Kunst geprägt wurde: »Das Land der Griechen mit der Sohle suchend«. Schon in den kleinen kalifornischen Stücken der Geschwister Duncan habe es manche griechische Posen und Gesten gegeben, haben Dorée Duncan,

Carol Pratl und Cynthia Splatt bei ihren Sichtungen von Isadoras Nachlaß festgestellt; doch seien Isadora und ihre Geschwister dabei nur einer Mode der Zeit gefolgt; die Neigung zu Griechenland und seiner Kultur sei halt gegen Ende des vorigen Jahrhunderts in Amerika sehr populär gewesen.

Isadora allerdings war der Ansicht, daß jene Posen in ihren Stücken, die den Zuschauern – auch dank der Kostümierung mit Sandalen und lockeren »griechischen« Tuniken – griechisch erschienen, nur deshalb so aussähen, weil die griechische Kunst und der griechische Tanz eben »natürlich« gewesen seien, und daß sie Bewegungen und Gesten, die denen auf antiken Darstellungen glichen, durch ihre Beobachtung der Natur selbst gefunden habe. Doch darf man ruhig davon ausgehen, daß diese Aussage der Choreographin eine bewußte Mystifikation darstellt.

Immerhin konnte Isadora dem Impresario Augustin Daly, bei dem sie später ihr erstes professionelles Engagement antreten sollte – »Sie sind vermutlich der einzige Mensch im Land, der es versteht« –, schon 1895 in Chicago verkünden, sie habe den Tanz entdeckt: »Ich entdeckte die Kunst, die 2000 Jahre lang verloren war«, die Kunst nämlich, »die das alte griechische Theater groß gemacht hat – und das ist die Tanzkunst, der tragische Chorus.« Ohne den Chorus, ohne die Tanzkunst, so versuchte sie Mr. Daly klarzumachen, sei das Theater »ein Kopf und ein Körper ohne tragende Beine«. Und wo will Isadora diese Kunstform entdeckt haben? Natürlich »am Pazifischen Ozean, bei den wogenden Pinienwäldern der Sierra Nevada. Ich habe die Idealfigur eines jungen Amerika über die Spitzen der Rockies tanzen sehen«.

Mr. Daly sah die Sache nüchterner. Er hatte eine kleine Rolle in einer Pantomime zu vergeben, und die offerierte er der jungen Frau mit den griechischen Flausen im Kopf: »See you in New York on the first of October.« Was auch tatsächlich geschah, obwohl Isadora und Dora Duncan zum Zeitpunkt von

Mr. Dalys Einladung nach New York wieder einmal absolut pleite waren und nicht wußten, wie sie das Geld für die Bahnfahrt auftreiben sollten.

Die Tanzhistorikerin Ann Daly, mit dem Impresario gleichen Namens nicht verwandt, sieht ganz pragmatische Gründe für Isadoras Versuch, den großen griechischen Schleier über ihre Kunst zu werfen. Der Tanz habe gegen Ende des 19. Jahrhunderts in Amerika zwar einen starken Boom erlebt – allein in New York habe es 1894 mehr als 400 Tanzschulen gegeben, in denen man vor allem Gesellschaftstänze erlernen konnte. Gleichwohl sei er in jener Zeit eine mindere Kunstform gewesen, eine wenn nicht schlüpfrige, so doch zweifelhafte Form der Unterhaltung, und Isadora sei es beinahe von Anfang an darum gegangen, ihren Tänzen einen Anstrich des Seriösen zu geben, sie als etwas Erhabenes, Heiliges, eben als hohe Kunst erscheinen zu lassen. Da kamen ihr die alten Griechen gerade recht.

3. KAPITEL

Mit achtzehn eine Elfe: Beginn der professionellen Karriere

Isadora war 18, als ihr San Francisco zu eng wurde (was sie dem Einfluß der Bücher zuschrieb, die sie gelesen hatte). Ihre Idee war, mit einer der größeren Theaterkompanien, die regelmäßig in San Francisco auftraten, auf Reisen zu gehen, und so sprach sie eines Tages beim Manager einer dieser Kompanien vor und bekam auch die Chance, ihm vorzutanzen. Das Vortanzen fand am frühen Morgen auf der großen, dunklen, leeren Bühne statt. Mutter Dora begleitete die Tochter auf dem Klavier. Isadora tanzte, »in einer kleinen weißen Tunika«, zu einigen Sätzen von Mendelssohns Klavierzyklus »Lieder ohne Worte«. Als sie geendet hatte, schwieg der Manager eine kleine Weile; dann wandte er sich an Dora Duncan und sagte: »Diese Art Tanz taugt nicht für ein Theater. Er gehört in eine Kirche. Ich rate Ihnen, ihre Tochter nach Hause zu bringen.«

Natürlich war Isadora enttäuscht. Aber entmutigen konnte sie diese Abfuhr nicht. Wenn sie San Francisco nicht auf die bequeme Weise mit einem Engagement verlassen konnte, mußte sie es eben auf die harte Tour versuchen. Wenig später berief sie einen Familienrat ein und legte Mutter und Geschwistern eine Stunde lang die Gründe dar, die sie veranlaßten, Kalifornien den Rücken zu kehren. Als Hauptgrund nannte sie schlicht: »Das Leben in San Francisco ist unmöglich.« Etwas benommen ließ sich Mutter Dora, als Hauptbetroffene, von der Tochter ins Schlepptau nehmen. Die beiden kauften zwei billige Bahnfahrkarten nach Chicago und brachen auf. Für Fahrkarten für Schwester Elizabeth und die beiden Brüder reichte das Geld nicht, so blieb der Rest der Familie vorerst in San Francisco, vertröstet mit dem Versprechen, daß man alle nachholen werde, sobald Isadora in Chicago ihr Glück gemacht habe.
Als Dora und Isadora an einem heißen Junitag des Sommers 1898 in Chicago ankamen, besaßen sie den Inhalt eines kleinen Koffers, ein paar altmodische Juwelen aus dem Erbe der Großmutter, 25 Dollar in bar und einen Haufen Flausen in Isadoras Kopf. Natürlich erwartete Isadora, daß sie binnen kurzem, am liebsten gestern, ein Engagement finden würde. Doch davon konnte keine Rede sein. Chicago hatte keineswegs auf die junge Tänzerin aus San Francisco gewartet. Mit ihrer weißen griechischen Tunika in der Tasche zog Isadora von Theatermanager zu Theatermanager, von Vortanzen zu Vortanzen, um überall dieselbe Antwort zu erhalten: »Sehr hübsch, aber nichts fürs Theater.«
Die 25 Dollar waren bald aufgezehrt. Der Verkauf von Großmutters armseligem Schmuck brachte nicht viel. So setzte sich fort, was die Duncans schon von San Francisco und Oakland her kannten. Ihr Hauswirt kündigte ihnen und behielt alles Gepäck – ohne einen Cent fanden sich die beiden Frauen auf der Straße wieder. In ihrer Verzweiflung versuchte Isadora das

letzte halbwegs Wertvolle zu versetzen, das sie hatte – einen schönen Kragen aus echter Spitze – und war schließlich erfolgreich. Das gute Stück brachte zehn Dollar. Das reichte zur Anmietung eines Raums und zum Kauf einer Kiste Tomaten, von denen Mutter und Tochter eine Woche lang lebten, »ohne Brot oder Salz«, wie Isadora betont.

Eine Agentur für Arbeitsvermittlung, bei der Isadora vorsprach, machte ihr wenig Mut. Als sie auf die Frage, was sie denn könne, mit »Alles« antwortete, sagte man ihr, sie sehe aber eher so aus, als ob sie nichts könne – und das war es. Schließlich geriet sie an den Manager des »Masonic Temple Roof Garden«, eines bekannteren Vergnügungsetablissements. »Mit einer dicken Zigarre im Mund und dem Hut schief über einem Auge« beobachtete er, wie Isadora zu einer Mendelssohn-Musik in ihrer Tunika umherschwebte. Immerhin war er nicht gänzlich abweisend: »Sie sind sehr hübsch, und wenn Sie all das ändern könnten und etwas mit ein bißchen Pep machen, würde ich Sie engagieren.« Isadora war sich nicht sicher, was der Mann unter »ein bißchen Pep« verstand. »Nun, gewiß nicht das, was Sie machen. Etwas mit Röcken und Verzierungen und Beinewerfen« – also genau das, was Isadora immer gehaßt hatte. Doch mit dem Bewußtsein im Hinterkopf, daß ihre arme Mutter völlig erschöpft von den Entbehrungen im heißen Zimmer lag, versprach sie, am nächsten Tag mit Röcken, Verzierungen und Beinewerfen zurückzukommen.

Das Problem war: Isadora besaß keinen Rock, der als Kostüm für das »Madison Temple Roof Garden« hätte durchgehen können – und Geld hatte sie schon längst nicht mehr. So beschwatzte sie einen jungen Mann, den Manager eines Kaufhauses, wie sie es früher mit Metzgern und Bäckern getan hatte, und tatsächlich gab er ihr Kredit, um Stoff für ein Kostüm zu erstehen: rotes und weißes Material und etwas Borte für einen Petticoat, den Mutter Dora, auf dem vorletzten Loch pfeifend, über Nacht zusammennähte. Am nächsten Tag trat Isadora zum Vortanzen an, wählte aus dem Stegreif eine populäre Musik für das einsatzbereite Orchester und improvisierte beinewerfend, was sie für einen peppigen Tanz hielt. Sehr zum Entzücken des Managers, der sie gleich für den nächsten Abend aufs Programm setzte, ihr 50 Dollar pro Woche als Honorar anbot – und dieses Honorar für die erste Woche sogar im voraus bezahlte.

Die fünfzig Dollar retteten Dora und Isadora Duncan vor dem Verhungern. Aber sie konnten Isadora nicht dazu bewegen, ihr Engagement über die erste Woche hinaus zu verlängern: »Ich hatte genug davon, das Publikum mit einer Sache zu amüsieren, die gegen meine Ideale verstieß. Und so war es das erste und das letzte Mal, daß ich so etwas tat«, notierte sie, nicht ganz der Wahrheit entsprechend, in ihren Memoiren. Denn einiges von dem, wozu sie sich während der nächsten zwei Jahre in ihrer New Yorker Zeit bereitfand, war nicht so weit von dem entfernt, was sie in Chicago nicht einmal um den Preis des Verhungerns hatte weiter tun wollen.

Später fand Isadora von ihrem Aufenthalt in Chicago, der nur einige Wochen dauerte, vor allem ihre Erfahrungen mit dem Club »Bohemia« erwähnenswert, in den sie von einer Journalistin eingeführt wurde. Sie tanzte dort ihren »religiösen Tanz« inmitten einer Horde von grölenden, biertrinkenden Künstlern und Möchtegernkünstlern, die – wie Isadora und ihre Mutter – von eben diesem Getränk und den Sandwiches lebten, die einige wohlhabende Gönner Abend für Abend spendeten. Dabei verliebte sich ein älterer Mann, ein Pole namens Miroski, so leidenschaftlich, »wie es nur ein Pole kann«, in die 18jährige Tänzerin, die kaum wußte, wie ihm und ihr geschah, und kaum wahrnahm, wie ihr Verehrer unter seiner Leidenschaft litt. Lange Spaziergänge im Wald und häufige Tête-à-têtes, die die Mutter erlaubt hatte, verwirrten das sexuell unerfahrene und sehr naive Mädchen,

»und als er der Versuchung schließlich nicht länger widerstehen konnte und mich küßte, und als er mich fragte, ob ich ihn heiraten wolle, glaubte ich, dies würde die eine große Liebe meines Lebens sein«. Später stellte Bruder Augustin, der Miroski offenbar – und zu Recht – nicht traute, Nachforschungen an und fand heraus, daß Miroski in Europa eine Familie hatte, was der Beziehung natürlich ein Ende setzte. Aber über ein paar keusche Umarmungen, tiefe Seufzer und heiße Küsse hinaus war Isadoras Affäre mit Miroski ohnehin nicht hinausgediehen – und das lag, außer an ihrer Naivität, vielleicht sogar Unschuld, nicht zuletzt daran, daß Isadora Chicago rasch langweilig wurde und sie die Stadt bereits wieder verlassen wollte.

Längst hatte sie entschieden, daß Chicago ihrer Karriere nicht förderlich war. Sie wollte weiter nach New York, wo, davon war sie überzeugt, damals schon die Musik spielte. Und als eines Tages der bedeutende Manager Augustin Daly, der damals als Amerikas kunstbegeistertster und ästhetisch weitsichtigster Impresario galt, mit einer Theaterkompanie in Chicago gastierte, nahm sich Isadora ein Herz und sprach ihn an – mit dem Ergebnis, das wir im vorigen Kapitel schon vorweggenommen haben: »See you in New York on the first of October.« Das war aber keineswegs ein Engagement, sondern lediglich die Einladung zu einem weiteren Vortanzen.

Gut und schön, sagte Mutter Dora, als ihre Tochter von dem Gespräch mit Augustin Daly erzählte, aber: Wie kommen wir nach New York? Wer bezahlt die Bahnfahrkarten? Denn natürlich hatte die Familie auch diesmal kein Geld. Isadora löste das Problem, wie sie viele ähnliche Probleme in ihrem Leben lösen sollte. Sie telegraphierte einem Freund in San Francisco und bat um 100 Dollar, um ihr »triumphales Engagement« bei Augustin Daly in New York antreten zu können. Erstaunlicherweise traf das Geld umgehend in Chicago ein. Fast gleichzeitig mit den 100 Dollar aber kamen Schwester Elizabeth und Bruder Augustin, die in San Francisco irgendwie vom Inhalt des Telegramms erfahren hatten und es fälschlicherweise so interpretierten, daß die strahlende Zukunft der Familie bereits begonnen hätte. Und so reisten sie mit Mutter und Schwester weiter nach New York. Das Geld reichte immerhin für vier Bahntickets. Aber danach war die Familie wieder blank.

Von Ivan Miroski, der ihr ewige Liebe schwor, nahm Isadora tränenreichen Abschied und versicherte ihm, daß sie ihn heiraten werde, sobald sie in New York ihr Glück gemacht habe. »Nicht, daß ich damals an die Ehe geglaubt hätte«, beeilt sich die Memoirenschreiberin nach der Schilderung dieser Szene anzufügen: »Aber zu der Zeit hielt ich es für nötig, meiner Mutter den Gefallen zu tun. Ich hatte noch nicht gänzlich die Prügelei für die freie Liebe aufgenommen, für die ich später kämpfte.«

Die Hoffnung, daß Augustin Daly Isadora mit offenen Armen aufnehmen und zum Star machen würde, trog natürlich, wie nicht anders zu erwarten. Als sie ihm erneut ihre Ideen einer auf griechischen Idealen beruhenden »natürlichen« Tanzkunst schmackhaft machen wollte, winkte er nur müde ab. Was der Impresario der Tänzerin anzubieten hatte, war eine kleine Rolle in der Pantomime »Madame Pygmalion«, in der er einen großen europäischen Star, Jane May aus Paris, zu präsentieren beabsichtigte. Pantomime war alles andere als das, wonach Isadora der Sinn stand. Ihrer Ansicht nach war die Pantomime ein häßliches Zwitterding zwischen dem gesprochenen Wort und der lyrisch-expressiven tänzerischen Bewegung, die zwischen Tanz und Schauspiel »hoffnungslos in die Sterilität« driftete. Doch was blieb ihr anderes übrig? Sie akzeptierte.

Auf der Bühne agierte sie zunächst nur mit halbem Herzen und machte ihre Sache so schlecht, daß sich der große Star aus Europa beim gemeinsamen Chef beschwerte und ihm erklär-

te, die Kleine habe nicht das mindeste Talent. Erstaunlicherweise hielt Daly Isadora die Stange: »Sie wird's lernen.« Und das tat sie.
Natürlich sah Isadora während der Proben zu Dalys Pantomime kein Geld, und da auch kein anderes Familienmitglied etwas verdiente, wurde die Familie wieder einmal aus ihrer halbwegs zentral gelegenen Pension ausquartiert und mußte in zwei elende Räume weit im Norden Manhattans an der 180. Straße umziehen. Und weil auch kein Geld fürs öffentliche Transportsystem da war, mußte Isadora zu den Proben unten in der 29. Straße meistens laufen. Ein Mittagessen konnte sie sich natürlich nicht leisten, und so schlief sie, während die anderen zu Tisch waren, in einer Loge des Theaters den Schlaf der Erschöpfung. Das ging so immerhin sechs Wochen lang. Dann hatte die Pantomime Premiere. Nach drei Wochen ging das Stück auf Tournee: Von den 15 Dollar wöchentlich, die ihr Daly in dieser Zeit zahlte, gab Isadora die Hälfte ihrer Mutter.
Nach zwei Monaten relativer finanzieller Sicherheit für Isadora ging die Tournee erfolglos zu Ende. Der Star kehrte nach Paris zurück. Mr. Daly hatte kräftig Geld verloren. Isadora war wieder ohne Job. Doch sie hatte Glück im Unglück. Daly schickte ein anderes Ensemble mit Shakespeares »Sommernachtstraum« auf Tournee und bot Isadora an, sie könne eine der Begleiterinnen der Feenkönigin Titania tanzen. Vergeblich weigerte sich Isadora, für diesen Tanz die Pappmaché-Flügel anzulegen, die für die Rolle von der Regie vorgesehen waren. Aber als sie dann als Feenwesen das erste Mal – und sogar allein – auf der Bühne stand, tanzte sie sich in einen solchen Rausch, daß der Saal spontanen Applaus spendete. Glücklich trat sie ab in die Kulissen, wo sie einen wütenden Daly vorfand. Zur Strafe für ihre Vorwitzigkeit blieben während der nächsten Vorstellungen die meisten Bühnenlichter gelöscht, während Isadora tanzte. Der Zuschauer, erinnert sich Isadora traurig, sah nichts als »ein weißes herumflatterndes Etwas«.

Nach zwei Wochen in New York ging auch der »Sommernachtstraum« auf Tournee. Der Alptraum anstrengender Reisen und schlechter Absteigen begann aufs neue. Und diesmal dauerte er ein ganzes Jahr. Immerhin war Isadoras Gage kräftig erhöht worden: Sie bekam jetzt 25 Dollar die Woche.
In ihren Memoiren erweckt Isadora den Eindruck, als habe sie bei Daly nichts anderes getanzt als die kleine pantomimische Rolle in »Madame Pygmalion« (den Titel des Stücks nennt sie nie) und die Fee im »Sommernachtstraum«. Tatsächlich aber tanzte sie auch in weiteren Shakespeare-Produktionen Dalys: »Viel Lärm um Nichts« und »Der Sturm«. In einer Adaption von Sir Walter Scotts »Guy Mannering« mußte sie einen Zigeunertanz ausführen. Und 1897 ging sie mit einem von Dalys Ensembles sogar für einige Wochen nach London, wo sie – es wurde bereits erwähnt – Ballettunterricht bei der Ballerina Katti Lanner erhielt, einer Tochter des berühmten Wiener Walzerkomponisten.
Mittlerweile lebte die ganze Familie in New York. Augustin hatte sich einer Theatergruppe angeschlossen und war meistens auf Tournee. Raymond versuchte sich im Journalismus. Elizabeth machte in einem angemieteten Studio mit Badezimmer, in dem die ganze Familie auf Matratzen am Boden schlief, eine Tanzschule auf: Es kam also etwas Geld in die Familienkasse. Allerdings bestand das Studio nur aus einem einzigen Raum, und wenn Elizabeths Schüler zum Unterricht kamen, war der Rest der Familie gezwungen spazierenzugehen, gleichgültig, wie das Wetter war.
Isadora arbeitete immer noch für Augustin Daly. Dessen jüngste Errungenschaft war die Operette »Die Geisha«, in der Isadora nicht nur als Tänzerin, sondern auch als Sängerin auftrat – oder zumindest auftreten sollte. Aber da sie nicht in der Lage war, auch nur einen einzigen Ton zu halten, beteiligte sie sich an dem Quartett, für das sie ausgewählt worden war, nur pantomimisch, indem sie den Mund in einer Imitation von Ge-

sang auf und zu klappte. Das scheint niemandem aufgefallen zu sein. Selbst ihre Mutter, teilte Isadora später in ihren Memoiren mit, habe sich immer gewundert, wie ihre unmusikalische Tochter beim Singen den »engelsgleichen Ausdruck« auf ihrem Gesicht habe halten können, während die anderen drei Mitglieder des Quartetts ihre Mienen häßlich verzogen: Die Wahrheit über Isadoras Gesangskunst hat Dora Duncan offenbar nie erfahren.

Natürlich war Isadora mit dieser Situation höchst unglücklich. Sie war jetzt fast zwanzig Jahre alt und ihrem Traum von einem neuen Tanz keinen Schritt nähergekommen. Eines Tages wurde sie von Augustin Daly überrascht, wie sie weinend in einer Loge auf dem Boden lag. Schluchzend gestand sie ihm, daß sie den Schwachsinn der »Geisha« nicht länger ertragen könne. Seine Antwort, daß er das Stück nicht mehr möge als sie, es aber aus finanziellen Gründen auf dem Spielplan halten müsse, klang plausibel, half ihr aber nicht weiter. Und als er ihr beruhigend den Rücken tätschelte, wurde sie fuchsteufelswild und fauchte ihn an mit der Frage, was zum Teufel er mit ihrem Genie anstelle, wenn er keinen Gebrauch von ihm mache. Daly war verblüfft, so hatte er es offenbar noch nie gesehen.

Es war dann Isadora, die der Zusammenarbeit mit Augustin Daly ein Ende setzte. Ein paar Tage nach ihrer Auseinandersetzung mit dem Impresario kündigte Isadora, ohne einen neuen Job in Aussicht zu haben. Jahre später erschienen ihr die Jahre als Geisha und als Fee im »Sommernachtstraum«, als Luftgeist im »Sturm« und als Zigeunerin bei Scott als nicht mehr so verloren, wie sie ursprünglich wohl gedacht hatte. Immerhin hatte sie, durch die Praxis allabendlicher Repetition des immer Selben, eine perfekte Theaterausbildung genossen, die ihr bei ihrer späteren Bühnenlaufbahn durchaus zugute kommen sollte.

4. KAPITEL

Ophelia im Salon: die Geburt einer Choreographin

Schon während sie mit Dalys Theaterensemble in London auf Tournee war, hatte Isadora dort einige private Solovorstellungen gegeben: nicht in Theatern und nicht gegen Honorar, sondern gratis für Mitglieder der besseren Londoner Gesellschaft in den Salons vornehmer Häuser. Vermutlich hat der Erfolg dieser Aufführungen ihr den Mut zum Bruch mit Daly gegeben, mindestens hat er das Vertrauen in die eigene Kreativität sehr gestärkt.

So mieteten die Tänzerin und ihre Mutter nach Isadoras Kündigung bei Daly ein kleines Studio in der Carnegie Hall, und da die Studiomiete nachts billiger war, arbeiteten die beiden dort häufig die ganze Nacht. Dora spielte Klavier, Isadora tanzte in ihrer weißen Tunika. Hier schuf Isadora die ersten ihrer frühen Solotänze, »viele von ihnen begleitet von Gedichten«. Ihr musikalischer Geschmack, wissen Dorée Duncan und ihre

Koautorinnen, sei damals »sehr eklektisch« gewesen: »Walzer von Strauß, Mendelssohn, Paderewski, Nevin.« Ann Daly spricht davon, daß jede Musik, die Isadora für ihre Tänze aussuchte, starke Stimmungen und emotionale Regungen vermittelt, ja Bewegungen und Bilder transportiert habe.

Grundsätzlich sei sie den größeren musikalischen Bögen gefolgt, »indem sie den rhythmischen Pulsschlag mit ihren Beinen hielt, während sie die groben Umrisse der Melodie (eher als eine Note-für-Note-Umsetzung) mit ihrem Oberkörper zeichnete«. Dabei habe sie »einen unheimlichen Instinkt für Musikalität entwickelt«. Jahre später betonte eine ihrer Schülerinnen, Isadora habe sich nie um den exakten Rhythmus gekümmert. Vielmehr seien ihre Bewegungen der größeren Linie der Musik gefolgt, »mit einem unbeirrbaren Gefühl für den musikalischen Fluß«. Das habe sie »zuweilen atemlos stillstehen oder den Akzent unterstreichen (lassen) durch eine rasche Drehung oder eine kräftige Bewegung ihrer Beine«, nie gegen, immer im Einklang mit den musikalischen Abläufen.

Die Tanzhistorikerin Daly, die Isadora nicht für eine besonders schöne Frau hält, zitiert die Tanzlehrerin Lucile Marsh, die zur selben Zeit wie Duncan gelebt hat. Sie beschreibt Isadoras Körper als »weich, sanft gerundet, aber mit starken Konturen«. Sie habe einen kleinen Kopf und einen langen, biegsamen Nacken gehabt und feine, äußerst bewegliche Schultern. »Ihre Rückseite war flach, ihre Brust tief und hoch«, also wohl kräftig und hoch angesetzt. Die Arme seien weich und gleichzeitig auch irgendwie plump gewesen, »mit winzigen Gelenken und Händen von kindlicher Delikatesse und Süße«. Solange sie jung war, hatte Isadora eine schlanke Taille und einen flachen Bauch, »der sich, wenn sie tanzte, mit ihrer Brust auf- und abbewegte«. Das alles wurde getragen von kräftigen, aber langen Beinen, die sie, vor allem später in Europa, für manchen Betrachter zum Idealtyp eines gesunden amerikanischen Mädchens werden ließen.

Isadoras Weg in die New Yorker Öffentlichkeit begann mit einem zunächst eher peinlichen Zwischenfall. Ethelbert Nevin, ein junger amerikanischer Komponist, hatte wie die Duncans ein Studio in der Carnegie Hall. Isadora gefiel seine Musik, und so choreographierte sie Tänze zu einigen seiner kurzen Kompositionen: »Ophelia«, »Narcissus«, »Wassernymphen«. Standfotos jener Jahre zeigen Isadora in ihrer Tunika aus durchbrochenem Vorhangstoff, zwei breite Bänder um Taille und Hüften gewickelt, um den weiten Stoff zu raffen, vorwiegend in verträumt-verschämten Posen: den Kopf leicht zurückgebogen oder nach vorn geneigt, die Augen halb geschlossen, die Arme herabhängend und leicht abgewinkelt vom Körper, die Füße – noch nicht in Sandalen, sondern in Ballettschuhen, deren Bänder um die Knöchel geschnürt sind – knapp nebeneinander gestellt und ein Bein, im Knie geknickt, leicht angehoben. Auf einigen dieser Fotos erhebt sich die Tänzerin sogar auf die Fußballen, ja auf die Zehenspitzen.
Die erste persönliche Begegnung zwischen der Tänzerin und dem Komponisten Nevin scheint dramatisch verlaufen zu sein. Isadora berichtet, sie habe in ihrem Studio trainiert, als ein junger Mann »mit wilden Augen und abstehenden Haaren« in den Raum gestürzt sei, trotz seiner Jugend bereits vom Tode gezeichnet (Nevin starb wenige Jahre später, 1901). Aufgeregt habe er gerufen: »Ich höre, daß Sie auf meine Musik tanzen. Ich verbiete es. Ich verbiete es. Meine Musik ist keine Tanzmusik. Niemand darf darauf tanzen.« Isadora versuchte, den jungen Mann zu beruhigen, nahm ihn bei der Hand und führte ihn zu einem Stuhl. Sie werde ihm jetzt einen ihrer Tänze zu seiner Musik vorführen, und »wenn es Ihnen nicht gefällt, werde ich es, das schwöre ich, nie wieder tanzen«.
Sie tanzte für ihn den in sich selbst verliebten »Narcissus«, der an einem Bächlein steht und sein Spiegelbild bewundert und sich schließlich in eine Blume verwandelt, dann die »Ophelia« und zuletzt die »Wassernymphen«. Aber schon nach dem

»Narcissus« lag ihr der Komponist – »Sie sind ein Engel« – zu Füßen und gestand ihr, was sie tanze, seien genau die Bilder und Stimmungen, die er sich beim Komponieren vorgestellt habe. Am Ende setzte er sich ans Klavier, das Dora Duncan offenbar geräumt hatte, und komponierte ein neues Stück für Isadora, das er »Spring« (Frühling) nannte.

Es blieb nicht bei dieser privaten Begegnung. Nevin war so begeistert von Isadoras Tanz, daß er die Duncan einlud, mit ihm zusammen in einem kleinen Studio der Carnegie Hall aufzutreten. Alle Vorarbeiten für diesen Auftritt im Carnegie Lyceum mit »Three Water Scenes« wurden von Nevin erledigt. Laut Isadoras Erinnerungen »arrangierte er das Konzert, mietete den Saal, machte die Reklame und kam jeden Abend, um mit mir zu proben«. Der Feuereifer, mit dem sich beide für die Sache engagierten, zeitigte, was Isadora einen »sensationellen Erfolg« nannte. Tatsächlich erhielt die Aufführung vom 24. März 1898, an der noch ein Sopran und ein Schauspieler beteiligt waren, eine knappe Erwähnung in der Zeitung – und zwar in den Gesellschaftsnachrichten. Es war, so Dorée Duncan, Pratl & Splatt, die typische Reaktion der New Yorker jener Jahre auf ein tänzerisches Ereignis: »Musik war Kunst, aber Tanz war Unterhaltung.« Der ersten Aufführung folgten weitere, und »vermutlich hätten wir in diesem Augenblick einen guten Impresario finden können«, glaubte Isadora – falls Nevin und sie ein wenig geschäftstüchtiger gewesen wären. »Aber wir waren merkwürdig unschuldig.«

Immerhin entwickelte sich Isadora in der Folge zu einem Star der New Yorker Salons: »Ihre Mutter spielte Klavier, Augustin und Elizabeth rezitierten, und zuweilen hielt Raymond einen Vortrag über die Philosophie des Tanzes«. (»Life into Art«)

Bei Isadoras erstem Auftritt in der Carnegie Hall hatten viele Frauen aus der guten New Yorker Gesellschaft im Publikum gesessen. Nun luden sie Isadora ein, auf ihren Abendgesellschaften zu tanzen. Jung Isadora fühlte sich geschmeichelt, vor allem dann, wenn die Einladenden an der Spitze der gesellschaftlichen Pyramide standen, wie Lady Astor, die »für Amerika ungefähr das bedeutete, was die Queen für England war«. Lady Astor lud Isadora ein, in ihrer Villa in Newport zu tanzen, in jener Zeit, wie Isadora in ihren Memoiren stolz vermerkt, »*der* ultra-moderne Badeort«. Die Vorstellung fand auf dem Rasen hinter Lady Astors Landsitz statt, und die Crème der New Yorker Gesellschaft sah zu: Familienmitglieder der Vanderbilts, Belmonts, Fishes. Isadora war hinreichend beeindruckt, aber im Grunde blieb ein schales Gefühl. Denn zu verdienen gab es bei solchen Anlässen nur wenig, und viel Verständnis für ihre Kunst fand Isadora auch nicht. Die Ladys knapsten mit den Honoraren, und nach mehreren anderen Auftritten in Newport hatten Isadora und ihre Mutter, die sie natürlich begleitete, gerade soviel verdient, daß sie die Rückreise nach New York bezahlen konnten.

Isadoras Verhältnis zur Oberschicht blieb zeitlebens ambivalent. Nach Ansicht der Tanzwissenschaftlerin Ann Daly benutzte die Tänzerin die vornehme Gesellschaft, wie sie die Gedankenwelt der Griechen benutzte: ganz gezielt, um ihre Kunst aus dem Dunstkreis wohlfeiler Unterhaltung hinauszuhieven und zu einem Medium der Reichen, Schönen und Kreativen zu stilisieren. »Indem sie ihr Tanzen ständig mit der Oberklasse verknüpfte, dem weißen protestantischen Amerika«, habe sie ihr Tanzen vom Rande des gesellschaftlichen Spektrums in dessen Mittelpunkt gerückt. Auch später, als Isadora längst hohe Honorare erhielt, legte sie die Eintrittspreise gern so fest, daß einerseits nicht Krethi und Plethi in der Lage waren, sich ihre Vorstellungen zu leisten, so gern sie auch andererseits verbal ihre Liebe zum einfachen Volk bekundete.

Isadoras Lieblingsstück bei Anlässen wie dem auf Lady Astors Rasen war die Interpretation von Gedichten des – auch von Goethe bewunderten – mittelalterlichen persischen Poeten Omar Khayyam. Bruder Augustin, zuweilen auch Schwester Elizabeth, rezitierten Khayyams Gedichte aus dem »Rubáiyát«-Zyklus, der auch Isadoras Tänzen den Titel gab. Einen Teil ihres Publikums scheinen diese Tänze ähnlich schockiert zu haben wie siebzig Jahre später die frühen Stücke der Deutschen Pina Bausch das Abonnementspublikum ihrer Heimat Wuppertal. Großnichte Dorée berichtet von einem veritablen Skandal.

Schon Isadoras Aufmachung – nackte Arme und ein Kostüm aus Mutters Vorhangstoff – war für die damalige Zeit provokant. Aber noch provokanter war ihr Tanz, der sich signifikant von allem unterschied, was in jenen Jahren auf einer Tanzbühne zu sehen war. »Sie trug noch Strümpfe und Satinslipper«, haben Dorée Duncan und ihre Mitautorinnen beim Studium zeitgenössischer Quellen herausgefunden, und »tanzte auf Spitze und hoher Halbspitze, die sie (in jener Zeit) weiterhin benutzte und lehrte. Aber ihr Gleichgewichtszentrum lag höher als beim traditionellen Ballett. Ihre Arme, Beine und Schultern waren sanft gerundet. Ihr Kopf kippte leicht nach hinten, zu einem anmutig gebogenen Nacken – eine Position, die sie auf einer griechischen Vase gesehen, nicht in einem Ballettstudio gelernt hatte.«

Zeitgenössische Rezensenten, bemerkt Ann Daly, hätten sich oft über den Unterschied zwischen dem, was sie sahen, und dem, was sie empfanden, gewundert. Doch sei das ganz natürlich. Denn der Stoff, aus dem Isadoras Tanzen gemacht war, sei nicht körperlich gewesen, sondern habe aus dem Wesentlichen bestanden. Ann Daly zitiert eine zeitgenössische Quelle, die Aussage eines Zurück-zur-Natur-Apostels namens Bolton Hall, der Isadoras Tanz folgendermaßen beschrieb: »Es ist kein Tanz, obwohl Tanz ein Teil davon ist. Es ist lebendige Bewegung, ausdrucksvolle Bewegung. Anders als gewöhnliches Tanzen hat es kein vorgegebenes Muster oder untergeordnetes Leitmotiv, das ständig wiederholt würde. Es hat Struktur und Form, doch so eng gekoppelt an seine Schönheit und Anmut, daß man es nur empfinden, nicht sehen kann.«

Natürlich waren diese Tänze nicht darauf angelegt, das Publikum erotisch zu erregen. Isadoras Choreographien zielten vielmehr darauf ab, »das gesamte Spektrum menschlicher Gefühle zu illustrieren, inspiriert von Poesie und Musik« (Dorée Duncan). Auch Ann Daly billigt Isadora zu, daß sie von Anfang an mehr im Sinn hatte als nur den Tanz: »Sie wollte nicht weniger als ›das menschliche Leben abbilden, bis in seine letzten Details der Kleidung, der Moral und der Lebensweise‹.«
Ein Statement der Choreographin aus dem Jahre 1898 beschreibt eher ihre ästhetischen Absichten: »Das ist es, was wir erreichen wollen: ein Gedicht, eine Melodie, einen Tanz so miteinander zu verschmelzen, daß man weder die Musik und die Poesie hört, noch den Tanz sieht, sondern in der Szene und in dem Gedanken aufgeht, den alle zusammen ausdrücken.«
Die Duncans wohnten damals in einem guten Hotel, dem Windsor, wo sie zwei große Räume im Erdgeschoß gemietet hatten. Für diese beiden Räume zahlten sie 90 Dollar die Woche: viel Geld für die damalige Zeit – und letztlich mehr, als die Duncans auf Dauer aufbringen konnten, obwohl sie – wie sich Isadora erinnert – »äußerst erfolgreich« waren. Denn die Einnahmen der Familie bestanden fast ausschließlich aus den wenigen Dollar, die Elizabeths Schüler für ihre Tanzstunden bezahlten, und so war der Zeitpunkt abzusehen, an dem die Familie sich wieder einmal nach einer neuen Bleibe würde umsehen müssen.
Isadora erzählt in ihren Memoiren die Anekdote, wonach sie eines Abends mit ihrer Schwester in der Hotellobby vor dem Kamin gesessen und über der Frage gebrütet habe, wie sie die nächste Hotelrechnung bezahlen sollten. Offenbar angeregt von den Flammen vor ihren Augen, habe sie die Vermutung geäußert, nur das Abbrennen des Hotels könne sie diesmal retten. Tatsächlich sei das Windsor wenige Tage später – ohne daß Isadora oder ein anderes Familienmitglied der Duncans dabei nachgeholfen hätten – abgebrannt: »Elizabeth rettete

ihre Tanzschüler heldenhaft durch ihre Geistesgegenwart, indem sie sie, Hand in Hand, aus dem Gebäude brachte, in einer indianischen Reihe.« Das geschah am 17. März 1899, ein knappes Jahr nach Isadoras erstem öffentlichen Auftritt mit Nevin.

Die »Rettung« der Duncans vor ihren Schulden war jedoch zweifelhafter Natur. Die Familie verlor bei dem Hotelbrand sämtliche Besitztümer, »einschließlich der Familienporträts, die uns sehr wertvoll waren«. Für Isadora allerdings gab es kein noch so negatives Ereignis, aus dem sie nicht ihre positiven Schlüsse gezogen hätte. Sie nahm den Brand als Wink des Himmels, New York hinter sich zu lassen. »Das ist Schicksal«, will sie zu ihrer Mutter gesagt haben: »Wir müssen nach London reisen.«

Die Frage war nur, woher das Geld für die Reise kommen sollte. Denn die Duncans hatten trotz der Tanzstundeneinnahmen und gelegentlichen Honoraren von Isadora und Raymond von der Hand in den Mund gelebt. Der Brand aber hatte sie sogar die Kleider zum Wechseln gekostet. Allerdings war die Familie um 20 Prozent kleiner geworden. Bruder Augustin, der eine Weile mit einer Theaterkompanie über Land gezogen war und Shakespeares Romeo gespielt hatte, kam eines Tages nach Hause und kündigte seine Hochzeit mit der Ophelia-Darstellerin an, einem 16jährigen Mädchen. Die Familie faßte das als »einen Akt von Verrat« auf. Aber immerhin hatte sie nun nicht fünf, sondern nur vier Schiffspassagen nach London zu bezahlen.

Isadora machte sich daran, das Geld aufzutreiben, indem sie sich der Millionärsgattinnen entsann, auf deren Partys sie getanzt hatte. Es wurde eine Tour der Leiden – und vor allem der Demütigungen. Denn die reichen Damen erwiesen sich nicht nur als äußerst knauserig – keine von ihnen gab Isadora mehr als 50 Dollar –, die meisten verknüpften ihre milden Gaben auch noch mit Moralpauken und Bedingungen, etwa daß Isadora das Geld zurückerstatten solle, wenn sie in Europa wirklich berühmt und wohlhabend geworden sei, wie sie fest glaubte und im Brustton der Überzeugung verkündete. Nach vier Wochen Klinkenputzen hatte Isadora ganze 300 Dollar zusammen – nicht genug für vier Zweiter-Klasse-Tickets für die Reise von New York nach Europa auf einem Liniendampfer. Da schlug Bruder Raymond vor, den New Yorker Hafen abzuklappern, ob man nicht ein Frachtschiff finden könne, das die Familie nach England mitnähme.

Am Ende schiffte sich die Familie auf einem Viehtransporter ein, der Rinder von Amerika nach Europa schaffte. Die ständige Konfrontation mit den im Unterdeck zusammengepferchten armen Tieren aus den Prärien des Mittelwestens, die ihrem Tod in europäischen Schlachthäusern entgegendampften, habe mindestens Raymond dauerhaft zum Vegetarier gemacht, weiß Isadora zu berichten. Doch überstand die Familie die zweiwöchige Schiffsreise von New York nach Hull, bei »Tee und Salzfleisch, das wie Stroh schmeckte«, und auch die kurze Bahnreise von Hull nach London ohne größere Beschwerden.

Am 18. April 1899 hatte Isadora in New York, wiederum im Lyceum der Carnegie Hall, ihre Abschiedsvorstellung gegeben: »The Happier Age of Gold« mit dem Untertitel »Idyllen von Theokrit und Bion, in Tanz gesetzt von Isadora Duncan«. Elizabeth und Augustin rezitierten, ein Orchester – immerhin unter der Leitung von Franz Kaltenborn – spielte. Isadora tanzte griechisch-mythologische Szenen: die Hochzeit der schönen Helena, des Daphnis Triumph und Ende, eine Wehklage für Adonis. New Yorks Kritiker waren, wie immer, nicht sonderlich beeindruckt, und das machte den Abschied von Amerika leichter.

Unter dem irischen Namen O'Gorman schifften sich die Duncans ein paar Tage später ein. An einem Maimorgen des Jahres 1899 trafen sie in London ein: voller Neugier und Tatendrang, doch natürlich auch unsicher über die Zukunftsaussichten. Nur Isadora war, wie immer, völlig davon überzeugt, daß es nun bis zum großen Ruhm nicht mehr sehr weit sein könne. Und diesmal hatte sie durchaus recht. Aber leicht war der Weg nicht.

5. KAPITEL

Europa, ich komme: die ersten Stationen – London, Paris

Die ersten Tage in London verbrachte die Familie Duncan »in einem Zustand totaler Ekstase«. Über eine Annonce in der »Times« hatte die Familie eine recht zentrale Unterkunft in der Nähe von Marble Arch gefunden. Von dort aus erkundete sie, zu Fuß und mit dem Autobus, die Stadt. In Isadoras Erinnerung benahmen sie sich genau wie Touristen, »mit einem Vater in Amerika, der ihnen Geld schicken konnte«. Nur, daß es den spendierfreudigen Papi derzeit nicht gab.

Die Touristenträume platzten nach einigen Wochen auf die übliche Weise, als die Wirtin um die Begleichung der Wohnungsmiete bat. Bei der Rückkehr aus der Nationalgalerie, wo sie »einem hochinteressanten Vortrag« über Coreggios »Venus und Adonis« zugehört hatten, fanden die Duncans die Tür ihrer Bleibe verschlossen, ihr Gepäck, wieder einmal, als Pfand für die ausstehende Miete einbehalten und sich selbst

im Besitz von gerade mal sechs Schilling, auch um die Jahrhundertwende nicht eben eine Menge Geld.
Aus der Zeit, in der sie mit Dalys Theatergesellschaft in London aufgetreten war, hatte Isadora noch einige Freunde und Bekannte, die ihr die ersten Kontakte mit der Londoner Künstlerszene vermittelten. Wiederum fanden die ersten Auftritte Isadoras in privaten Zirkeln statt. Aber sie ließen einige Zeit auf sich warten. Und nach wie vor lebten die Duncans in bitterer Armut, von der Hand in den Mund.
Isadora, die sich an solchen Erlebnissen im nachhinein zu ergötzen scheint, erzählt die Geschichte, wie sie nach vier Tagen auf der Straße den Entschluß faßte, in eines der Londoner Luxushotels zu gehen und dem Nachtportier zu erzählen, die Familie sei soeben aus New York angekommen und ihr Gepäck noch unterwegs. Die Methode funktionierte eine Weile, zumal Isadora raffiniert genug war, immer wieder bei der Hotelrezeption nachzufragen, ob ihr Gepäck endlich eingetroffen sei, und sich über die Unzuverlässigkeit der Menschen lauthals zu beklagen.
Als die Rechnung bezahlt werden mußte, kam Isadora ein Zufall zu Hilfe. Eine jener New Yorker Damen, in deren Haus sie getanzt hatte, war zu Besuch nach London gekommen und veranstaltete in ihrem Londoner Haus eine Abendgesellschaft, auf der zu tanzen sie Isadora einlud. Großzügig gab sie der Tänzerin das Honorar im voraus: 10 Englische Pfund, in jenen Tagen fast ein Vermögen. Was die Duncans mit diesem Geld taten, ist schwer zu sagen. Von so etwas Banalem wie der Bezahlung der Hotelrechnung ist in Isadoras Memoiren nichts zu lesen. Vielmehr fand Raymond, die Familie dürfe sich nicht mehr von den Wirtinnen billiger Absteigen abhängig machen. So investierte die Familie das Geld in die Anmietung eines Studios in der King's Road in Chelsea, wo sie nachts nach bewährter Manier auf dem Fußboden schlief, während sie den Raum tagsüber für Training und Proben verwandte.

Aus der Episode mit dem Luxushotel gewann Isadora im übrigen eine Überzeugung, die sie ihr ganzes Leben nicht mehr ablegte. Wann immer es ihr in einer fremden Stadt schlecht ging oder sie völlig mittellos war, suchte sie das beste Hotel am Platze auf und ließ sich dort auf Kredit luxuriös verwöhnen. Den Rat, es ihr gleich zu tun, gab sie später jedem, der ihn hören wollte.

In Isadoras Erinnerungen markiert der Auftritt bei der Abendgesellschaft ihrer amerikanischen Gönnerin den Beginn ihrer Londoner Karriere. Sie tanzte, mit bloßen Füßen in Sandalen, wohl weil das Geld für richtige Tanzschuhe nicht gereicht hatte, Nevins »Narcissus« und »Ophelia« und will gehört haben, wie jemand aus dem Publikum seinem Nachbarn zuraunte: »Woher hat das Kind nur diesen tragischen Ausdruck?« Danach seien Einladungen in viele berühmte Häuser erfolgt.

Bei einem ihrer Salonauftritte in Londons feiner Gesellschaft hatte Isadora den Maler Charles Hallé, Sohn des deutschen Dirigenten Karl Hallé, kennengelernt. Hallé war der Direktor einer renommierten Gemäldegalerie in der Regent Street und von Isadoras Tanzen begeistert. So arrangierte er für Isadora einige Auftritte in seinem Institut, wo die Crème der Londoner Maler jener Tage ausstellte. Die Ausstellungsräume der Galerie scharten sich um einen Innenhof mit einem Springbrunnen. Hier, so war Hallés Idee, sollte Isadora auftreten.

Der erste dieser Auftritte fand im März 1900 statt, eingebettet in Vorträge Londoner Prominenter zu griechisch-mythologischen Themen. Wie zuletzt in New York vertanzte Isadora Geschichten aus Theokrits »Idyllen« zu Musiken von Nevin und Mendelssohn, die ein kleines Orchester spielte.

In der ersten Juliwoche kam Isadoras Karriere einen entscheidenden Schritt voran. Als Schirmherrin einer weiteren Aufführung in Hallés New Gallery stand Ihre Königliche Hoheit, die Prinzessin Christina von Schleswig-Holstein, auf dem Programm. Der Komponist Sir Charles Hubert Parry sprach über

»die Illustration von Musik durch den Tanz«, die Gräfin Valda Gleichen sang die Arie »Piango il mio ben« aus Glucks »Orpheus«, und Isadora tanzte ein Menuett aus derselben Oper. Sie tanzte an diesem Abend auch ein Prélude, einen Walzer und eine Mazurka von Frédéric Chopin, so daß Dorée Duncan und ihren Koautorinnen nicht zu widersprechen ist, wenn sie diesem Abend »eine besondere Bedeutung« für Isadoras künstlerische Entwicklung zusprechen: »Er markiert das formelle Debut von Tänzen zur Musik jener beiden Komponisten, die einen großen Teil von Isadoras Repertoire für die kommenden Jahre inspirieren sollten.«
Isadora avancierte zur Attraktion der Londoner Künstlerkreise und, nicht zu vergessen, von Londons bester Gesellschaft. Eines Tages machte sie sogar die Bekanntschaft des Prinzen von Wales, Englands späterem König Edward, der sie in aller Öffentlichkeit als »Gainsborough-Schönheit« bezeichnete. Ebenmäßig wie von dem berühmten Maler porträtiert. Isadoras Ruf war das natürlich förderlich.
Schon drei Tage nach der ersten, die Isadoras Londoner Durchbruch bewirkte, fand in der New Gallery die nächste Aufführung statt, thematisch konzentriert auf die italienische Renaissancemalerei des 15. Jahrhunderts. Sir William Raymond sprach über Botticelli und sein berühmtes Gemälde »La Primavera«, und Isadora versuchte tanzend, dieses Gemälde zum Leben zu erwecken. Sie stellte an diesem Abend, zu alter Musik von J. Fuller-Maitland auf der Harfe begleitet, auch Ambrogio di Predis »Engel mit Viola« und Tizians »Bacchus und Ariadne« dar (wenn auch im letzteren Fall wohl nur den weiblichen Teil des Paares). Ein Foto von Raymond Duncan zeigt Isadora in »La Primavera«, das in den nächsten Jahren ein wichtiger Bestandteil ihres Repertoires werden sollte, in einem weiten, gerafften geblümten Rüschenkleid in einer anmutig verträumten Pose: Die Arme sanft gerundet über Scheitelhöhe gehoben, den Kopf nach hinten gebeugt und nach links gedreht, das lin-

Isadora liebte es, Gedichte oder Gemälde tänzerisch zu interpretieren, wie beispielsweise Botticellis »La Primavera«, das sie in der Londoner New Gallery tanzend zum Leben zu erwecken versuchte.
(Raymond Duncan, London 1899; D. D.)

ke Bein eine gute Fußlänge vom Boden abgehoben. Sie trägt – zum letzten Mal, sagen ihre Biographen – flache, zum Spitzentanz ungeeignete Ballettslipper aus Satin.

In dieser Zeit konzentrierte sich Isadora ganz auf das Choreographieren und machte in dieser Kunst große Fortschritte. Dennoch fand sie die Zeit, in einigen Shakespeare-Produktionen im Londoner Royal Lyceum Theatre aufzutreten. In »Heinrich V.« tanzte sie in einer Lagerszene, im »Sommernachtstraum« war sie, was sie schon in Amerika bei Mr. Daly gewesen war, eine Elfe in Titanias Gefolge. Wenn sie nicht auftrat, sah sie sich aus den Kulissen die Aufführungen und die damals berühmten Stars an, immer bemüht, sich etwas für ihre eigenen Vorstellungen abzugucken. Einer der Stars, mit denen sich Isadora anfreundete, war die Schauspielerin Ellen Terry, die Mutter des Bühnenbildners Gordon Craig, der ein paar Jahre später Isadoras große Liebe werden sollte. Aber das ahnte sie zu diesem Zeitpunkt natürlich nicht.

Tatsächlich hinterließ in dieser Zeit das Zusammentreffen mit einer anderen Frau einen größeren Eindruck in Isadoras Privatleben. Von einem Freund aus Chicago hatte die Tänzerin einen Brief erhalten, in dem ihr der Tod jenes Ivan Miroski mitgeteilt wurde, dem sie einst ewige Treue geschworen hatte. Miroski hatte sich im amerikanisch-spanischen Krieg zum Militär gemeldet und war in einem Camp in Florida an einer fiebrigen Infektion gestorben. Der Brief enthielt auch die Adresse von Miroskis Ehefrau, die in einem Londoner Vorort lebte, und so entschloß sich Isadora eines Tages, »Madame Miroski« aufzusuchen. Sie fand die Dame als Lehrerin einer Mädchenschule und erhielt, wenig verwunderlich, einen eher ungnädigen Empfang. Denn Miroski hatte seine Frau, die es jahrzehntelang nicht geschafft hatte, zu ihm in die Vereinigten Staaten zu kommen, offenbar über seine eher harmlose Affäre mit Isadora auf dem laufenden gehalten. Der gemeinsame Kummer über Miroskis Tod brachte die beiden Frauen weinend zusammen. Sie haben sich auch später gelegentlich getroffen. Doch auf dem Heimweg von der ersten Begegnung mit »Madame Miroski« fühlte Isadora, immer noch weinend, ein seltsames Triumphgefühl: ein Gefühl der Überlegenheit über jene »Versager«, die sich vom Schicksal wieder und wieder vertrösten ließen. Zu diesen Versagern, soviel war sicher, gehörte sie nicht.

Familienintern war Elizabeths Heimkehr in die USA das wichtigste Ereignis jener Monate. Isadoras Schwester war in London mit den Müttern einiger früherer Schülerinnen in Briefkontakt geblieben, und als eine von ihnen ihr einen Scheck über eine Summe schickte, die die Schiffspassage nach New York abdeckte, entschloß sich Elizabeth, zurückzureisen und in New York ihre eigene Tanzschule aufzubauen. Als Begründung diente der alte Spruch: Von dem Geld, das sie in New York verdienen würde, könnte sie einiges der Familie schikken. Und wenn diese – was ja ohnehin bald geschehen werde – berühmt und reich sei, werde sie zurückkommen und sich dem Clan erneut anschließen.

Wenig später waren Isadora und ihre Mutter allein in London, denn Bruder Raymond war nach Paris gereist, um sich dort umzusehen. Als er die beiden Frauen einlud, es ihm gleichzutun, überquerten auch Dora und Isadora den Kanal Richtung Frankreich, in ihrer Begleitung Charles Hallé. Zusammen besuchten sie die Pariser Weltausstellung mit dem Eiffelturm, in jenen Tagen die große Attraktion von Paris. Auf der Weltausstellung begegnete Isadora zum ersten Mal dem Werk des Bildhauers Auguste Rodin – später sollte Rodin ein lebenslanger Freund werden. Sie traf auch mit der Kollegin Loie Fuller zusammen, einer amerikanischen Tänzerin, die aus dem Zusammenspiel von Bewegung, schwingenden Stoffen und farblichem Licht starke Effekte erzielte: wie Isadora eine Pionierin des modernen Tanzes. Fuller spielte während der Weltausstellung in einem Zelt auf dem Ausstellungsgelände, das auch den großen japanischen Tänzer Sado Yacco (Isadora schreibt seinen Namen »Sadi Yacca«) und sein Ensemble beherbergte, und Isadora sah sich sowohl Fullers als auch Yaccos Vorstellungen mehrfach an.

Doch am meisten beeindruckte Isadora die Darstellung des Schauspielers Mounet-Sully in der Sophokles-Tragödie »Ödipus Rex« an der Comédie Française, die anscheinend alle ihre Vorstellungen von griechischer Kunst erfüllte. Und als Mounet-Sully am Ende des zweiten Aktes gar zu tanzen begann, war Isadoras Begeisterung grenzenlos: »Ah, da war, was ich mir immer vorgestellt hatte: die große, heroische Figur, tanzend.« Gemeinsam mit Raymond durchstreifte Isadora sämtliche Pariser Museen; die griechische Abteilung des Louvre wurde zu einer Art zweiter Heimat der Geschwister. In ihrem kleinen Studio in der Avenue de Villiers 45, das die Duncans bald nach ihrer Ankunft in Paris gemietet hatten und in dem Raymond Vorhänge drapiert und Imitationen griechischer Säulen auf die Wände gemalt hatte, begann Isadora mit der Arbeit an »griechischen« Tänzen zur Musik von Gluck. In London hatte sie die Ballettschuhe ausgezogen und Sandalen probiert. In Paris begann sie, barfuß zu tanzen. In Paris entdeckte sie auch den Solarplexus – jenes, laut Brockhaus »dem Anfangsteil der Aorta Abdominalis aufliegende Geflecht aus Fasern des sympathischen Nervensystems, von dem aus alle Eingeweide des oberen Bauchraums mit Nerven versorgt werden« – als zentralen Punkt ihrer Tanzkunst.

In ihrer Autobiographie notiert die Tänzerin: »Ich verbrachte lange Tage und Nächte im Studio auf der Suche nach jenem Tanz, der den göttlichen Ausdruck des menschlichen Geistes durch die Bewegungen des Körpers darstellen könnte. Stundenlang stand ich völlig still, meine beiden Hände zwischen meinen Brüsten gefaltet, den Solarplexus bedeckend. Ich suchte – und fand schließlich – die zentrale Quelle aller Bewegung, den Krater der motorischen Kraft, die Einheit, aus der

alle Unterschiede der Bewegung geboren werden, den Spiegel der Phantasie für die Erschaffung des Tanzes.«
In Fortsetzung dessen, was sie in London begonnen hatte, erforschte Isadora die Beziehung von Tanz und Musik. Wir wissen bereits, daß ihre Tänze nicht der äußeren Linie einer Musik noch gar dem genauen Takt oder Rhythmus folgten. In Paris wurde ihr klarer, was sie bislang eher instinktiv gewußt hatte: »Ich suchte den Ursprung des geistigen Ausdrucks, wie er in die Kanäle des Körpers strömte und ihn mit schwingendem Licht erfüllte, die zentrifugale Kraft, die die geistige Vision reflektiert. Nach vielen Monaten, als ich gelernt hatte, alle meine Kraft auf dieses eine Zentrum zu konzentrieren, fand ich heraus, daß die Strahlen und Schwingungen der Musik, der ich lauschte, in diese eine Lichtquelle in meinem Inneren strömten, wo sie von einer spirituellen Vision, nicht dem Spiegel des Gehirns, reflektiert wurden – und über diese Vision konnte ich sie ausdrücken, im Tanz.«
Isadora träumte zu dieser Zeit »von einer ersten Bewegung, aus der eine Serie von Bewegungen geboren würde, ganz ohne mein Wollen, vielmehr als unterbewußte Reaktion auf die Grundbewegung«. Es entstanden solche Bewegungen zu unterschiedlichen Themen, etwa zum Thema »Furcht« oder »Sorge«. Es waren zunächst Bewegungen ohne Ton, die »sich selbst aus dem Rhythmus einer unsichtbaren Musik zu entwickeln schienen«. Doch über diese musiklosen Studien kam Isadora zur Musik von Gluck und Chopin, die großen Inspiratoren ihrer choreographischen Frühzeit.
Sie entdeckte in diesen Monaten, neben dem Louvre und der Nationalbibliothek, »eine dritte Quelle des Entzückens«: die Bibliothek der Pariser Opéra. Der Bibliothekar freute sich an der Begeisterung der hübschen Amerikanerin für sein Institut und gab ihr zu lesen, was immer sie wollte. Isadora arbeitete sich »durch jedes Buch, das je über den Tanz geschrieben worden war, von den frühen Ägyptern bis zur Gegenwart«, und auch

»alle Bücher über griechische Kunst und griechisches Theater«. Sie füllte ganze Notizbücher mit ihren Gedanken. Aber als sie sich durch Hunderte von Büchern durchgearbeitet hatte, stellte sie fest, daß ihre »einzigen Tanzlehrer« Jean-Jacques Rousseau, Walt Whitman und Friedrich Nietzsche waren – keiner von ihnen ein besonderer Experte in Sachen Tanz.

Die Weltausstellung ging zu Ende. Charles Hallé mußte zurück nach London. Doch die Duncans, die zunächst nur auf einen Besuch nach Paris hatten kommen wollen, blieben in der französischen Hauptstadt. Kurz vor seiner Abreise gab Hallé seinen Schützling Isadora in die Obhut seines Neffen Charles Noufflard, den Isadora zwar als »blasiert« bezeichnet, der sich aber brav daran machte, seines Onkels Auftrag zu erfüllen und Isadoras Ausbildung in französischer Kunst- und Kulturgeschichte zu komplettieren: »Er erzählte mir eine Menge über die Gotik und ließ mich zum ersten Mal an der Zeit von Ludwig XIII., XIV., XV. und XVI. Gefallen finden.«

Natürlich machte Noufflard Isadora auch mit seinen Freunden bekannt, und Isadora tanzte für sie. Einer von ihnen, Jacques Beaugnies, kam auf die Idee, seine Mutter zu fragen, ob Isadora nicht auf einer ihrer Gesellschaften auftreten könne. Madame de St. Marceau führte einen der bekanntesten Künstlersalons der französischen Hauptstadt. Sie war mit einem Bildhauer verheiratet, und die Probe für Isadoras Auftritt wurde in seinem Atelier angesetzt. Am Flügel saß »ein bemerkenswerter Mann mit den Fingern eines Zauberers«, der Komponist André Messager, der Isadora – »ich fühlte mich von ihm augenblicklich angezogen« – in die Arme schloß, herzte und küßte.

Am Tag ihrer ersten Pariser Vorstellung im Atelier der St. Marceaus war Isadora aufgeregter als gewöhnlich. Doch während der Vorstellung legte sich die Nervosität schnell. Denn anders als die blasierten Mitglieder der New Yorker Gesellschaft und die kühlen Engländer, die Isadoras Tänze, selbst wenn sie sie

Im Programm zu Isadoras »Tanzidyllen« ist eins von Raymonds Fotos aus Griechenland abgebildet, auf dem Isadora vor dem Erechtheum steht. Ihre Tänze, die Isadora an drei verschiedenen Abenden in der Londoner New Gallery und im Pariser Théâtre Sarah-Bernhardt zum Besten gab, wurden als von griechischer Kunst, von früher italienischer Kunst und von moderner Musik inspirierte Tänze vorgestellt. Trotz des Erfolgs wurden Isadora keine Verträge angeboten. (ohne Quellenangabe; D. D.)

mochten, doch eher reserviert aufgenommen hatten, äußerten die Pariser Künstler ihre Begeisterung laut und ohne Umschweife. Sie warteten kaum das Ende eines Tanzes ab, um zu applaudieren und »bravo« zu rufen, für Isadora eine ganz neue, mit großer Genugtuung aufgenommene Erfahrung.

Der ersten Aufführung folgten weitere, eine von ihnen im Haus des Prinzen und der Prinzessin de Polignac, die im gesellschaftlichen Leben von Paris eine große Rolle spielten. Der Prinz, der selbst komponierte, und seine Frau präsentierten Isadora einem größeren Publikum, unter ihnen auch der Maler Eugéne Carrière, der später bei einer von Isadoras Vorstellungen im eigenen Atelier aussprach, was in dieser Form immer noch kein Allgemeingut war: »Der Tanz von Miss Duncan ist längst keine Unterhaltung mehr. Es ist persönlicher Ausdruck; als Kunstwerk ist er also um so lebendiger und deshalb vielleicht geeigneter, uns zu jenen Werken zu inspirieren, zu denen wir bestimmt sind.«

Isadoras Ruf sprach sich langsam herum. Im März 1901 gab sie eine Vorstellung im Palais des Beaux-Arts in Monte Carlo. Im Juli kehrte sie zu einer kleinen Serie von Vorstellungen in Hallés New Gallery nach London zurück. Die »Tanz-Idyllen der Isadora Duncan« wurden an drei verschiedenen Abenden präsentiert als »Tänze, inspiriert von griechischer Kunst«, »Tänze, inspiriert von früher italienischer Kunst« und »Tänze, inspiriert von moderner Musik«. Die Tanzhistoriker berichten von einem großen Erfolg. Doch trotz dieses Erfolges gelang es Isadora weder in London noch in Paris, Verträge zu bekommen, die ihr ein einigermaßen angemessenes Einkommen garantiert hätten. So verließ Isadora Paris, wenn auch schweren Herzens, als ihr die Kollegin Loie Fuller anbot, sie könne sie auf eine Osteuropatournee begleiten.

6. KAPITEL

Gebet einer Jungfrau: erste Erfahrungen mit dem anderen Geschlecht

Isadora war noch ein Baby, als sich ihre Eltern trennten und sich ihre Mutter von ihrem Vater scheiden ließ. Sie wuchs auf in einem vaterlosen, aber nicht männerlosen Haushalt – immerhin gab es zwei ältere Brüder – und mit abfälligem Gerede über den bald in einer anderen Partnerschaft und an eine neue Familie gebundenen Vater. Die Erfahrungen nicht nur ihrer Mutter, sondern auch anderer Frauen aus ihrem Bekanntenkreis, in deren Gesichtern sie schon als Zwölfjährige die »Markierungen grünäugiger Monster und die Stigmata des Sklaven« entdeckt haben will, flößten dem Mädchen schon früh ein tiefes Mißtrauen gegen die Institution Ehe ein. Schon als Kind schwor sich Isadora nicht nur, sie selbst werde nie heiraten (einen Schwur, den sie lange hielt), sondern auch, sie werde ihr Leben lang kämpfen »gegen die Ehe und für die Emanzipation der Frau – und für das Recht jeder Frau, ein Kind oder Kinder nach ihrem Gefallen zu haben und ihre Tugend aufrechtzuerhalten«.

Doch eine Abneigung gegen das andere Geschlecht ist aus ihren frühkindlichen Prägungen nie erwachsen. »Ich habe mich nie geschämt, verliebt zu sein – und ich war oft verliebt«, hat die Tänzerin als knapp Fünfzigjährige in Nizza zu Protokoll gegeben. Doch die konkrete sexuelle Erfahrung ließ lange auf sich warten. Was Männer angeht, so war Isadora Duncan eine Spätstarterin. Und zu Frauen hat es sie erotisch nie hingezogen.

Isadora war annähernd 24, als sie im Frühjahr 1901 von Paris aufbrach, um mit Loie Fuller über Deutschland nach Wien und Budapest zu reisen – und immer noch Jungfrau. Natürlich war sie schon einige Male verliebt gewesen. Aber aus diesen Gefühlen hatte sich nie eine wirkliche Liebesbeziehung, geschweige denn ein erotisches oder sexuelles Verhältnis, entwickelt. Und die Feststellung von Gillian Freeman, im Grunde sei die einzige dauerhafte Liebe in Isadoras Leben ihre Kunst gewesen, ist mindestens für ihre frühen Jahre nicht völlig von der Hand zu weisen.

Als Elfjährige hatte sich die pubertierende Isadora in einen ihrer Tanzschüler und Tanzpartner verliebt. Doch obwohl sie tagsüber um seinen Arbeitsplatz, einen Drugstore, und abends um sein Haus herumgeschlichen war, hatte der Apotheker Vernon, dessen Hochzeit mit einem einfachen Mädchen aus der Nachbarschaft Isadora ungemein geschmerzt hat, ihre kindliche Neigung wohl nicht einmal wahrgenommen. Und hätte er es gemerkt, wäre es ihm wohl noch peinlicher gewesen als das Geständnis, das Isadora ihm Jahre später nach einer ihrer letzten Vorstellungen in San Francisco in ihrer Garderobe machte. Die Kunde von ihrer einstigen Verliebtheit, weiß Isadora zu berichten, habe den »weißhaarigen, doch außerordentlich jung und gut aussehenden« Mann keineswegs amüsiert (wie sie gehofft hatte), sondern so tief eingeschüchtert und erschreckt, daß er nur noch von seiner Familie und seiner

Tochter stammeln konnte. Obwohl Jahre älter als Isadora, war Vernon in Sachen Erotik, auch noch bei seiner Hochzeit, wohl ebenso unerfahren wie die elfjährige Isadora.
Von eigener Liebe ist in Isadoras Schilderung ihrer Affäre mit dem wesentlich älteren Polen Ivan Miroski, den sie als Zwanzigjährige in Chicago traf, nie die Rede. In ihrer Autobiographie »My Life«, fast dreißig Jahre später entstanden, schreibt sie immer nur von Miroskis Verliebtheit, nie von ihrer (wenn man die Aussage, sie habe »geglaubt, daß dies die große Liebe meines Lebens werden würde«, nicht für ein flammendes Liebesbekenntnis hält). »Ich war nur ein kleines Mädchen, zu jung, um seine Tragödie oder seine Liebe zu verstehen«, schreibt sie. Und: »Meine Idee des Lebens war damals rein lyrisch und romantisch.« Daß ihr Verhältnis zu Miroski, der ihr nie erzählte, daß er verheiratet war und seine Frau in Europa lebte, platonisch blieb und über ein paar keusche Umarmungen und flüchtige Küsse oder Treueschwüre nie hinausging, erstaunt sie nachträglich wohl selbst: »Ich hatte bis dahin noch keinerlei Erfahrung oder Kontakt mit den physischen Wirkungen der Liebe« – für eine junge Amerikanerin am Ausgang des 19. Jahrhunderts alles andere als ein Einzelfall. »Heute«, schreibt Isadora am Ende jener zwanziger Jahre, in denen die amerikanische Sexualmoral sich entscheidend wandelte, »kann sich wohl kaum jemand vorstellen, wie außerordentlich ignorant oder unschuldig die Amerikaner in jenen (fernen) Tagen waren.«
Vermutlich waren es die Nachwirkungen ihrer Beziehung zum Mittvierziger Miroski – eine Art Vaterprägung –, die während Isadoras Londoner Aufenthalts, als ihr genügend attraktive junge Männer den Hof machten, zu einer weiteren platonischen Beziehung mit einem wesentlich älteren Mann führten: dem fünfzigjährigen Maler und Galeristen Charles Hallé. Nachträglich findet es Isadora selbst »merkwürdig«, daß unter all den jungen, attraktiven Männern, die sie in die-

ser Zeit traf, niemand als erotischer Partner für sie in Frage kam, »tatsächlich bemerkte ich nicht einmal ihre Existenz«. Doch das Verhältnis zu Hallé ging über das zu einem väterlichen Freund offenbar nie hinaus. Wenn Hallé neue Sensationen in Isadoras Leben brachte, dann die Liebe zu den alten Meistern, vor allem der italienischen Malerei. Mag sein, daß die Freudsche These, wonach Kunst auf der Sublimierung von Sexualität beruhe, auf Isadora Duncan und ihre Londoner Jahre besonders zutrifft

In Paris dann entwickelte Isadora eine intensive Freundschaft zu einem Trio jüngerer Männer, die mit einer kollektiven Enttäuschung endet. Einer dieser jungen Männer war Hallés Neffe Charles Noufflard, in dessen Obhut der Onkel Isadora gegeben hatte. Eines Tages brachte Noufflard bei einem Besuch in Isadoras Studio zwei seiner Freunde mit: »Einen hübschen Jungen mit Namen Jacques Beaugnies und einen jungen Literaten mit Namen André Beaunier.« Für eine Weile wurden die drei Franzosen und die junge amerikanische Tänzerin unzertrennlich. Die drei Kavaliere besuchten Isadora in ihrem Atelier und begleiteten sie zu ihren Auftritten und wieder zurück, und wenn diese Auftritte besonders erfolgreich waren – also eigentlich immer – waren sie besonders glücklich.

Zu Isadoras eigenem Erstaunen entwickelte sich eine intensive Beziehung weder zu Noufflard, den sie als »groß und angenehm« beschreibt, noch zu Beaugnies, der ihr »gutaussehend« erschien, sondern zu dem eher kleinen, blassen André Beaunier, der von den dreien äußerlich am wenigsten hermachte: »Er hatte ein rundes Gesicht und trug eine Brille – aber: welch ein Verstand.« Und Verstand, Geist war Zeit ihres Lebens das, was Isadora am meisten anmachte: »Die Leute mögen es nicht glauben, aber meine Kopfaffären, von denen ich einige hatte, waren durchweg ebenso interessant wie meine Herzensaffären.«

André Beaunier schrieb in diesen Tagen, anscheinend parallel,

an seinen ersten beiden Büchern, »Petrarch« und »Simonde«. Er kam beinahe jeden Tag zu Besuch und hielt Isadora lange, kluge Vorträge über sein Spezialgebiet, »durch ihn machte ich die Bekanntschaft mit der feinsten französischen Literatur«. Isadora versuchte in dieser Zeit, ihr Französisch möglichst rasch und perfekt zu verbessern. Beaunier half ihr dabei, indem er ihr mit seiner weichen, »süßen« Stimme aus den Werken von Molière und Maupassant, Flaubert und Théophile Gautier vorlas. Auch Maeterlincks »Pélleas und Mélisande« lernte Isadora durch ihren Vorleser kennen. Und wie das nicht selten der Fall ist: Über den Kopf und die Literatur stahl sich André in Isadoras Herz.
Tag für Tag erschien er mit einem neuen Buch in Isadoras Atelier, sehr zum Mißfallen von Mutter Dora, die ihrer Tochter einen attraktiveren Liebhaber als den kleinen, nicht ganz schlanken Mann mit der Brille gewünscht hätte und den tatsächlichen Hintergrund der Beziehung nicht verstand.
Die Beziehung überstand ein Duell, für das Isadora nie den Grund – vielleicht sie selbst? – erfuhr, aus dem Beaunier aber unverletzt und blendender Laune hervorging. Sie intensivierte sich auf langen Spaziergängen in den Parks der Stadt und kam dem, was man gemeinhin Liebe nennt, schon recht nahe. Doch wenn das Wort Liebe fiel, wurde André verschlossen und blies zum Rückzug. Vielleicht hätte das Isadora bereits stutzig machen sollen, doch statt dessen entschied sie sich für die Flucht nach vorn.
Die »altmodische, aber leidenschaftliche« Freundschaft des Paares hatte ungefähr ein Jahr gedauert, als Isadora sich »in der Unschuld meines Herzens« entschloß, die Beziehung auf eine neue Grundlage zu stellen. Eines Abends schickte sie Mutter Dora und Bruder Raymond in die Oper, um im Studio mit André allein zu sein. Sie schmückte einen Tisch mit hübschen Blumen und stellte zwei Gläser und eine Flasche Champagner bereit. Gekleidet in eine durchsichtige Tunika und mit

Blumen in den offenen Haaren empfing sie ihren Galan, der eher erschreckt als erfreut schien. Er rührte den Champagner kaum an, und als Isadora in ihrer durchsichtigen Robe begann, für ihn zu tanzen, verabschiedete er sich abrupt unter dem Vorwand, er habe noch eine Menge zu schreiben. »Ich blieb allein mit den Rosen und dem Champagner und weinte bitterlich.«

Zutiefst verletzt begann Isadora einen leidenschaftlichen Flirt mit einem der anderen ihres Trios von Anbetern – dem »großen, blonden Hübschen« – und fand Genugtuung in seinen Umarmungen und bei seinen Küssen. Doch auch diesmal hatte die arme Isadora Pech.

Eines Abends, die beiden hatten ein »richtiges Champagner-Diner« in einem »Cabinet particulier« zu sich genommen, entführte sie ihr neuer Liebhaber in ein vorsorglich gemietetes Hotelzimmer, für das sich die beiden als Ehepaar eintrugen. »Zitternd, aber glücklich« – Isadoras Erinnerungen lesen sich hier fast wie ein Lore-Roman – warf sich die Tänzerin in ihres Verehrers Arme. Endlich würde sie die körperliche Liebe kennenlernen. »Herzklopfend, jeder Nerv in Wonne gebadet«, wartete Isadora auf ihre Deflorierung. Doch kaum hatte sich der Liebhaber Isadoras intimsten Körperteilen genähert, als er neben dem Bett auf die Knie fiel und aufgeregt ausrief: »O, weshalb hast du mir das nicht gesagt? Was für ein schlimmes Verbrechen hätte ich beinahe begangen? Nein, du mußt rein bleiben. Zieh dich an, zieh dich an, auf der Stelle.«

Trotz ihres Sträubens wurde Isadora in eine Kutsche verfrachtet und nach Hause gebracht. Während der ganzen Fahrt beschimpfte sich ihr verhinderter Liebhaber mit den bösesten Worten, und das war für eine ganze Weile das letzte, was Isadora von ihm sah und hörte. Ohne eine Nachricht entschwand der schöne Blonde mit der Angst vor Isadoras Jungfräulichkeit »in die Kolonien«, und als Isadora ihn nach Jahren wiedersah und er sie fragte, ob sie ihm vergeben könne, war sie sich nicht sicher, ob er sie um Vergebung bat für das, was er beinahe getan hätte, oder das, was er, sehr zu ihrem Mißvergnügen, unterließ.

»Dies waren«, beschließt Isadora in »My Life« das Kapitel über ihre unglücklichen Pariser Amouren, »meine ersten jugendlichen Erfahrungen an der Grenze zum fremden Land der Liebe, das zu betreten ich mich sehnte und das noch jahrelang für mich verschlossen blieb – dank dieses religiösen, Ehrfurcht gebietenden Effekts, den ich bei meinen Liebhabern auslöste.« Doch hinterließ der Schock, wie sie schreibt, »einen entscheidenden Eindruck in meiner emotionalen Natur«: Für eine Weile steckte sie ihr ganze Kraft in ihre Kunst, »die mir die Freuden gewährte, welche die Liebe zurückhielt«.

Isadoras Aussage, daß es noch Jahre dauern sollte, bis sich ihr die Grenzen zum Land der körperlichen Liebe öffnen sollten, sind freilich mit Vorsicht zu genießen. Isadora war zwar noch Jungfrau, als sie Paris verließ und auch als sie, nach Zwischenstops in Berlin, Leipzig, München und Wien (wo sie Loie Fuller enttäuscht verlassen hatte), in Budapest ankam. Doch in Budapest fand sie nicht nur ihr erstes professionelles Engagement in einem Theater, sondern recht bald ihren Märchenprinzen – und der war weder zu ehrfürchtig noch zu unerfahren, das zu vollziehen, was die jungen Männer in Paris nicht über Herz und Glieder gebracht hatten.

7. KAPITEL

Von zwei feurigen Augen in Brand gesetzt: Isadora und ihr ungarischer Romeo

Loie Fuller begann ihre Europatournee in Berlin. Isadora reiste, ausnahmsweise ohne ihre Mutter, hinterher und traf die Kollegin im Kreise ihres ausschließlich weiblichen Ensembles in einer luxuriösen Hotelsuite. Am nächsten Morgen begab sie sich allein auf Entdeckungsreise durch die Hauptstadt des Deutschen Reiches. Auf den ersten Blick imponierte ihr die Berliner Architektur ungemein. »Aber das ist Griechenland!« will sie beim Anblick der Palais an der Straße Unter den Linden ausgerufen haben. Doch die Ernüchterung ließ nicht lange auf sich warten. Schon bei ihrem ersten Spaziergang stellte Isadora fest, daß Berlin doch nicht das Land ihrer Träume war, sondern bestenfalls »die nordische Vorstellung von Griechenland«, schlimmer noch: Es repräsentierte die »pedantische« Vorstellung eines deutschen Archäologie-Professors von Griechenland, und als sie die Königliche Garde zwischen den »dorischen Säulen« des Potsdamer Platzes paradieren sah, war der anfängliche Enthusiasmus endgültig verflogen. Enttäuscht kehrte Isadora zurück ins feudale Hotel Bristol. Im Restaurant bat sie den Kellner in deutscher Sprache: »Geben Sie mir ein Bier. Ich bin müde.« (Hin und wieder benutzt Isadora in »My Life« deutsche Wendungen, die selten grammatikalisch korrekt sind. Die Bestellung im Bristol enthält wohl die einzigen völlig richtigen deutschen Sätze, die in Isadoras Memoiren vorkommen.)

An den Abenden sitzt sie in einer Loge im »Wintergarten«, wo Loie Fuller mit ihren Mädchen auftritt, und ist begeistert von diesem »außergewöhnlichen Genie«: »Vor unseren Augen verwandelte sie sich in vielfarbige, leuchtende Orchideen, in eine wogende, fließende Seeanemone, schließlich zu einer spiralförmigen Lilie, die ganze Magie Merlins, Zauberei aus Licht, Farbe, fließenden Formen.« »Unglaublich« sei das, befindet sie, weder zu wiederholen noch zu beschreiben.

Die Reise der Fuller-Truppe geht über Leipzig (das Isadora in ihren Memoiren konstant als »Leipsic« schreibt) nach München, wieder einmal ohne Gepäck. Das hat das Hotel Bristol als Pfand bis zur Begleichung der offenbar exorbitanten Rechnung einbehalten; Loie Fuller verhält sich in dieser Beziehung anscheinend nicht anders, als es die Duncans immer getan haben. In München veranlaßt Isadora ein Zwischenfall mit einem rothaarigen Mädchen namens Nursey, das ihr Loie Fuller als Zimmergenossin zugeteilt hatte und das eines Nachts durchgedreht war und Isadora umzubringen versuchte, ihre Mutter aus Paris kommen zu lassen: Endlich wieder vereint! Für die Weiterreise nach Wien fehlt der Truppe das Kleingeld. So wird Isadora beim amerikanischen Konsul vorstellig und schmeichelt ihm, alles wie gehabt, das Geld für die Bahnfahrt des Fuller-Trosses an die Donau ab.

In Wien arrangierte Fuller für Isadora eine Vorstellung im Künstlerhaus. In Isadoras Erinnerung markiert diese Vorstellung den endgültigen Durchbruch, weil sie dort der ungarische Impresario Alexander Gross gesehen und nach Ungarn eingeladen habe: »Wenn Sie eine Zukunft finden möchten: Suchen Sie mich in Budapest auf.« Großnichte Dorée verlegt das Ereignis nach eingehendem Quellenstudium auf einen späteren Termin; nach ihrer Darstellung hat Fuller nicht nur die Wiener Vorstellung Isadoras organisiert, sondern auch Isadoras erstes Auftreten in Budapest, wo Gross sie dann gesehen und ihr einen Vertrag angeboten habe.

Wie dem auch sei: Gross bot Isadora einen Kontrakt über dreißig Abende im Budapester Uraniatheater. Aber Isadora, anstatt über dieses Angebot glücklich zu sein, das ihr neben einem guten Honorar zum ersten Mal in ihrem Leben ein breiteres Publikum garantierte, will – aus eben diesem Grunde – gezögert haben. »Mein Tanz«, will sie Gross gesagt haben, »ist für die Elite, für Künstler, Bildhauer, Maler, Musiker, aber nicht fürs allgemeine Publikum.« Eine Auffassung, die durchaus zu Isadoras lebenslangem Bemühen paßt, ihren Tanz als hohe, fast religiöse Kunst zu propagieren.

Aber offenbar hat Gross den elitären Anspruch, der hinter dieser Aussage steckte, als Angst vor dem Versagen mißverstanden. Denn er erklärte Isadora, daß Künstler das denkbar kritischste Publikum seien und Isadoras Tanzen, wenn es denn vor Künstlern bestehen könne, dem breiten Publikum erst recht gefallen werde. Isadora ließ sich eher überreden als überzeugen; jedenfalls unterschrieb sie. Am 19. April 1902 trat sie in Budapest zum ersten Mal vor großem Publikum auf und erhielt von den Kritikern hymnische Rezensionen.

Nach einer ihrer Vorstellungen bat sie den Dirigenten des sie begleitenden Orchesters, Johann Strauß' Walzer »An der schönen blauen Donau« für sie zu spielen. Angeblich spontan »improvisierte« sie zu diesen Walzerklängen einen Tanz, der später für eine ganze Weile zu einem Grundstock ihres Repertoires werden sollte. Daß sie diesen Tanz am ersten Abend,

Als Isadora in Budapest gastierte, lernte sie Oscar Beregi kennen, einen jungen Schauspieler, den sie in ihren Memoiren nur »Romeo« nennt. Die große Liebe mußte aber vor Isadoras Ehrgeiz kapitulieren.
(Raymond Duncan, Österreich 1903; D. D.)

verführt von der rasenden Zustimmung ihres Publikums, gleich mehrfach wiederholte, läßt uns an der Spontaneität ihres Handelns eher zweifeln. Möglicherweise beruht die Passage in Isadoras Memoiren, die die »spontane« Choreographie von »An der schönen blauen Donau« schildert, auch auf einer falschen Erinnerung. Denn das Œuvre-Verzeichnis in Don McDonaghs für gewöhnlich außerordentlich zuverlässigem »Complete Guide to Modern Dance« gesteht Isadora die Choreographie erst für das Jahr 1905 zu, mehr als zwei Jahre nach ihren Budapester Triumphen.

Isadora befand sich in jener Zeit im siebten Himmel – und das nicht nur wegen ihrer erfolgreichen Auftritte. Es war April, Frühling in Ungarn, und alles entzückte sie: die Stadt selbst zwischen Fluß und Hügeln, die Blumen, die überall zu blühen begonnen hatten, die mondhellen Nächte, in denen sie mit großem Gefolge über die Budapester Boulevards flanierte, die ihr wie Parfüm erscheinenden Gerüche der Stadt – und nicht zuletzt die Zigeunermusik, die sie überall hörte, auf den Straßen und in den Restaurants, bei den späten Diners mit Bewunderern und Verehrern.

Nicht bei einem dieser Diners, sondern bei einem Treffen mit Freunden am Nachmittag, machte Isadora die Bekanntschaft des Schauspielers Oscar Beregi, der gerade den Romeo in der Shakespeare-Aufführung des Nationaltheaters spielte – und offenbar nicht nur dort. »Über einem Glas goldenen Tokaiers«, so beschreibt Isadora ihre erste Begegnung mit Beregi, »trafen mich zwei große schwarze Augen, die sich mit einer so flammenden Bewunderung und ungarischen Leidenschaft in die meinen brannten, daß in diesem einen Blick die ganze Bedeutung des Budapester Frühlings enthalten war.« Augenblicklich verliebte sich Isadora nicht nur in die Augen, sondern in den ganzen Mann, den sie als »groß« und von »prächtigen Proportionen« beschreibt, den Kopf »großzügig bedeckt von schwarzen Locken«. Er hätte, erkennt sie, für die »Statue des David

von Michelangelo« (die sie vermutlich, trotz aller in London erworbenen Kenntnisse italienischer Renaissance-Kunst, mit dem Florentiner David von Donatello verwechselt) Modell stehen können. Und sie fügt hinzu, daß Beregi und sie sich von diesem ersten Augenblick an praktisch in den Armen gelegen hätten: »Keine Macht der Erde hätte es verhindern können.«
Noch in der Nacht ihrer ersten Begegnung, die Mutter schläft bereits, trifft sich Isadora im Salon ihrer Hotelsuite mit Beregi, den sie in ihren Memoiren niemals beim Namen, sondern immer nur ihren Romeo nennt. Doch kommt es bei diesem ersten, durchaus leidenschaftlichen Tête-à-tête anscheinend lediglich zu einem Rollenspiel: »Romeo« rezitiert den Text von Shakespeares Romeo, den zum ersten Mal richtig verstanden zu haben er ihr versichert, und Isadora gibt ihm – gelegentlich – begeistert die korrekten Stichworte: Schauspieler unter sich.
Doch eines Abends nach seiner und ihrer Vorstellung, die Mutter wiederum schon zu Bett gegangen, geschah das Unvermeidliche, dem Isadora diesmal eher voller Furcht entgegensah: »Ängstlich, aber ekstatisch« gibt sich Julia-Isadora ihrem Romeo hin.
In den folgenden Wochen entwickelte sich zwischen der Tänzerin und dem Schauspieler eine heftige Affäre, die Beregi recht bald zu legalisieren trachtete. Er sprach von Hochzeit, als sei das eine von beiden beschlossene Sache, und führte Isadora zur Auswahl mehrere Häuser vor, die er als Wohnung für das Ehepaar Beregi ins Auge gefaßt hatte. Für einen Augenblick scheint Isadora schwach geworden zu sein. Während sie auf einer Tournee durch die ungarische Provinz Abend für Abend Triumphe feiert, fühlt sie sich geneigt, Beregis Werben nachzugeben: »Ich fühlte, ich würde all diesen Erfolg – und sogar meine Kunst – aufgeben, wenn ich nur für einen Moment wieder in seinen Armen sein könnte, und sehnte mich nach dem Tag meiner Rückkehr nach Budapest.«

Doch solche Anflüge weiblicher Schwäche hielten nicht vor. Letzten Endes dachte Isadora gar nicht daran, ihre eigene Karriere aufzugeben und eine anbetungsvoll auf den Gatten fixierte Frau Beregi zu werden, wie es ihr Liebhaber von ihr erwartete. Schrittweise zog sich Isadora von Beregi zurück, bis dieser schließlich – nach Wochen der Frustration – selbst den Vorschlag machte, sie solle sich wieder ihrer Karriere widmen und ihn der seinen überlassen. Schauspieler, der er war, verwandelte er sich bei der entscheidenden Aussprache in jene Figur, die er mittlerweile am Nationaltheater spielte: den Römer Marc Anton, der (bei Shakespeare) von der Ägypterkönigin Kleopatra Abschied nimmt. Isadora aber unterzeichnete noch am selben Tag einen Vertrag mit Alexander Gross, der sie von Budapest wegführen sollte: nach Wien und Berlin. Zuvor freilich schaute sie sich ihren in Marc Anton verwandelten Romeo noch in seiner neuen Shakespeare-Rolle an.
Die Trennung setzte der Tänzerin schwerer zu, als sie je erwartet hätte. In Wien wurde Isadora schwer krank und mußte für Wochen in ein Krankenhaus. Oscar Beregi kam von Budapest, die Kranke zu besuchen. Er schlug sogar sein Lager in Isadoras Krankenzimmer auf, sehr zum Mißfallen der katholischen Nonne, die Isadora pflegte. In diesem Krankenzimmer ging die Romanze endgültig zu Ende. Als Isadora ihren Romeo in seiner Hängematte am anderen Ende des Raumes gesehen habe, »hörte ich das Totengeläut zum Begräbnis unserer Liebe«. Allerdings ging das Liebespaar nicht im Zorn auseinander. Oscar Beregi behielt Isadora Duncan sein Leben lang in freundlicher Erinnerung, die sogar ihren Tod überdauerte. Auch als Isadora nicht mehr lebte, wechselte er noch regelmäßig Briefe mit ihrem Bruder Augustin.
Gross, der ein sehr großzügiger Mann gewesen sein muß, schickte Isadora zur Erholung ins tschechische Franzensbad. Es dauerte eine Weile, bis die Tänzerin sich wieder zu Auftritten in der Lage fühlte, die der Impresario ihr vorausschauend

in Franzensbad, Marienbad und Karlsbad arrangiert hatte. Weinend, so erinnert sich Isadora später, habe sie ihren Koffer geöffnet und die rote Tunika hervorgeholt, »in der ich alle meine revolutionären Choreographien getanzt hatte, und schwor mir, nie wieder die Kunst für die Liebe aufzugeben«. Im Prinzip hat sie den Schwur gehalten, auch wenn sich die Liebe immer mal wieder gegenüber der Kunst in den Vordergrund drängte. In die Gefahr, die Kunst für die Liebe aufzugeben wie auf dem Höhepunkt ihrer ungarischen Romanze mit Beregi, ist Isadora nie mehr gekommen.

8. KAPITEL

Der Tanz der Zukunft: Isadora Duncan in Deutschland

Die tschechischen Bäder waren lediglich eine Zwischenstation auf Isadoras Weg nach Deutschland – und damit zum Weltruhm. Selbst Wien blieb nur eine Anekdote. »My Life« berichtet, daß sich der Großherzog Ferdinand, den Isadora beim Urlaub mit ihrer Schwester Elizabeth im istrischen – damals österreichischen – Badeort Abbazia (Opatija) auf der Straße kennengelernt hatte, samt seiner Entourage von jungen adligen Offizieren jede Nacht zu Isadoras Vorstellungen im Karl-Theater einfand. »Und natürlich tuschelten die Leute.« Aber das gehört wohl eher zu Isadoras sattsam bekannter Neigung zu den Reichen und Mächtigen, der sie, wenn auch vielleicht nur aus künstlerischer Berechnung, zeitlebens anhing.

Von Budapest aus, berichten Dorée Duncan und ihre Koautorinnen, »zog Isadora aus, um Deutschland zu erobern«, und

1904 zog Isadora aus, um Deutschland zu erobern. Bald feierte man sie als »Die göttliche Isadora«. (Ullstein Bilderdienst, Berlin)

der weltberühmte englische Ballettchoreograph Sir Frederick Ashton, gewiß ein unverdächtiger Zeuge, hat uns in einem Aufsatz für die (deutsche) Ausgabe des Magazins »Reader's Digest« vom November 1968 das Ergebnis dieses Eroberungsfeldzugs mitgeteilt: »vergöttert« worden sei die Tänzerin bald »in München und Berlin«.

In München wollte Gross Isadora im Zentrum des damaligen künstlerischen Lebens, dem »Künstlerhaus«, auftreten lassen, das von den Malerfürsten Stuck, Lenbach und Karlbach regiert wurde. Lenbach und Karlbach seien von vornherein einverstanden gewesen, berichtet Isadora, während Stuck, der wichtigste von allen, sich der Idee, eine Tänzerin im geheiligten Tempel der Kunst auftreten zu lassen, zunächst vehement widersetzt habe. Um ihn zu überzeugen, besuchte ihn Isadora eines Morgens in seinem Atelier. Erst tanzte sie für Stuck, dann will sie vier Stunden mit ihm diskutiert haben, mit voraussehbarem Ergebnis: Isadora erhielt die Erlaubnis, im »Künstlerhaus« aufzutreten. Später, weiß Isadora zu vermelden, habe Stuck im Freundeskreis immer wieder erzählt, nichts in seinem Leben habe ihn so sehr erstaunt wie die Kunst der jungen Amerikanerin, die »wie eine Dryade vom Olymp« in die Ebene des profanen Lebens herabgestiegen sei.

Isadoras Aufführungen, ob im »Künstlerhaus« oder an anderen Orten, zeitigten einen außerordentlichen Erfolg. »Selbst jene Konservativen, die Einwände gegen ihre Tänze hatten«, hätten Isadoras Verdienste zu schätzen gewußt, vermeldet Dorée Duncan in ihrer Isadora-Biographie. Die Kunststudenten aber spannten ihrer Kutsche die Pferde aus und zogen sie selbst vom Vorstellungsort ins Hotel oder zum Diner – im wilhelminischen Deutschland nicht unüblich für Opern- und andere Kunstenthusiasten im Umgang mit ihren Lieblingen. Isadora lernte Siegfried, den Sohn von Richard Wagner, kennen und fand in ihm einen ihrer treuesten Freunde und Bewunderer, las zum ersten Mal Schopenhauer im Original

und freundete sich sogar langsam mit dem Münchener Bier an, das ihr auf Anhieb nicht gemundet hatte.
Bevor sie nach Berlin reiste, machte Isadora einen Abstecher nach Italien. Zu dritt – Mutter Dora und ihre beiden Töchter – reisten die Duncans mit dem Zug nach Florenz. Die Reise ist deshalb erwähnenswert, weil Isadora in den Uffizien auf Sandro Botticellis Gemälde »La Primavera« traf, dem sie schon in ihrer Londoner Zeit einen ihrer berühmtesten Tänze gewidmet hatte, was sie in ihren Memoiren unterschlägt, wohl weil es mit der Schilderung ihrer Florentiner Erleuchtung angesichts des Gemäldes kollidiert wäre. Tagelang, häufig bis zur Schließung des Museums, will die Tänzerin vor dem Bild gesessen haben. Und erst, als sie vor dem Bild in den Uffizien saß, will sie – inspiriert von der Schönheit des Gemäldes – den Plan gefaßt haben, die vom Bild ausgehenden Gefühle, die sie längst in eine Choreographie eingebracht hatte in ihrem Tanz umzusetzen: »Die sanften Wellen der blumenbedeckten Erde, den Kreis der Nymphen und den Flug der Zephyre, sämtlich versammelt um die zentrale Figur, halb Aphrodite, halb Madonna, die den Anbruch des Frühlings in einer einzigen Geste ankündigt.«
Nach einigen Wochen ließ sich die Reise nach Berlin nicht länger aufschieben. Erstaunt sah Isadora, schon bei der Fahrt vom Bahnhof ins Hotel, was Gross an Werbung in Szene gesetzt hatte. Isadoras Bild grüßte von beinahe jeder Litfaßsäule. Im Hotel Bristol Unter den Linden, wo Isadora, wie einst Loie Fuller, eine der herrschaftlichsten Suiten bezog, wartete bereits »die komplette deutsche Presse« auf ein erstes Interview. Was Isadora schon in Paris einem deutschen Impresario angekündigt hatte, als sie sein hochdotiertes Angebot ausschlug, in einem Vergnügungsetablissement zu tanzen, war wahr geworden: Sie würde in der berühmten Berliner Kroll-Oper auftreten, begleitet vom Berliner Philharmonischen Orchester.
Hochgestimmt diktierte Isadora den deutschen Journalisten

»in meinem amerikanischen Deutsch« eine »ebenso naive wie grandiose« Version ihrer Vorstellung vom »Tanz der Zukunft« als »größte, ernste Kunst« in die Stenogrammblökke: eine Kunst, die allen anderen Künsten neue Impulse geben werde. Gerührt vermerken Isadoras Memoiren, wie anders als (Jahre später) ihre amerikanischen Kollegen die deutschen Journalisten auf ihre Theorien reagiert hätten: »Sie lauschten mir mit höchst ehrerbietiger und interessierter Nachdenklichkeit, und am nächsten Tag erschienen in den deutschen Zeitungen lange Artikel, die meinen Tanz mit ehrfürchtiger und philosophischer Bedeutung behandelten.«

So war der Boden bereitet für einen Erfolg sondergleichen: »Ich nahm Berlin im Sturm.« Gleich nach ihrer ersten Vorstellung spannten Isadoras Bewunderer ihr auch in Berlin die Pferde aus und zogen ihre Kutsche persönlich über den Linden-Boulevard zurück zum Hotel. Triumphierend verkünden Isadoras Erinnerungen: »Von dieser ersten Nacht an war ich dem deutschen Publikum bekannt als« – in deutsch – »die göttliche, heilige Isadora.«

Doch nicht alle sahen die Sache so positiv. In der Berliner »Morgenpost« erschien ein überaus kritischer Artikel mit der Überschrift: »Kann Miss Duncan tanzen?« In einem offenen Brief an die Zeitung machte Isadora Pluspunkte mit der Gegenfrage: »Kann die tanzende Mänade tanzen?« Sie bezog sich dabei auf eine bekannte griechische Statue von der Berliner Museumsinsel, die, wie sie schrieb, »schon einige Jahre vor Miss Duncan in Berlin getanzt« habe. Begeistert von ihrer Reaktion lud sie der Berliner Presseverein zu einem Vortrag vor seinen Mitgliedern ein. Der Vortrag, noch im selben Jahr in englischer und (in der Übersetzung des Kritikers Karl Federn) in deutscher Sprache bei Eugen Diederichs in Leipzig als Broschüre gedruckt, trug den Titel »Der Tanz der Zukunft« (»The Dance of the Future« – eine Vorlesung) und legte Isadoras Ästhetik erstmals in allen Einzelheiten dar.

ISADORA DUNCAN

DER TANZ DER ZUKUNFT

(THE DANCE OF THE FUTURE)

EINE VORLESUNG

ÜBERSETZT UND
EINGELEITET VON
KARL FEDERN

VERLEGT BEI EUGEN DIEDERICHS LEIPZIG 1903

Vom Berliner Presseverein zu einem Vortrag eingeladen, legte Isadora mit ihrem Manifest »Der Tanz der Zukunft« erstmals ihr Verständnis von Ästhetik in allen Einzelheiten dar und gab ihren Plan bekannt, eine Tanzschule nach ihren Prinzipien zu gründen. Übersetzt und eingeleitet wurde das Manifest von ihrem späteren Freund Karl Federn. (ohne Quellenangabe; D. D.)

Federns Einleitung zu Isadoras Vorlesung öffnet mit einer rhetorischen Frage: »Was ist der Tanz, der einst die Quelle, die Urform des Rhythmus und der Poesie, der Mysterien und aller religiösen Feier war, in dem alle Inspiration, alle Rauschelemente, das gesteigerte, die Schöpfung fühlende Leben, einen anmutsvollen oder wilden Ausdruck fanden, was ist er bei uns geworden?« Zwischen den »unschuldigen Ausdruck, sei es jugendlicher Fröhlichkeit, sei es orgiastischer Sinnlichkeit, sei es religiöser Begeisterung«, und den hohen Ernst, mit dem dieser Ausdruck vorgetragen wurde, habe sich, so Federn, mit der Zeit die »kritische Theorie« geschoben: »Damit fiel ein Gitter zwischen sie und das Leben, ein Gitter, das die Kunstgelehrten bewachten und ängstlich hüteten. Die Kunst, vom Leben, aus dem sie bisher quoll, abgeschnitten, ward zu einer blutleeren Künstlichkeit.« Sie habe ihre Inspiration und damit ihre Kraft verloren, »bis von Zeit zu Zeit das Leben das Gitter durchbrach und eine neue Kunst aus sich gebar«.
Nie sei dieser Kampf zwischen Erstarrung und neuem künstlerischen Leben intensiver gewesen »als seit den letzten hundertfünfzig Jahren«: »in der Malerei, in der Dichtkunst, in der Musik, in der Skulptur und zuletzt auch in der Architektur«. Überall breche die Sehnsucht nach einem neuen Stil, »der der spontane Ausdruck unseres Lebens sein soll«, hervor. Nur der Tanz, »der einst die höchste Kunst und die Quelle aller anderen Künste war«, sei von der Erneuerung bislang ausgeschlossen geblieben. Was sich »bei uns« Tanzkunst nenne, sei »eine schale Halbkunst, die niemand ernst nimmt, die durch eine Kombination von sittsamen Vorschriften und unsittsamen Interessen das unerfreulichste Gebiet unseres ›Kunstlebens‹ geworden ist«.
Doch nun, mit Isadora Duncan, ziehe neues Leben auch in den Tanz ein, und es sei »charakteristisch, daß der Keim uralter und doch neuer höchster Kultur uns aus Amerika kommt«, dem neuen, jungen Kontinent. »Was Nietzsche ahnte und in künstlerisch-poetischer Erkenntnis schaute, das hat Isadora

Duncan zur Tat gemacht. Wenn er sagte: ›Im Tanze nur weiß ich der höchsten Dinge Gleichnis zu reden‹ – ihre Tänze versuchen, Gleichnisse der höchsten Dinge zu sein.«
Höchst anschaulich beschreibt Federn, was Isadora auf der Bühne tut: »Ihr Tanz, ihr Kommen, ihr Gruß ist schöne Bewegung. Sie trägt nicht Trikots noch kurze Röckchen, sie will nicht verhüllen, ihre Glieder schimmern durch die Schleier, und ihr Tanz ist Gottesdienst. Sie tanzt ›Primavera‹ nach Botticelli, in dem blumenüberstickten leichten grauvioletten Schleier, der dem der dritten Figur rechts auf dem Bilde gleicht, in einfachen frommen Bewegungen. Sie tanzt als ›Musette‹ die weichen Rhythmen des Rokoko, an Bilder Watteaus erinnernd. Sie kommt als der Engel mit der Viola aus dem Gemälde Ambrosio di Predis ... Sie hat einen Tanz ohne Musik, schauerlich und ergreifend: ›Das Mädchen und der Tod‹.«
»Was das Ausdrucksvollste an ihr ist, ob ihre Hände, ihr Antlitz, ob der vollkommene Fuß – wir wissen es nicht! Zur Kritik ihrer Tänze«, meint der Kritiker Federn, »ist meiner Ansicht heute noch nicht die Zeit. Ihr Weg ist noch zu neu. Und das Wesentliche ihrer Tat, die Rückkehr zur individuellen Inspiration, läßt sich überhaupt nicht kritisieren.«
Isadoras eigener Text ist natürlich subjektiver, auch naiver. Im Grunde, meint sie, sei es unmöglich, schon jetzt über den Tanz der Zukunft zu sprechen: »Es ist noch zu früh; in fünfzig Jahren werde ich vielleicht etwas zu sagen haben. Und außerdem« – da geht es ihr wie noch heute den meisten ihrer Choreographen-Kollegen – »ich habe es immer indiskret gefunden, wenn ich über meinen Tanz sprechen wollte.« Aber natürlich begeht sie dann doch die Indiskretion, aus dem Nähkörbchen zu plaudern und etwa von der Dame zu erzählen, deren Erkundigung, weshalb Isadora barfuß tanze, zu einem Dialog über Darwin, Ernst Haeckel und die Entwicklung des Menschen führte, den die Dame mit der Feststellung beendete, sie glaube nicht an die Entwicklung des Menschen – und

auch nicht an Darwin oder Haeckel. Isadora zieht aus diesem Dialog den rhetorischen Schluß, »daß ich es wohl nicht verstehe, Leute zu überzeugen, und besser täte, nicht zu sprechen«. Aber das ist taktische Bescheidenheit.
»Der Tanz der Zukunft«, führt sie dann aus, »ist – wenn wir bis zur Urquelle des Tanzes, der Natur zurückgehen – der Tanz der Vergangenheit, der Tanz, der ewig derselbe war und ewig derselbe bleiben wird ... Die Bewegungen des Wilden, der in Freiheit und stetem Zusammenhang mit der Natur lebte, waren ungehemmt, natürlich und schön. Nur die Bewegungen des unbekleideten Körpers können natürlich sein, und zur Nacktheit des Wilden wird der Mensch, angelangt auf dem Gipfel der Kultur, zurückkehren müssen; nur wird es nicht mehr die unbewußte, ahnungslose Nacktheit des Wilden sein, sondern eine bewußte und gewollte Nacktheit des reifen Menschen, dessen Körper der harmonische Ausdruck seines geistigen Wesens sein wird.«
Isadora spricht von der sich »dem individuellen Körper« als »Wille« offenbarenden Bewegung des Weltalls und folgert daraus: »Der wahre Tanz sollte nun nichts anderes sein als eine natürliche Gravitation des Willens im Individuum, der nicht mehr und nicht weniger als eine Übertragung der Gravitation des Weltalls in das menschliche Individuum ist«; Schopenhauer, Isadora bemerkt es selbst, läßt grüßen. »Die Bewegungen nun, die die Ballettschule unserer Tage lehrt, Bewegungen, die vergeblich gegen die natürlichen Gesetze der Gravitation, gegen den natürlichen Willen des Individuums ankämpfen und im Widerspruch stehen mit den Bewegungen wie den Formen, die die Natur schuf, müssen ihrer Natur nach sterile Bewegungen sein, die keine künftigen, neuen Bewegungen aus sich erzeugen, sondern hinsterben, wie sie geworden sind.« Letzten Endes läuft es darauf hinaus: »Das moderne Ballett richtet sich selbst dadurch, daß es den natürlich schönen Körper des Weibes unvermeidlich entstellt.«

»Aus der Tiefe, zu der er gesunken ist«, will Isadora den Tanz wieder erheben: »Die Tänzerin der Zukunft soll solch eine Höhe erreichen, daß alle anderen Künste durch sie gefördert werden.« Isadoras Blick muß während des Vortrags spontan auf den Blumenschmuck im Saal oder auf das Rednerpult gefallen sein. Denn sie fährt fort: »Die Blüten vor mir enthalten gleichsam den Traum eines neuen Tanzes. Man könnte ihn ›Das Licht, auf weiße Blüten fallend‹ nennen. Ein Tanz, der eine subtile Übersetzung des Lichtes und des Weiß' der Blüten wäre. So rein, so stark, daß die Menschen, die ihn sehen, sich sagen müßten: Wir sehen eine Seele sich vor uns bewegen, eine Seele, die zum Licht gelangt ist und das Wesen der weißen Farbe gespürt hat.«

»Jene primären Bewegungen für den menschlichen Körper zu finden, aus welchen sich die Bewegungen künftiger Tänze in ewig wechselnden, endlosen und natürlichen Folgen entwikkeln werden, ist die Aufgabe der neuen Tanzschule unserer Tage«, glaubt die Tänzerin. Solche Bewegungen aber hätten die alten Griechen in ihrer klassischen Kunst gefunden: »Wenn ich daher nackt auf dem Erdboden tanze, so nehme ich naturgemäß griechische Stellungen an, denn griechische Stellungen sind nichts anderes als die natürlichen Stellungen auf dieser Erde.«

Um ihre eigenen Fähigkeiten zur Durchsetzung des Tanzes der Zukunft zu kennzeichnen, bemüht Isadora Duncan eine Geschichte. Die Götter, Athene, Demeter, Iris, Terspichore, Pan, sogar Zeus, hätten durch das Glasdach ihres Ateliers geschaut und sich ziemlich ungnädig über sie, Isadora, geäußert. Doch nach ihrer tapferen Antwort und dem Verweis auf ihr aufrichtiges Bemühen habe Zeus selbst ihr zugestanden: »Fahre nur fort, und baue auf die Gerechtigkeit der unsterblichen Götter. Wenn du dein Werk recht tust, so werden sie darum wissen und ihr Wohlgefallen daran haben.«

Zum ersten Mal gibt Isadora in diesem Vortrag ihre Absicht bekannt, »mit der Zeit eine Schule zu gründen, ein Theater zu bauen, in welchem hundert kleine Mädchen in meiner Kunst ausgebildet werden sollen, die sie dann ihrerseits vervollkommnen werden. Ich werde die Kinder in dieser Schule nicht lehren, meine Bewegungen nachzumachen, sondern ihre eigenen zu machen, ich werde sie überhaupt nicht zwingen, bestimmte Bewegungen einzuüben, sondern ich werde sie dazu anleiten, diejenigen Bewegungen zu entwickeln, die ihnen natürlich sind«.

Der Zögling dieser Schule, die Tänzerin der Zukunft, »wird ein Weib sein müssen, dessen Körper und Seele so harmonisch entwickelt sind, daß die Bewegung des Körpers die natürliche Sprache der Seele sein wird. Die Tänzerin wird nicht einer Nation, sondern der ganzen Menschheit angehören. Sie wird keine Feentänze zu tanzen suchen noch Nixen darstellen oder kokette Frauen, sondern sie wird als das Weib in seiner größten und reinsten Erscheinung tanzen«. Sich selbst hält Isadora bescheiden noch nicht für diese Tänzerin der Zukunft. Aber sie möchte »ihr einen Weg bereiten«, »einen Tempel für sie erbauen, der sie erwarten soll«. Diese Tänzerin der Zukunft »wird kommen als der freie Geist, der in dem Leibe des freien Weibes der Zukunft wohnen wird. Sie wird herrlicher sein als irgendein Weib, das gelebt hat; schöner als die Ägypterin, als die Griechin, als die Italienerin der Frühzeit, als alle Frauen vergangener Jahrhunderte! Ihr Kennzeichen wird sein: der höchste Geist in dem freiesten Körper«!

So unproblematisch, wenn auch pathetisch, wie sich das anhört, ist das allerdings nicht. Bevor sie ihre Idee vom höchsten Geist in dem freiesten Körper entwickelt, kommt Isadora in ihrem Vortrag noch einmal auf den Gegensatz von klassischem Ballett und neuem Tanz zurück und schließt daran einen höchst anfechtbaren Gedanken an: »Dies könnte als eine Frage von geringer Wichtigkeit erscheinen, eine Frage der Meinungsverschiedenheit über das Ballett und den neuen Tanz. Aber es handelt sich in Wahrheit um eine viel größere

Sache. Es handelt sich nicht nur um wahre oder unechte Kunst – es ist eine Frage, die die Zukunft der ganzen Rasse berührt. Es handelt sich um die Entwicklung des weiblichen Geschlechts zu Schönheit und Gesundheit, um die Rückkehr zur ursprünglichen Kraft und zu den natürlichen Bewegungen des weiblichen Körpers. Es handelt sich um die Entwicklung vollkommener Mütter und die Geburt schöner und gesunder Kinder. Die Tanzschule der Zukunft soll die ideale weibliche Gestalt entwickeln. Sie muß gleichsam ein Museum der lebendigen Schönheit ihrer Epoche sein.«

Haben wir richtig gehört und gelesen? Eine Frage, die die Zukunft der ganzen Rasse berührt? Ist Isadora Duncan eine Rassistin? In ihrem Berliner Vortrag »Der Tanz der Zukunft« deutet sich dieser Rassismus nur eben an. Doch läßt er sich schon hier nicht leugnen. Später, wenn sie in ihrem heimatlichen Amerika gegen »Negerkunst« ausfällig wird und damit negativ auffällt, wird sich weit eindeutiger zeigen, daß Isadoras Schönheitsideal weiß und abendländisch ist – und Ausschließlichkeitsanspruch hat. Im Berliner Presseklub, knapp nach der Jahrhundertwende, rennt sie mit ihrem noch gemäßigten Rassismus vermutlich offene Türen ein. Noch ist zwar an Hitler und sein nazistisches, zum Holocaust und zur Auslöschung eines ganzen Volkes führendes Rassenverständnis nicht einmal zu denken. Aber die Ideen von Rassenreinheit schwirren durchaus durch die Köpfe der Menschen, nicht nur, aber auch von Pionieren der Tanzkunst. Irgendwie paßt die Idee von der Erneuerung der kaukasischen Rasse durch Gymnastik, Tanz und Freikörperkultur in die politisch-ästhetischen Vorstellungen der Jahrhundertwende. In den Schriften Rudolf von Labans etwa, auf dessen Theorien der wesentliche Teil des expressionistischen deutschen Tanzes in den zwanziger Jahren beruhen wird (und der aus Nazi-Deutschland emigrierte, als er sah, was aus seinen Ideen geworden war), finden sich ganz ähnliche Gedanken.

9. KAPITEL

Rückweg ins Einfache: die Duncans in Griechenland

Im Mai 1903 gab Isadora Duncan einige Vorstellungen im Théâtre Sarah-Bernhardt in Paris, die – vom Publikum wie von der Kritik – wesentlich kühler aufgenommen wurden als ihre Auftritte in der Kroll-Oper in Berlin. So kehrte sie im Herbst zu neuen Aufführungen nach Berlin zurück. Hier stieß Bruder Raymond, aus Amerika kommend, zur Familie, die damit wieder komplett war – und zu neuen Ufern aufbrechen konnte. Dank der Vorstellungen Isadoras in Berlin verfügten die Duncans zum ersten Mal über ein größeres Bankkonto, das nicht nur Isadora unerschöpflich schien. So beschloß man denn – allen Bitten von Impresario Gross, der das Eisen gern weiter geschmiedet hätte, solange es heiß war, zum Trotz – die Ausführung eines alten Plans: eine Reise nach Griechenland, für Isadora »eine Pilgerfahrt zum heiligsten Altar der Kunst«.

Den ersten Teil des Weges nach Athen legte die Familie Duncan mit der Eisenbahn zurück: via Venedig. Die Familie blieb einige Wochen in der »Serenissima«, besuchte pflichtgemäß die Kirchen und Museen, zeigte sich aber nicht sehr beeindruckt: »Die überlegene intellektuelle und geistige Schönheit von Florenz schätzten wir (damals) hundertmal höher.« Erst Jahre später, als Isadora die Stadt »mit einem schlanken, olivhäutigen, dunkeläugigen Liebhaber« erkundete, gelang es ihr, die dekadente Schönheit Venedigs zu entdecken und zu genießen. Auf dem Weg zu Griechenlands klassischen Schönheiten, denen Isadora mit ganzem Herzen entgegenfieberte, war Venedig wenig mehr als eine belanglose Zwischenstation.
Raymond, der, kaum zurück, die Geschicke der Familie bestimmte, hatte festgelegt, daß die Griechenland-Reise – nicht einmal aus Kostengründen – so primitiv wie möglich sein sollte. So reiste man nicht nur in Sandalen statt Schuhen und pseudogriechischer, selbstgefertigter Kleidung, die später vor Ort die Einheimischen sehr amüsieren sollte. Die Familie schiffte sich von Brindisi aus auch nicht auf einem komfortablen Passagierdampfer ein, sondern auf einem kleinen Postboot, das sie später, weil die Reise der des Homerischen Helden Odysseus möglichst ähnlich sein sollte, mit einem kleinen, von zwei Fischern navigierten Segelboot vertauschte.
Die Reise durch die Ägäis war weit und beschwerlich. Die beiden Fischer, denen sie wohl auch gefährlich erschien, mußten mit einer Handvoll Drachmen überredet werden. Weiter ging es zu Fuß, mit dem Pferdekarren und, womöglich, doch auch mit der Eisenbahn. Die Duncans hatten Glück: Alles ging gut, und nichts konnte die Begeisterung dämpfen. Nicht die Reisestrapazen und nicht ungewohnte Kost, auch kein verwanztes Hotel. Im Zweifel rezitierten Raymond und Isadora Verse von Byron, Shelley oder Homer und waren »halbverrückt vor Freude«. Über Agrinion und Missolonghi (wo Byron gestorben war) gelangte die Familie am Ende wieder auf einem klei-

nen Frachter nach Patras auf dem Peloponnes, wo sich ihr die schwere Frage stellte: Nach Olympia oder nach Athen?
»Eine große, ungeduldige Sehnsucht nach dem Parthenon gewann schließlich die Oberhand.« Die Familie nahm den Zug nach Athen. Im Vorbeifahren warfen die Duncans einen Blick auf den schneebedeckten Gipfel des Olymp. »Unser Entzükken kannte keine Grenzen.« In der Abenddämmerung traf die Familie in Athen ein. Der Tagesanbruch bereits sah sie, wie nicht anders zu erwarten, »mit zitternden Gliedern und Herzen, schwach vor Verehrung«, auf den Stufen zum Tempel der Göttin Athene, »die immer noch das ruinierte Parthenon bewohnte«. Als der Tempel in der Morgensonne aufglänzte, verstummten alle wie auf Kommando, und man trennte sich: Die Schönheit war zu gewaltig für Worte. »Jeder von uns«, berichtet Isadora in ihren Memoiren, »fand einen bevorzugten Platz für seine Andacht, und stundenlang verhielten wir alle in einer ekstatischen Meditation, die uns schwach und innerlich zerschlagen zurückließ.«
Die Familie beschloß, sich für immer in Griechenland niederzulassen und einen eigenen Tempel zu bauen. Also machte man sich auf die Suche nach einem geeigneten Ort dafür. Für den Augenblick hatte Isadora jeden Gedanken an Ruhm und Geld und wohl auch an die körperliche Liebe hinter sich gelassen. Mit einer Ausnahme schien jedes Familienmitglied wunschlos glücklich. Aber dessen Glück ließ sich herbeiführen, auch wenn die Familie darüber im Geheimen die Nase rümpfte. Bruder Augustin fühlte sich unwohl ohne seine Frau und seine kleine Tochter, also ließ man sie nach Athen nachkommen.
Auf der Suche nach einem geeigneten Platz für ihren Tempel durchstreifte die Familie »Colonos, Phaleron und die attischen Täler«. Lange konnte sie nichts zufriedenstellen. Schließlich entdeckten die Duncans den geeigneten Platz auf einem Hügel namens »Kopanos« in der Nähe der Akropolis, ungefähr auf

In Griechenland tanzten die Geschwister Duncan in mondhellen Nächten im Theater des Dionysos, wo Bruder Augustin antike Tragödien rezitierte. (Raymond Duncan, Griechenland 1903; D. D.)

gleicher Höhe mit dem Parthenon. Doch die Schwierigkeiten begannen erst. Bereits die Eigentumsfrage bereitete Probleme, und als die Duncans den Hügel fünf Bauernfamilien abgekauft hatten, die ihn seit Hunderten von Jahren besaßen, und endlich mit dem von Raymond entworfenen Bau nach dem Vorbild des antiken Palastes des Königs Agamemnon – natürlich maßstabgetreu mit Mauern von zwei Fuß Dicke – begannen, stellte sich heraus, daß es weit und breit kein Wasser gab; »die nächste Quelle war vier Kilometer entfernt«.

Das freilich focht die Duncans zunächst nicht an. Raymond, der die Bauleitung hatte, heuerte zusätzliche Arbeiter an und ließ einen artesischen Brunnen bohren. Doch so tief man auch bohrte: es wurde nie Wasser gefunden. Die Duncans mußten die Idee aufgeben, in ihrem Tempel-Palast zu wohnen. Sie waren aber weiter gewillt, den Rest ihres Lebens in Reichweite ihrer Ideale in Griechenland zu verbringen, und da sie höchste Protektion hatten – selbst der griechische König kam, um ihren Tempel zu besichtigen (was die Duncans nicht sonderlich beeindruckte; »wir lebten unter der Herrschaft anderer Könige, Agamemnon, Menelaos und Priamos«) –, erfreuten sie sich einiger Privilegien, die ihnen das Leben angenehm erscheinen ließen. So erhielten sie zum Beispiel eine Spezialerlaubnis der Stadt, sich in mondhellen Nächten im Amphitheater des Dionysos aufzuhalten. Dort rezitierte Bruder Augustin aus den antiken Tragödien, und die Geschwister tanzten gemeinsam.

Tagsüber setzten vor allem Isadora und Raymond ihre Studien der griechischen Kunst fort. In London und Paris hatten sie sich vor allem für griechische Skulptur, Vasenmalerei und das griechische Drama interessiert. Jetzt versuchten sie, ihre Kenntnisse des griechischen Theaters und, im Zusammenhang damit, der griechischen Musik zu erweitern. Bei ihren Studien stießen sie auf die griechische Familie Sikelianos, deren Tochter Penelope, eine Musikwissenschaftlerin und

1904 trat Isadora mit einem Knabenchor auf, da sie sich so einen Chor der antiken Tragödie vorstellte. Die Sänger hatte sie im Dionysos-Theater in Griechenland ausgewählt. (Ullstein Bilderdienst, Berlin)

Sängerin, Raymonds Frau wurde. Die beiden Brüder waren also unter der Haube, die Schwestern blieben unvermählt. Etwas kryptisch schreibt Isadora in »My Life«, die Familie habe beschlossen, sich an Hamlets Wort zu orientieren: »Laßt verheiratet bleiben, wer verheiratet ist«; die drei Buchstaben »etc.«, die den Satz abschließen, lassen vermuten, daß damit das Eingehen weiterer Duncan-Ehen ausgeschlossen werden soll.

Das Musikstudium, mit oder ohne die Hilfe von Penelope Duncan, geborene Sikelianos, genoß weiter höchste Priorität.

Doch für die Praxis kam den Duncans ein Zufall zu Hilfe. Als sie, so berichtet Isadora, in einer mondhellen Nacht im Theater des Dionysos saßen, hörten sie plötzlich den schrillen Ton einer Knabenstimme, »mit jener pathetischen, unirdischen Qualität, die nur Knabenstimmen besitzen«. Der einen Stimme schlossen sich nach und nach andere an: offensichtlich ein Chor, der alte griechische Melodien vom Lande sang. So ähnlich, folgerte Raymond, müsse sich der Chor der antiken Tragödien angehört haben, und als das Konzert sich am nächsten Abend wiederholte, luden die Duncans die singenden Knaben ein, ihre Gesänge für sie im Theater des Dionysos erklingen zu lassen. Etwas Geld lockte mehr und mehr Knaben in den Chor, und auch wenn Isadoras Aussage, nach und nach hätten sich »alle Knaben von Athen« im Dionysos-Theater singend ein Stelldichein gegeben, eher mit Vorsicht zu genießen ist, darf man die Bedeutung dieser Konzerte für Isadoras künstlerische Entwicklung nicht unterschätzen.

Parallel zu ihren Erfahrungen mit dem Knabenchor besuchten die Duncans griechische Kirchen, in denen orthodoxe Gottesdienste mit byzantinischer Musik abgehalten wurden. In einem Priesterseminar gewährte man ihnen Einsicht in die Bibliothek mit mittelalterlichen Schriften. Raymond und Isadora kamen, »wie viele bedeutende Hellenisten«, zu der Auffassung, »daß die Hymnen Apollos, Aphrodites und all der ländlichen Gottheiten durch mancherlei Transformationen ihren Weg in die griechische Kirche gefunden hätten«.

Aus dieser Erkenntnis erwuchs die Idee, aus den Knabenstimmen einen griechischen Chorus zu formen. Im Theater des Dionysos hielten Raymond und Isadora Wettbewerbe ab, um die schönsten Stimmen für ihren Chor zu finden. Aus einigen hundert jungen Sängern wählten sie am Ende zehn »mit perfekt himmlischen Stimmen« aus. Ein junger Priesterschüler, Panjiotis Tzaanneas, half ihnen, den Chor so auszubilden, daß er den Duncans bei einer Aufführung von zwei griechischen

Dramen, den »Schutzflehenden« des Aischylos und den »Bacchantinnen« des Euripides, assistieren konnte. In einem großen Saal, den ihr das Luxushotel d'Angleterre zur Verfügung gestellt hatte, arbeitete Isadora wie besessen an ihrer Idee, der Welt »nach zweitausend Jahren« ihre »verlorenen Schätze« zurückzugeben.

Griechenland befand sich, »wie gewöhnlich«, bemerkt Isadora in »My Life« maliziös, in »einem Zustand der Revolution«, der so gravierend nicht gewesen sein kann, da er auf einer Meinungsverschiedenheit zwischen Studentenschaft und Königlichem Hof über die Frage beruhte, ob auf dem zeitgenössischen Theater Alt- oder Neugriechisch gesprochen werden solle. Natürlich waren die Duncans in dieser Frage auf Seiten der Studenten, und so wurde von ihnen eine Aischylos-Aufführung à la Duncan im Stadttheater von Athen arrangiert. Die zehn griechischen Knaben, gekleidet in vielfarbige Tuniken, sangen, Isadora tanzte, die Studenten jubelten.

Der Erfolg ließ offenbar auch den König umdenken, denn er lud Isadora ein, die Vorstellung im Königlichen Theater zu wiederholen. Die Reaktion des königlichen Publikums sei mehr als flau gewesen und habe den Enthusiasmus der Studenten durchaus vermissen lassen, weiß Isadora zu berichten. Auch wenn der König nach der Vorstellung in Isadoras Garderobe kam und sie später auch der Königin vorstellte: »Es gab (bei Hofe) keine wirkliche Liebe oder auch nur Verständnis für meine Kunst.« Und sie kann sich die Spitze nicht verkneifen: »Für königliche Hoheiten wird das Ballett immer der Tanz par excellence sein.«

Angeblich am Tag der Vorstellung bei Hofe mußte Isadora feststellen, daß ihr Bankkonto leer war. Auch der Anblick der Akropolis, bei der sie nächtlichen Trost suchte, konnte ihr nicht helfen: Isdadora war gezwungen, nach Deutschland zurückzukehren, um neues Geld zu verdienen. Schon drei Tage später nahm sie den Balkan-Expreß nach Wien, mit Winken verabschiedet von den Eltern der zehn griechischen Sängerknaben. Denn Isadoras Berliner Freund Karl Federn, den sie über ihre Athener Bemühungen offenbar auf dem laufenden hielt, war, laut Dorée Duncan, »enthusiastisch« darauf erpicht, der Welt Isadoras musikalische Entdeckung vorzustellen, und so hatte Isadora ihre zehn Sängerknaben nebst »byzantinischem Priester-Professor« auf ihre Reise in die mitteleuropäischen Zentren mitgenommen: »Und so verließen wir Athen und kamen am Morgen in Wien an« – von den Strapazen der mehrtägigen Reise ist in »My Life« nichts zu lesen.

Obwohl der große Theatermann Hermann Bahr, laut Isadora dreißig, tatsächlich bereits vierzig Jahre alt, den Auftritten von Isadoras Zöglingen in Wien, wie Isadora berichtet, »wundervolle Kritiken« in der »Neuen Presse« widmete, waren deren Auftritte kein Erfolg. Die Tänzerin selbst war gezwungen, die Aufführungen aus dem Feuer zu reißen, indem sie an die griechischen Chöre ihre eigene Tanzversion der »Schönen blauen Donau« anschloß. In einer Ansprache erklärte sie dem Publikum, daß der Erfolg ihres Walzers nicht das sei, was sie wolle. Ihr gehe es tatsächlich um die Erneuerung des klassischen Chores der attischen Tragödie. Doch das Publikum habe gerufen: »Nein. Mach nicht. Tanze. Tanze die Schöne Blaue Donau. Tanze noch einmal.« Und da das Publikum gar nicht aufhörte zu rufen und zu applaudieren, geschah es so.

München schien sich ein wenig mehr für Isadoras Wiederbelebung der griechischen Tragödie zu interessieren als Wien. »Der große Professor Furtwängler« – es kann wohl nicht der Dirigent Wilhelm Furtwängler gewesen sein, der damals erst 17 Jahre alt war – habe eine Vorlesung über die griechischen Hymnen und ihre Neubelebung durch die Gesänge der byzantinischen Kirche gehalten, notiert Isadora in ihren Memoiren, und auch die Studenten seien »much ›aufgeregt‹« gewesen. Nur sie selbst habe sich bei ihren Tänzen permanent unwohl

Nach Abschluß der Tournee mit ihren Chorknaben widmete sich Isadora wieder dem Studium der Antike und ihrer Mythen – allerdings indirekt, indem sie den »Luftgeist« aus Glucks »Iphigenie in Aulis« und »Bacchanale« aus Glucks »Iphigenie in Tauris« tanzte. Zeichnungen von Van Saan Olgi, 1909–1923. (Duncan Collection; D. D.)

gefühlt, weil sie ihrem Publikum die Vorstellung vermitteln wollte, daß da nicht ein griechisches Mädchen tanzte, sondern deren fünfzig; vom Erfolg dieser Suggestion war sie wohl selbst nicht sehr überzeugt.

In Berlin wiederholten sich im Grunde die Wiener Ereignisse. Die Auftritte der griechischen Chorknaben ließ das Publikum mehr oder weniger geduldig über sich ergehen. Nach der »Schönen blauen Donau« gab es enthusiastischen Applaus und Da-capo-Rufe. So entschloß sich Isadora schweren Herzens, ihre Rekonstruktionsversuche an der attischen Tragödie vorerst einzustellen und auf einen späteren Zeitpunkt zu verschieben. Mit Eisenbahntickets zweiter Klasse und neuer Kleidung – Knickerbocker für die Kleineren, lange Hosen für die allzu schnell gewachsenen Großen – schickte sie ihre griechischen Sängerknaben nach Hause, zutiefst enttäuscht darüber, daß – wie Dorée Duncan und ihre Großtante übereinstimmend berichten – die griechischen Knaben sich unerwartet schnell entwickelt hatten, zum Teil in die Pubertät gerieten und ihre überirdisch schönen Stimmen verloren.

Isadora war künstlerisch wieder allein und widmete sich dem Studium der Antike und ihrer Mythen eher indirekt, indem sie sich mit Gluck und seinen griechischen Opern befaßte: »Iphigenie« und »Orpheus«. Am 24. November 1905 hatte Duncans Version von Glucks »Iphigenia in Aulis« – nicht der heute wesentlich populäreren »Iphigenie auf Tauris«, deren sich etwa die deutsche Choreographin Pina Bausch angenommen hat – im Kristall-Palast in Berlin Premiere; wie der Komponist im 18. Jahrhundert versuchte die Choreographin zu Beginn des 20. Jahrhunderts, die Oper aus dem Geist der Antike zu erneuern. »Von Anfang an«, schreibt sie in »My Life«, »konzipierte ich den Tanz als einen Chorus oder sozialen Ausdruck.« Geplant war eine große Tanz-Oper, mit Dutzenden von Tänzerinnen auf der Bühne.

In ihrer Vorstellung bewegte sich die Tänzerin – der Opferung durch Iphigenies Vater Agamemnon und seine kriegslüsternen Griechen durch einen sanften, von der Göttin Athene geschickten Wind nach Aulis entrückt – schon bei der Premiere unter den am Strand mit einem goldenen Ball spielenden Mädchen von Chalkis, als wären diese realistische Geschöpfe aus Fleisch und Blut. Tatsächlich tanzte Isadora in dieser Zeit alle Figuren der Oper allein. Zeitgenossen – wie die spätere Duncan-Tänzerin Marie-Thérèse – erinnern sich mit Begeisterung und blumiger Vagheit an die einzigartige »unendliche Grazie« Isadoras in diesen Aufführungen: »Zeitweise hatten ihre Bewegungen diesen gleichsam irrealen Fluß, der sich in endlose Horizonte aufzulösen schien ... und im Umkreis nie gehörter Töne und nie gesehener Bewegungen sacht verschwand, dahinschmelzend mit unendlicher Güte ... jenseits eines Bereichs musikalischer Vorstellungskraft.«

Tanzhistoriker wie der Amerikaner Don McDonagh, in dessen »Complete Guide to Modern Dance« die Schilderung von Marie-Thérèse zu finden ist, ordnen Isadoras »Iphigenia in Aulis« als wichtigstes Stück ihrer Frühzeit ins Gesamtwerk der Choreographin ein, merken aber an, daß die Choreographie, obwohl sie bei Publikum und Kritik eine sehr freundliche Aufnahme fand, vergleichsweise selten aufgeführt wurde. Das hatte ganz praktische Gründe. Die Aufführung benötigte ein großes Orchester, war also ungleich teurer als andere Aufführungen Isadoras, die sich musikalisch mit einer Klavierbegleitung begnügten. Und da Isadora die Kosten für das Orchester selbst zu tragen hatte, ging die Geschäftsfrau, die Isadora auch war, mit dem Lieblingsprojekt der Idealistin Isadora recht zurückhaltend um. Die Erinnerung an leere Taschen und hungrige Mägen war allzu frisch.

10. KAPITEL

Bayreuth, St. Petersburg, Moskau: Isadora sammelt Prominente

Isadora war mittlerweile eine Berühmtheit und bewegte sich, als Gleiche unter Gleichen, unter den angesehensten Mitgliedern des europäischen, zumal des deutschen Künstleradels. »Die wöchentlichen Empfänge in unserem Haus in der Viktoriastraße (in Berlin) wurden zum Zentrum künstlerischer und literarischer Begeisterung.«

Schon bei ihren ersten Auftritten in München hatte Isadora Siegfried Wagner kennengelernt, der sie wiederum mit seiner Mutter Cosima bekannt machte. Die beiden Frauen verstanden sich auf Anhieb ausgezeichnet. Cosima erzählte Isadora von Richard Wagners Mißvergnügen am klassischen Ballett, dessen Interpretation des »Tannhäuser«-Bacchanals dem Komponisten immer banal erschienen sei, und Isadora sah ihre Chance, glaubte aber, für einen Auftritt im »Tannhäuser« noch nicht gerüstet zu sein: »O, warum habe ich noch nicht

die Schule, von der ich träume«, will sie Cosima Wagner geklagt haben. »Dann könnte ich Ihnen eine Gruppe all der Nymphen, Faune, Satyrn und Grazien nach Bayreuth bringen, von denen Richard Wagner träumte. Doch allein: Was kann ich tun?«
Im August 1903 lud Cosima Isadora, nach längerem Zögern, auch ohne ihre imaginäre Truppe aus Faunen und Nymphen nach Bayreuth ein. Doch zu diesem Zeitpunkt war Isadora mit ihrer Familie eben nach Griechenland aufgebrochen; Bayreuth mußte warten. Nach Isadoras Rückkehr mit den griechischen Sängerknaben im nächsten Jahr wiederholte Cosima ihre Einladung. Im Sommer 1904 sollte Isadora bei den Bayreuther Festspielen tanzen. »Ich erreichte Bayreuth an einem lieblichen Tag im Mai und bezog Räume im Hotel Schwarzer Adler.« Das überfüllte Hotel wurde der Tänzerin rasch zu ungemütlich, und so suchte sie nach einer neuen Bleibe, die sie in einem ehemaligen, mittlerweile ziemlich heruntergekommenen Jagdschlößchen fand. Sie ließ Phillips Ruh wieder instand setzen und wohnte dort, zusammen mit ihrer Mutter und Temple, der kleinen Tochter von Bruder Augustin, für den Rest der Saison. Aus Budapest kam ihr erster Liebhaber Oscar Beregi sie zu besuchen. Doch zu Isadoras großer, wenn auch platonischer Liebe jener Tage wurde Cosimas Schwiegersohn, der in Heidelberg lehrende Historiker Heinrich Thode, der Isadora sein Herz zu Füßen legte, ihr aber nie erotisch nahe trat: eine jener heißen, exaltierten Kopfaffären, die Isadora – wie wir in einem früheren Kapitel gesehen haben – ebenso tief empfand wie ihre sexuellen.
Doch kreisten in jenen Bayreuther Tagen alle Sterne und Sternchen, Isadora eingeschlossen, um Richard Wagners Witwe Cosima. »Jeden Tag«, erinnert sich Isadora, »erhielt ich ein kleines Wort von Frau Cosima, die mich zum Lunch oder zum Dinner einlud«, wo immer »mindestens fünfzehn Personen« zu Gast waren, die bedeutendsten deutschen Künstler und

Musiker jener Tage, aber auch der Hochadel. Angesichts der Gästeliste, meint Großnichte Dorée, sei es kein Wunder, daß Isadora zu keiner seriösen Arbeit gekommen sei.
Die Tänzerin selbst sah das natürlich ganz anders. Bei den Proben zu Wagners Opern, vor allem zum »Parsifal«, sitzt sie im Festspielhaus und läßt sich von der Musik förmlich wegtragen. Doch in Phillips Ruh arbeitet sie an einer Choreographie für die »Venusberg«-Szene des »Tannhäuser«. Ganze Tagebuchseiten füllt die Tänzerin mit Entwürfen und Interpretationen. Selbst Cosima, die Isadoras Ideen zunächst sehr skeptisch gegenüberstand, ließ sich schließlich überzeugen, nachdem sie im Nachlaß ihres Mannes Skizzen gefunden hatte, die eine große Ähnlichkeit mit Isadoras Vorstellungen aufwiesen: »Mein liebes Kind, Sie sind offensichtlich inspiriert durch den Meister selbst... Ich werde Ihnen die totale Herrschaft über den Tanz in Bayreuth anvertrauen.«
Im Kreise von Mitgliedern des Berliner Balletts tanzte Isadora, sehr zu Frau Cosimas Mißfallen nackt unter ihren griechischen Schleiergewändern, die zentrale von drei Grazien im »Tannhäuser«-Bacchanal. Doch die Freundschaft mit Cosima Wagner endete ziemlich abrupt. Isadora selbst lieferte den Anlaß mit ihrem vorlauten Mund. Denn bei einem der Diners im Hause Wahnfried platzte die Tänzerin vor versammelter Prominenz mit einer Gotteslästerung heraus. Der Meister, sagte sie, habe einen großen Fehler gemacht: »Das Musikdrama«, so wörtlich in ihren Memoiren, »das ist doch Unsinn.« Und in einem immer eisiger werdenden Klima am Tisch will sie erläutert haben, warum das so sei: »Der Mensch muß sprechen, dann singen, dann tanzen. Aber das Sprechen ist das Hirn, der

Isadora in ihrer Villa in Bayreuth. Da ihr das überfüllte Hotel zu ungemütlich geworden war, hatte sie sich das ehemalige Jagdschlößchen als neue Bleibe ausgewählt. Hier arbeitete sie Choreographien zu Stücken von Wagner aus. (Ullstein Bilderdienst; Berlin)

denkende Mensch. Das Singen ist das Gefühl. Das Tanzen ist die dionysische Ekstase, die alles mit sich davonträgt.« Es sei unmöglich, das eine mit dem anderen zu vermischen. Und in deutscher Sprache: »Musikdrama kann nie sein.«
»Aber irgendwo zwischen all dem sozialen Subtext«, so Dorée Duncan, »fand Isadora einen spirituellen Raum, in dem sie arbeiten konnte.« Sie studierte Deutsch, las die Philosophen Kant und Nietzsche und schließlich den Darwinisten Ernst Haeckel, dessen Bekanntschaft sie in Bayreuth machte und dessen Buch »Welträtsel« für sie zu ihrer privaten Bibel wurde, im Original. Am Ende war sie, nach all den Partys, froh, Bayreuth wieder den Rücken zukehren zu können. Über Heidelberg, wo sie Thode besuchte, kehrte sie nach Berlin in ihr Haus im Grunewald zurück. Isadora wollte endlich konkret in Angriff nehmen, wovon sie schon lange träumte: die Gründung einer Schule, in der sie die »Tänzerinnen der Zukunft« auszubilden gedachte. »Laßt uns«, schrieb sie 1909 in ihrem Text »Movement is Life« (Bewegung ist Leben) im pathetischen Stil jener Jahre, »die Kinder zunächst lehren zu atmen, zu schwingen, zu fühlen und eins zu werden mit der allgemeinen Harmonie und der Bewegung der Natur. Laßt uns zunächst ein schönes menschliches Wesen produzieren: das tanzende Kind.«
In Bayreuth hatte ihr der bulgarische König Ferdinand, dem sie ihre schulischen Pläne erläutert hatte, in Aussicht gestellt, sie könne ihre Schule in einem seiner Paläste eröffnen. Doch so etwas ist leicht dahin gesagt; etwas Konkretes ist nie daraus geworden. Im Herbst 1904 hielt Isadora in mehreren Städten Deutschlands »Auditions« ab, um die ersten Schülerinnen für ihre Schule auszuwählen. Es waren schließlich zwanzig Mädchen im Alter von sechs bis zehn Jahren, die sie mit sich nach Berlin nahm, wo sie in einer Art Seminar in Isadoras Villa untergebracht wurden. Neben der normalen schulischen Ausbildung und, natürlich, Kleidung und Kost erhielten sie Stun-

den in Singen, Sprechen und vor allem Tanzen, ohne daß sie dafür irgendeine Art von Schulgeld zahlen mußten. Schwester Elizabeth, in der Führung ähnlicher Institutionen bereits erfahren, wurde offiziell mit der Schulleitung beauftragt.
Isadora aber ging wieder auf Tournee. Schon als sie aus Bayreuth nach Berlin zurückgekommen war, hatte dort ein Vertrag über eine ausgedehnte Rußlandtournee auf sie gewartet. Hinsichtlich der genauen Daten dieser Tournee widersprechen sich Isadoras eigene Erinnerungen und die Recherchen von Dorée Duncan; die Widersprüche lassen sich auch aus den Differenzen zwischen dem gregorianischen westlichen und dem julianischen russischen Kalender – dreizehn Tage – nicht völlig erklären. Nach den Feststellungen der Großnichte bestieg Isadora im Dezember 1904 den Zug, um zunächst nach St. Petersburg zu reisen. Die Stadt war, laut Isadora, »nur zwei Tagereisen von Berlin entfernt, doch vom ersten Augenblick nach dem Passieren der Grenze war es, als befinde man sich in einer anderen Welt«. Wenn Dorée recht hat, ist Isadora am Weihnachtstag des Jahres 1904 in St. Petersburg angekommen, um auf einer Wohltätigkeitsveranstaltung der Gesellschaft zur Verhütung von Grausamkeiten gegen Kinder zu tanzen.
In Isadoras Memoiren liest sich das wesentlich anders. Danach habe sie nach ihrer Ankunft in St. Petersburg einer Bediensteten das Gepäck überlassen und habe selbst eine Pferdekutsche zum Hotel Europe genommen. Und auf dem Weg dorthin sei sie während der Dämmerung in einen düsteren Trauerzug geraten: die Beerdigung jener Protestler, die einen Tag zuvor – am 5. Januar 1905, einem für die russische Geschichte entscheidenden Datum – vor dem Winterpalais von der zaristischen Armee erschossen worden seien, obwohl sie, »unbewaffnet, lediglich gekommen waren, um den Zaren um Hilfe in ihrer Not zu bitten: um Brot für ihre hungernden Frauen und Kinder«. Die Tränen, so berichtet Isadora, seien ihr »in der Kehle stecken geblieben«. »Mit grenzenloser Entrüstung« habe sie

beobachtet, wie »diese armen, kummergeplagten Arbeiter ihre Märtyrer« zu Grabe getragen hätten.
Isadora verklärt dieses Erlebnis, das so möglicherweise nie stattgefunden hat, sondern von der Tänzerin aus durchsichtigen politischen Gründen – um ihre Übersiedlung ins sowjetische Rußland in den zwanziger Jahren mit einer tiefen, früh entstandenen persönlichen Betroffenheit zu erklären – nachträglich erfunden wurde, zu einem Wink des Schicksals: Hätte ihr Zug aus Berlin in der bitteren Kälte nicht zwölf Stunden Verspätung gehabt, hätte sie den absichtsvoll in die Dunkelheit verlegten Trauerzug nie zu Gesicht bekommen – und ihr ganzes Leben hätte einen anderen Verlauf genommen.
Wie dem auch sei: Isadora hatte ihren ersten großen St. Petersburger Auftritt, entweder am Weihnachtstag des Jahres 1904 oder am 8. Januar 1905, im »Saal der Noblen« vor der besten Petersburger Gesellschaft und war – angesichts der Tatsache, daß diese Gesellschaft nichts anderes kannte als das an der Newa, anders als im Westen, in seiner Blüte befindliche Ballett – selbst überrascht über den Jubel, den ihre Tänze vom ersten Augenblick an auslösten. Sie tanzte ihr Chopin-Programm aus Préludes, Polonaisen und Mazurken und notiert, daß ihr immer noch unter dem Eindruck des Trauerkondukts leidendes Gemüt beim Anblick ihrer »reichen, verwöhnten und aristokratischen« Zuschauer und angesichts ihres rasenden Beifalls aufgeblüht sei: »Wie seltsam.«
Am nächsten Tag erhielt die Tanzrevolutionärin den Besuch einer »sehr charmanten kleinen Lady«, gekleidet in einen Zobelpelz, »mit Diamanten in den Ohren, ihr Hals von Perlen umgeben«. Es war Mathilde-Maria Kschessinskaja, die Primaballerina assoluta des Kaiserlichen Balletts und Favoritin des Kronprinzen (und späteren Zaren Nikolaus II.). Als Abgesandte des Petersburger Balletts lud sie Isadora zu einer Galavorstellung am selben Abend ins Marientheater ein. In ihrer üblichen Bekleidung – Tunika und Sandalen – besuchte Isadora die Vorstel-

lung, sah sich in ihrer Loge ein wenig deplaziert in der Gesellschaft höchst luxuriös gekleideter und geschmückter Damen – und fand sich trotz ihrer prinzipiellen Ablehnung des Balletts durchaus bereit, der großen Kschessinskaja zu applaudieren, »wie sie über die Bühne flatterte, mehr wie ein hübscher Vogel oder ein Schmetterling als ein menschliches Wesen«.

Isadora machte in St. Petersburg die Bekanntschaft der meisten jener Künstler, die ein paar Jahre später als Ballets Russes das westliche Publikum in Entzücken versetzen sollten: der jungen Ballerinen Anna Pawlowa und Tamara Karsawina, des Choreographen Mikhail Fokine, der Maler Bakst und Benois. Sie traf auch Serge Diaghilew, den großen Impresario, der die Ballets Russes formen und in den Westen bringen sollte. Nur der legendäre Tänzer Waslaw Nijinsky wird in »My Life« nirgendwo erwähnt, obwohl er – wie Dorée Duncan herausgefunden hat – auf der Gästeliste einer Party von Anna Pawlowa gestanden hat (Jahre später in Paris sollen Isadora und Nijinsky sogar miteinander getanzt haben: auf einer Party, nicht auf der Bühne). Bei einem dieser Empfänge machte Leon Bakst, der Isadora aus der Hand las, der Tänzerin eine schreckliche Prophezeiung, die sich leider durchaus bewahrheitete: Sie werde einerseits großen Ruhm erlangen, »aber Sie werden die beiden Geschöpfe verlieren, die Sie auf Erden am meisten lieben«, ihre Kinder.

Isadora scheint die Gesellschaft und die ihr entgegengebrachte Aufmerksamkeit der St. Petersburger Ballettleute durchaus genossen zu haben. Ihre generelle Abneigung gegen das Ballett ließ sie sich von ihnen nicht nehmen, und überaus beeindruckt von ihren Vorstellungen und ihrer Kunst war sie nicht. Vor allem die Ausbildung blieb ihr verhaßt. Nachdem sie die Ballettschüler beim Training »stundenlang« auf ihren Zehenspitzen habe stehen sehen, »war ich stärker als je zuvor davon überzeugt, daß die Kaiserliche Ballettschule ein Feind der Natur wie der Kunst« sei.

Die Abneigung war recht einseitig, und Isadora war wohl klug genug, die ihre für sich zu behalten und ihre generösen Gastgeber nicht zu beleidigen. Obwohl sie nur eine Woche in St. Petersburg auftrat, hinterließen Isadoras Werk und ihre Persönlichkeit einen tiefen, bleibenden Eindruck. Die Petersburger Theaterwelt, schreibt die russische Ballethistorikerin Natalia Roslawlewa in ihrem Standardwerk über die »Era of the Russian Ballet«, sei »sehr aufgeregt über Duncans Kunst« gewesen, und natürlich habe sie einen jungen Choreographen wie Mikhail Fokine, den späteren ersten Chefchoreographen der Ballets Russes, stark beeinflußt, zumal, da sich Fokine schon vor Duncans Rußlandreise mit griechischer Kunst beschäftigt habe. Unmittelbar nach dem Besuch von Isadoras Chopin-Abend begann der junge Choreograph mit der Arbeit an Tänzen zur Musik des polnischen Komponisten, aus denen später die bis heute zum klassischen Kanon des Balletts zählenden »Les Sylphides« wurden. Fokines erstes abendfüllendes Ballett, »Acis und Galatea«, im April 1905 – nur wenige Wochen nach Isadoras Ankunft in St. Petersburg – bei einer Abschlußgala der Kaiserlichen Ballettschule uraufgeführt, war im »griechischen Stil« gehalten und deutlich von Duncans Ästhetik beeinflußt.
Waslaw Nijinsky, der Fokines Nachfolger als Chefchoreograph der Ballets Russes wurde, schrieb später über sie: »Isadora hat es gewagt, die Bewegung zu befreien; sie hat die Grenzen hinausgeschoben, in denen der Künstler sich entfalten kann, und die Zäune der Gewohnheit niedergerissen. Sie hat die Türen der Zellen der Gefangenen geöffnet. Fokine, der große Fokine, ist ihr in ihren Fußstapfen gefolgt und hat den Gipfel erreicht. Vor den beiden waren, mit einem Wort, die Phantasie und das Temperament des Tänzers begrenzt.«
Auch im Werk eines weiteren, im Westen weniger bekannten bedeutenden russischen Ballettchoreographen, dem von Alexander Gorsky – und speziell in Gorskys Ballett »Eunice

und Petronius« aus dem Jahre 1915 – hat Isadora Duncans Ästhetik nach Roslawslewas Erkenntnissen starke Spuren hinterlassen. In seinem 1920, also schon nach der Revolution entstandenen »Schwanensee« habe Gorsky in den weißen Akten sogar völlig aufs traditionelle Tutu verzichtet und die Schwäne in Tuniken à la Duncan antreten lassen.
Für Isadora selbst wurde die auf St. Petersburg folgende Station, Moskau, jedoch bedeutungsvoller. Zwar sei, vermerkt sie, das Publikum in Moskau mindestens anfangs weit weniger enthusiastisch gewesen als das in St. Petersburg. Aber in Moskau traf Isadora – nach Dorée Duncans Erkenntnissen allerdings erst bei einem späteren Besuch – zum ersten Mal den großen Theaterreformer Konstantin Sergejewitsch Stanislawski, für den sie »ein Beweis für die Möglichkeit des Menschen (war), auf nicht ausgetretenen Pfaden zu gehen, und ein Beleg für die Möglichkeiten der Choreographie eines nicht traditionellen Balletts« (so die russische Theaterwissenschaftlerin Elena I. Poljakowa in ihrer Stanislawski-Biographie): »Isadora war für Stanislawski keine Abkehr von der harmonischen Kunst, sondern die Wiederkehr zu ihr. Die Wiederkehr zu den reinen Quellen der Kunst, in der alles erst erschaffen, natürlich und nicht durch Schablonen getrübt war.«
Am Abend nach Isadoras erster Moskauer Vorstellung notierte Stanislawski in seinem Tagebuch: »Abends habe ich die Duncan gesehen. Darüber wird man schreiben müssen. Bin von ihrer reinen Kunst und ihrem Geschmack bezaubert.« Und auf einen Brief Isadoras aus St. Petersburg, wohin sie zu neuen Auftritten zurückgekehrt war, antwortete Stanislawski: »Wissen Sie auch, was Sie für mich getan haben? Ich habe Ihnen noch nichts davon gesagt. Ungeachtet des großes Erfolges unseres Theaters und der zahlreichen Verehrer, die es umgeben, war ich immer einsam ... Sie sind die Erste, die mir mit einigen einfachen und überzeugenden Sätzen das Wesentliche und Grundlegende über die Kunst gesagt hat, die ich

schaffen wollte. Das hat meine Energie in dem Augenblick erwachen lassen, als ich schon im Begriff war, mich von meiner künstlerischen Karriere loszusagen. Jetzt tanzen Sie den Mondtanz, und ich tanze meinen eigenen Tanz, der noch keinen Namen hat. Ich bin zufrieden und belohnt.«

In Moskau entstand – mit Stanislawski als prominentestem Mitglied, das auch in späteren Jahren nie eine Vorstellung Isadoras versäumte – kurz nach Isadoras Abreise ein »Duncan-Kreis«, in den Isadora auch bei späteren Gastspielen immer wieder gern zurückkehrte. Doch der Wunsch, auch in Rußland eine Schule zu gründen, erfüllte sich erst Jahrzehnte später und in einer neuen – kommunistischen – Gesellschaft, die Isadora großzügig ein Zuhause angeboten hatte, als sie in ihrer amerikanischen Heimat aufgrund unkluger politischer Äußerungen in Ungnade gefallen war.

Verpflichtungen in Deutschland riefen Isadora zurück nach Berlin. Doch vor ihrer Abreise schloß sie einen Vertrag, der sie im Frühjahr des folgenden Jahres erneut nach Rußland führen sollte. Stolz notiert die Tänzerin in »My Life«, sie habe »trotz der Kürze meines Besuchs« einen »bemerkenswerten Eindruck« hinterlassen: »Von jener Zeit an begann das russische Ballett, sich die Musik von Chopin und Schumann zu erobern und griechische Kostüme zu tragen; einige Tänzer gingen sogar so weit, ihre Schuhe und Strümpfe auszuziehen.«

11. KAPITEL

Love, love, love: Isadora trifft einen Gleichgesinnten – Gordon Craig

Kurz vor ihrer Abreise nach Rußland hatte Isadora in Berlin den Mann kennengelernt, der in den nächsten Jahren ihr Leben bestimmen sollte: den englischen Bühnenbildner Edward Gordon Craig, Sohn der von Isadora sehr bewunderten Schauspielerin Ellen Terry. Es sei, merkt Dorée Duncan an, erstaunlich, daß sich die beiden nicht schon in London begegnet seien; jedenfalls hätten beide die Arbeit des jeweils anderen dort bereits gekannt.

In Dorée Duncans Isadora-Biographie liest sich die erste Begegnung des Paares ganz undramatisch: Eine Freundin habe Craig Isadora in den ersten Dezembertagen des Jahres 1904 vorgestellt. In Isadoras Memoiren wird aus dem ersten Zusammentreffen zweier Gleichgesinnter, das sie ins Frühjahr 1905 verlegt, eine große dramatische Szene. Eines Abends habe sie in einer ihrer Aufführungen – ganz gegen ihre Gewohnheiten, ihr Publikum niemals wahrzunehmen – in der ersten Parkettreihe einen jungen Mann entdeckt, der nach der Vorstellung wütend in ihre Garderobe gestürmt sei und sie, nach der Erklärung, daß sie wundervoll sei, beschuldigt habe, seine Ideen gestohlen zu haben. Und auf ihre Antwort, sie habe keine Ahnung, wovon er rede, ihre spezielle Bühne mit den blauen Vorhängen habe sie erfunden, als sie fünf Jahre alt gewesen sei, habe er geantwortet: »Nein! Das sind meine Dekors und meine Ideen. Aber Sie sind das Wesen, das ich mir in ihnen vorgestellt habe. Sie sind die Verkörperung aller meiner Träume.«

Die Einladung, mit den Duncans zu einem späten Abendessen in ihre Villa im Grunewald zu kommen, sei dann allerdings nicht von Isadora, sondern von ihrer plötzlich auftauchenden Mutter ausgegangen, die wohl nicht ahnte, was sie damit anrichtete. Craig sei, so Isadora, in »einem wilden Zustand der Erregung« gewesen. Fast ohne Atem zu holen, habe er der Tafelrunde der Duncans seine theatralischen Ideen und Pläne erklärt. Isadora hörte fasziniert zu. »Doch meine Mutter und die anderen wurden – einer nach dem anderen – schläfrig« und verließen das Paar unter einem Vorwand, um zu Bett zu gehen. Und als Isadora und Craig schließlich allein waren, habe dieser beinahe auf der Stelle eine Frage gestellt, die jedem, der sich mit den Lebensumständen Isadoras und ihrer Familie näher befaßt, sogleich einleuchtet: »Was tun Sie hier eigentlich? Sie, die große Künstlerin, leben mitten in dieser Familie. Weshalb nur? Es ist absurd.«

Isadora war wie hypnotisiert. Und als Gordon Craig lange nach Mitternacht auf die Idee kam, mit Isadora nach Potsdam zu fahren, leistete sie keinen Widerstand. Isadora »erlaubte ihm, mir mein Cape über meine kleine weiße Tunika zu legen. Er nahm meine Hand, und wir flogen über die Treppen zur Straße hinunter«, wo Craig das nächste Taxi anzuheuern suchte: »Meine Frau und mich«, so im deutschen Original des

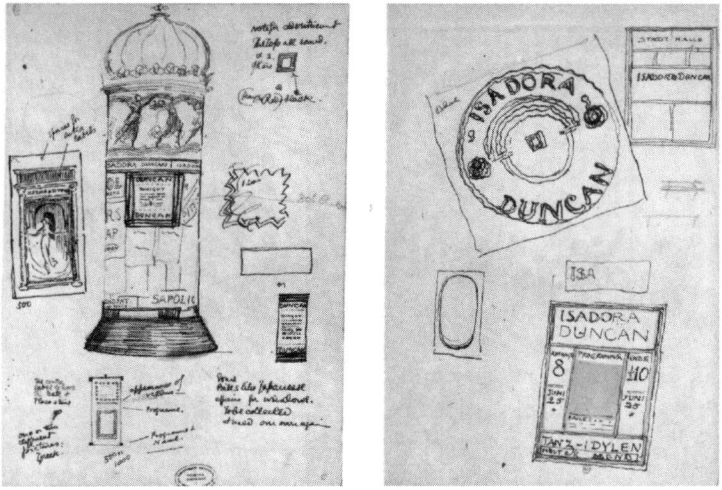

Gordon Craigs Ideen zu einem Kioskposter für Isadoras Touren von 1905.
(Craig Collection, Bibliothèque Nationale, Paris; D. D.)

englischen Memoirentextes, »wir wollen nach Potsdam gehen.« Was sie schließlich auch taten, nachdem mehrere Taxifahrer sich geweigert hatten, sie zu fahren.

Die körperliche Vereinigung allerdings wurde noch um einige Stunden hinausgeschoben. Nach der aufregenden, anregenden Nacht der Gespräche verschlief Isadora den folgenden Tag bei einer Freundin. Am Abend brachte Craig sie in sein eigenes Studio: »Da stand vor mir das brillante, junge, schöne Genie; und ich, völlig entflammt in plötzlicher Liebe, flog in seine Arme mit der magnetischen Einwilligung eines Temperaments, das zwei Jahre lang geschlafen, aber nur darauf gewartet hatte, wieder aufzuwachen.«

In lyrischen Tönen beschreibt Isadora Duncan ihre große Liebe. Die Namen der Männer, mit denen sie Craig vergleicht, stammen alle aus der griechischen Mythologie oder aus der

Poesie: Endymion, Hyacinth, Narziß, Perseus; »mehr wie ein Engel von Blake als ein junger Sterblicher« sei ihr Craig in dieser ersten Liebesnacht erschienen. »Da war kein junger Mann, der mit einem Mädchen Liebe machte. Dies war das Treffen zweier verwandter Seelen.« Eine Flamme sei auf eine Flamme getroffen: »Wir brannten in einem einzigen hellen Feuer.«
Die Beschreibung, die Isadora kurz vor der Schilderung ihrer ersten gemeinsamen Liebesnacht von Craig gibt, liest sich ein wenig konkreter. Craig sei groß und biegsam gewesen; doch habe er trotz seiner Größe etwas Feminines an sich gehabt, besonders »um den Mund herum«, der »empfindsam und schmallippig« gewesen sei. Seine Augen, »sehr kurzsichtig« hinter einer Brille, hätten einen stählernen Glanz ausgestrahlt. Die ganze Person habe einen Eindruck von Zartheit hinterlassen – mit Ausnahme der Hände, die von Stärke gesprochen hätten.
Dummerweise mußte Isadora ein paar Tage später nach St. Petersburg, und wenn die Tänzerin auch nicht so kopflos war, ihre Rußlandtournee wegen ihrer neuen Liebe aufs Spiel zu setzen, so hielt ihre hochgradige erotische Erregung doch an. Am Tag ihrer Abreise aus Berlin schrieb Isadora Craig zwei Briefe. Der erste war kurz, beinahe atemlos: »Danke, danke, danke, daß Du mich glücklich machst – ich liebe Dich, liebe Dich, liebe Dich, & ich hoffe, wir werden ein liebes süßes hübsches Baby haben – & ich bin glücklich für immer. Deine Isadora.«
Einige Stunden später ließ Isadora – »Ich packe gerade meinen Koffer« – diesem ersten Brief einen längeren zweiten folgen, in dem sie Craig mitteilt, er werde nie ermessen können, welche Freude er ihr gespendet habe: »Du hast die schönsten Augen der Welt – & die liebevollsten Hände. Du enthälst die Süße aller Blumen & der sanften Winde & der Sonne – & ich liebe Dich – als die Essenz all dessen, was gut & schön ist in der Schöpfung, & außer allem anderen bin ich Dir dankbar dankbar dankbar – & werde Dir immer dankbar sein. Wir sind unter

Isadora lernte 1904 Gordon Craig kennen und stürzte sich in eine Liebesaffäre, die nur zwei Jahre dauerte. Isadoras erstes Kind ist von ihm.
(Bibliothèque National, Paris; D. D.)

demselben Stern geboren, kamen gleichzeitig auf die Welt, & für eine kurze Weile war ich in Deinem Herzen, & dann wanderte ich weit weg, & jetzt bin ich zurück. Das ist unsere Geschichte.«

Als Craig, der Isadora vermutlich zum Zug gebracht hatte, in sein Atelier zurückkehrte, fand er dort eine dritte, sehr kurze, von Isadora unterschriebene Notiz:

»Isadora
liebt
Dich
liebt
Dich.«

Handschriftlich vermerkte Craig auf dem Schreiben, er sei um fünf Uhr nachmittags nach Hause gekommen und, »guter Gott«, hörte er sich selbst sagen, »wenn sie nur hier wäre«. Aber: »Sie ist nicht hier – sie rast durch den Raum, fort von mir.« Francis Stegmüller, die Isadoras und Craigs Briefe in ihrem Buch »Your Isadora. The Love Story of Isadora Duncan and Gordon Craig. Told Through Letters and Diaries« abgedruckt hat, fügt an dieser Stelle hinzu, daß Isadora ihrem Liebsten, »während sie Pommern, West- und Ostpreußen durchquerte«, noch im Zug zwei weitere Briefe schrieb. Und natürlich gingen weitere Schreiben nach Berlin, sobald Isadora in St. Petersburg angekommen war. Der erste dieser Briefe, am Weihnachtsmorgen – nach russischem Kalender der 12. Dezember 1904 – kurz nach der Ankunft im Grand Hotel d'Europe verfaßt, liest sich beinahe depressiv. Der erste Satz lautet: »Ich mag es ganz und gar nicht.«

Erst ganz am Ende des Briefes kehrt, für ein paar Zeilen, die alte verliebte Stimmung zurück: »Mein Herz fließt über von just der unoriginellsten, altmodischsten Art von Liebe. Schreib mir – & erzähl mir – ich gehe jetzt spritzen. Deine Isadora.« (Das Wort »spritzen« scheint eine durchaus unanständige Bedeutung zu haben.)

Der nächste Brief ist schon wieder voll der extremen, emphatischen Liebesbeteuerungen: »O Du Du Liebster – ich habe gerade Dein Telegramm bekommen – Du Schatz – ich liebe Dich, ich bete Dich an – ich bin nichts ohne Dich – ich küßte das Telegramm, was blöd ist, da es ja nicht von Deiner Hand kam – Du Lieber – Liebster Süßester & Bester. Ich denke, das Beste, was ich mit St. Petersburg tun kann, ist, es zu vergessen und so zu tun, als sei ich nicht hier. Ich möchte es nicht sehen – ich schwöre, ich möchte es nicht – Liebster – süßester Schatz – ich schloß meine Augen, um nicht daran zu denken, und hörte Dich atmen – doch als ich erwachte, war ich allein – allein, allein –. Es ist schrecklich. Es ist entsetzlich. Wenn ich nur bis zum 30. schlafen könnte. Deine Isadora.« Und als Postscriptum: »Liebster Du – ich liebe Dich – Du weißt, was das bedeutet – ich bin Dein.«

Die schrecklichen Tage von St. Petersburg, die am Ende doch nicht so schrecklich waren, wie sie am Anfang schienen, gingen vorüber. Isadora kehrte nach Berlin und zu Craig zurück. Während der nächsten Monate, schreibt Craig, »sind wir fast immer zusammen. Wir gehen nach St. Petersburg, Moskau, Hamburg, Dresden, Köln, Breslau, Frankfurt – gemeinsam – sie tanzt, und ich tue wenig – bin mit mir glücklich«.

Am 5. Januar 1905 kommt das Paar nach Köln. Dort tritt Isadora im Altstadttheater auf. Zusammen mit Craig wohnt die Tänzerin ein paar Tage im Dom-Hotel. Auf der Hotelrechnung finden sich neben Stangenspargel, Apfelkrapfen, Pfirsich- und Birnen-»Compot« auch zwei halbe Flaschen Champagner der Marke Pommery zu jeweils 7 Mark 50, angesichts des allgemeinen Preisniveaus jener Jahre – die Übernachtung kostet 14 Mark – ein vergleichsweise hoher Preis.

Im Frühjahr reist Isadora, nicht sehr begeistert, zu Auftritten nach Kopenhagen und Stockholm. Sie müsse diese Tournee machen, schreibt sie, weil die Schule in Berlin praktisch alle ihre Ersparnisse aufgefressen habe. Sie ist in diesen Tagen mit ihrer Schule nicht sehr glücklich. Wenn sie Craig einige Monate früher getroffen hätte, gibt sie in ihren Memoiren wieder, hätte es weder eine Villa im Grunewald noch eine Schule gegeben. Der Mann und die Liebe hätten jede andere Idee absorbiert.

In Kopenhagen bemerkt Isadora mit Erstaunen den »außergewöhnlich intelligenten und glücklichen Ausdruck auf den Gesichtern junger Frauen, die allein und frei, wie Jungen, über die Straßen schlenderten, die Studentenmütze auf ihren schwarzen Locken«. Und als Erklärung fügt sie an, was man ihr erzählt hatte: »Daß Dänemark das erste Land der Welt sei, in dem die Frauen das Wahlrecht bekommen hätten.«

Über Stockholm notiert Isadora ein »sehr enthusiastisches Publikum« und die Tatsache, daß die Mädchen der Gymnastikschule auf Isadoras Rückweg vom Theater zum Hotel neben ihrer Kutsche einherhüpften und »damit ihr Vergnügen ausdrückten, mich zu sehen«. Isadora besuchte auch die berühmte schwedische Gymnastikschule, war aber von ihr beinahe ebenso wenig begeistert wie von der St. Petersburger Ballettschule: »Mir scheint, daß die schwedische Gymnastik für einen statischen, unbeweglichen Körper gedacht ist, sich aber um den lebenden, fließenden menschlichen Körper wenig schert. Auch betrachtet sie die Muskeln als eine Sache an sich anstatt als vorzüglich mechanischen Rahmen, als nie endende Quelle des Wachstums. Die schwedische Gymnastik ist das falsche System der Körperkultur, weil sie keinen Wert auf die Phantasie legt und an den Körper als an ein Objekt denkt anstatt an vitale, kinetische Energie.«

Im übrigen war Isadora in Stockholm enttäuscht, daß der weltberühmte schwedische Dramatiker August Strindberg, den die Tänzerin sehr bewunderte, ihrer Einladung zu einer ihrer Vorstellungen nicht folgte. Strindberg, so notiert sie, habe ihr mitteilen lassen, er gehe nie irgendwohin, weil er die Menschen hasse. Auch von ihrer Offerte, ihm einen Stuhl auf

die Bühne zu stellen und ihm derart den Anblick des Publikums zu ersparen, habe er keinen Gebrauch gemacht.
Im Sommer des Jahres stellt Isadora fest, daß sie schwanger ist. Ihr sehnlichster Wunsch hat sich erfüllt. Im Leben des Edmund Gordon Craig allerdings, der zu diesem Zeitpunkt 33 Jahre alt ist, sind Schwangerschaften nichts Besonderes. Als er Isadora traf, hatte er, wie Dorée Duncan auflistet, bereits »vier Kinder mit seiner Ehefrau, eines mit seiner Geliebten und drei mit seiner lebenslangen Gefährtin Elena Meo«. Weitere, mit verschiedenen Frauen, sollten während der nächsten Jahre folgen. Elenas letztes Kind, ihr Sohn Teddy (Edward Craig), war im Januar 1905 geboren worden, wenige Wochen nach Craigs und Isadoras erstem Zusammentreffen. Die Tatsache, daß die unverheiratete Isadora mit Craigs Kind schwanger war, versetzte Berlins gute Gesellschaft in Aufregung. Einige jener Damen, die es schon unschicklich fanden, daß die Kinder in der Schule der Duncans barfuß tanzten, zogen sich aus der Sponsorschaft der Schule zurück – einer der Gründe, die Isadora zu vermehrten Auftritten gezwungen hatten.
Im Juni, die Kriegskasse durch die Auftritte in Kopenhagen und Stockholm halbwegs wieder gefüllt, verspürte Isadora ein intensives Verlangen nach dem Meer. In Holland mietete sie ein Häuschen in den Dünen von Nordwijk, einem kleinen Ort nördlich von Den Haag, und lebte dort mehrere Monate lang, bis zur Geburt ihres Kindes. Während des Sommers leistete ihr ihre kleine Nichte Temple drei Wochen lang Gesellschaft. Craig aber kam lediglich ab und an auf ein paar Tage zu Besuch. »Er war rastlos. Er kam und ging.« Doch weil sich das Kind mittlerweile bemerkbar machte, fühlte sich Isadora nicht allein. Sie unternahm weite Spaziergänge am Strand, zog sich ganz in sich selbst zurück, unterhielt eine rege Korrespondenz mit ihrer Schwester Elizabeth in Berlin und entwarf Pläne für das Curriculum ihrer gemeinsamen Schule.
Mit der Mutter hatte sich Isadora über die Affäre mit Craig

und die Tatsache, daß sie ihr Kind unverheiratet zur Welt bringen wollte, entfremdet. Da dachte Dora Duncan ganz konservativ. Als sich die Geburt ankündigte, kam eine alte Freundin aus Paris, um Isadora Beistand zu leisten. Gegen Ende wurde Isadoras Schwangerschaft beschwerlich und schmerzhaft. Sie konnte weder auf der linken noch auf der rechten Seite schmerzfrei liegen; also lag sie auf dem Rücken und preßte die Hand auf den Bauch, um dem wachsenden Embryo die Nachricht zukommen zu lassen, es möge sich möglichst still verhalten. »Grausame Stunden des zärtlichen Wartens in der Nacht«, notierte sie später in ihren Memoiren. Auch die Geburt selbst war, in ihrem selbstgewählten Asyl auf dem Lande, nicht einfach.

Über Seiten hin läßt sich Isadora in »My Life« über das schlimme Schicksal der Frauen aus, die die größten Schmerzen erdulden müssen, um das menschliche Leben weiterzugeben, und findet es ungerecht. Nicht allen Frauen, gibt sie aber zu, gehe es bei ihren Geburten so schlecht. Und natürlich ist sie, als alles überstanden ist, glücklich beim Anblick des Babys, einer Tochter, die für sie wie Cupido aussieht, der kleine pummlige Liebesgott aus der griechisch-römischen Mythologie. Aber vergessen wird sie die Qualen nie, die sie bei Deirdres Geburt erlitten hat. Bis zu ihrem Lebensende zittert sie »vor Entrüstung«, wenn sie sich an die Geburt ihrer Tochter erinnert. Ungeachtet dessen ist sie nun glücklich: Sie erfährt eine neue Liebe. Größer als die zu jedem Mann, sogar, wenn dieser Mann Edmund Gordon Craig heißt und nach allgemeiner Ansicht ein Genie ist.

Doch das Genie hat seine Macken. Das Zusammenleben mit Craig, das sich schon bald als ausgesprochen schwierig erwiesen hatte, bekam durch die Geburt des Kindes nur kurzfristig einen neuen Auftrieb. Von Beginn an hatte sich der geniale Bühnenbildner kaum damit abfinden können, als Prinzgemahl nichtstuend neben Isadora zu leben und sie auf ihren

Tourneen zu begleiten, sie allenfalls von der Seitenbühne aus zu skizzieren und zu malen. Immer wieder gab es Auseinandersetzungen mit dem auf Isadoras Erfolge eifersüchtigen Craig, der sein eigenes Werk nicht genügend geschätzt sah. Auch ästhetisch gingen beider Ansichten mehr und mehr auseinander. Für die Tänzerin Isadora Duncan stand der agierende Mensch, Tänzer oder Schauspieler, im Mittelpunkt ihres theatralischen Universums. Der Bühnenbildner Craig aber strebte ein Theater an, das ganz aus den räumlichen Visionen des Ausstatter-Regisseurs lebte und des menschlichen Darstellers nur noch als Hilfskraft bedurfte – in gewissem Sinn eine Vorwegnahme der theatralischen Ideen des Bauhauses und Oskar Schlemmers in den zwanziger Jahren.
Craig war, nach zwei aufsehenerregenden Arbeiten an Purcells »Dido and Aeneas« und Händels »Acis and Galathea« in London, im Sommer 1904 auf Einladung des deutschen Schriftstellers Harry Graf Keßler nach Deutschland gekommen, wo ihn Otto Brahm, der Leiter des Berliner Lessing-Theaters, engagierte, die Ausstattung für die Uraufführung von Hugo von Hofmannsthals Schauspiel »Das gerettete Venedig« zu entwerfen. Doch gab Brahm Craig nicht die von diesem erwartete und verlangte künstlerische Gestaltungsfreiheit. So zerstritt man sich; das Projekt kam nie zustande.
Zwei Jahre später, die Tochter war bereits geboren, brachte Isadora Craig mit der großen italienischen Schauspielerin Eleonora Duse zusammen, die sie auf einer ihrer Italienreisen kennengelernt hatte. Zunächst entwarf Craig das Dekor und die Kostüme für eine Aufführung von Sophokles' »Elektra« durch das Ensemble der Duse. Doch wurde auch diese Produktion nie verwirklicht. Dann brachte Isadora die Duse dazu, Craig die totale Ausstattungshoheit für eine Aufführung von Ibsens »Rosmersholm« zu überlassen. Isadoras Beschreibung des Arbeitsprozesses hat etwas Tragikomisches. Mit List und Tücke dolmetschte die Tänzerin die Gespräche zwischen

ihrem Liebhaber und der Duse so, daß jeder vom anderen glaubte, es geschehe alles exakt nach seinen Vorstellungen. Mit noch mehr List hielt Isadora die Duse solange aus dem Theater fern, bis Craig, ständig in der Gefahr, sich mit der Duse zu überwerfen, sein Bühnenbild völlig fertiggestellt hatte – alles andere als ein realistisches Wohnzimmer für Ibsens Szenen, vielmehr ein abstraktes Gehäuse theatralischer Ideen: ein in Licht getauchter blauer Tempel von enormer Höhe, in dem die Schauspieler klein, ja winzig wirkten.
Große Frage: Wie würde, als sie schließlich zugelassen wurde, die Duse reagieren? Sie reagierte noch enthusiastischer als erhofft. Die Prinzipalin rief ihre Schauspieler zusammen und erklärte ihnen, laut Isadora: »Es war meine Bestimmung, dieses große theatralische Genie zu finden: Gordon Craig. Von nun an gedenke ich, mich für den Rest meiner Karriere ausschließlich damit zu beschäftigen, der Welt sein großes Werk zu zeigen.«
Natürlich wurde daraus nichts. »Rosmersholm« mit dem Bühnenbild von Gordon Craig hatte in Florenz am 5. Dezember 1907 im Teatro alla Pergola Premiere. Begeistert schrieb Craig an einen Freund von einem »großen Erfolg«: »Die Duse war wunderbar. Sie sagt, sie wolle nie wieder andere Bühnenbilder haben.« Aber es kam zu keiner weiteren Aufführung in Italien, vielleicht auch deshalb, weil die anderen Darsteller, laut Isadora, in der radikal neuen Umgebung wirkten »wie Bühnenarbeiter, die per Zufall hereingekommen waren«.
Ein paar Wochen später kündigte Eleonora Duse eine Aufführung in Nizza an. Craig, der sich gerade mal wieder bei Isadora aufhielt, erhielt ein Telegramm, in dem die Duse um sein sofortiges Kommen bat, da für das alte Spielcasino in Nizza am Bühnenbild einiges zu ändern sei. Im Theater fand Craig heraus, daß die Duse, ohne seine Zustimmung abzuwarten, sein Szenenbild bereits, passend für die Bühnenmaße, verkleinert hatte. Augenblicklich habe Craig, so die abwesende Isadora

später, einen jener Tobsuchtsanfälle bekommen, die ihn jede Fassung verlieren ließen, und die Duse angebrüllt, sie – ausgerechnet sie, von der er so viel erwartet habe – habe sein Werk total ruiniert, seine Kunst zerstört. Die Duse ihrerseits, solche Behandlung nicht gewohnt, warf Craig hinaus und teilte ihm mit, sie wolle ihn nie wieder sehen: Ende einer weiteren vielversprechenden Zusammenarbeit.

Krank kam Isadora nach Nizza und traf Eleonora Duse, deren Streit mit Craig sich auf die Freundschaft der beiden Frauen nicht auswirkte. Mutter Dora, die die Haltung ihrer Tochter mittlerweile akzeptiert hatte, kam nach; eine Freundin brachte Baby Deirdre, das »fein und kräftig war und täglich schöner wurde«. Man lebte eine Weile zusammen auf einem Berg an der Küste, mit Blick über das Meer.

Hier faßte Isadora einen Entschluß: Die Trennung von Craig, den sie immer noch liebte, war unvermeidlich, entweder er – oder ihre Kunst. Und da sie weder mit ihm noch ohne ihn leben konnte, verfiel sie in einen Zustand tiefer Depression.

12. KAPITEL

Erziehung zur Schönheit: Isadora Duncan und ihre Schulen

Im Dezember 1904 erfüllte sich Isadora Duncan einen Lebenstraum. In ihrer Villa im Berliner Grunewald eröffnete sie ein Schulinternat, in dem, so der englische Choreograph Frederick Ashton, »zwanzig arme Kinder kostenlos erzogen und nach ihren Anschauungen von der Kunst der Bewegung ausgebildet werden sollten«. Dabei hatte Isadora sowohl das Wohl der Tanzkunst als auch das der Kinder im Sinn. Ihre Absicht war es, den Kindern »zu einem reicheren Leben zu verhelfen und sie in den Stand zu setzen, auf dieser traurigen Erde einmal einer leuchtenden Glut gleich Freude und Schönheit zu verbreiten« (Ashton). Als Schulleiterin setzte Isadora ihre pädagogisch begabte und unterrichtserfahrene Schwester Elizabeth ein; noch immer arbeitete die Familie als Team zusammen.

Den letzten Anstoß zu dieser Schulgründung hatten Isadoras

Im Dezember 1904 erfüllte sich Isadora ihren Lebenstraum und richtete in ihrer Villa im Grunewald eine eigene Tanzschule ein. Als die Situation in Berlin schwieriger wurde, teilten die Schwestern die Tanzschule, die sie bisher gemeinsam betrieben hatten: Elizabeth ging mit der einen Hälfte nach Darmstadt und Isadora mit der anderen nach Paris.
(Ullstein Bilderdienst, Berlin)

Bayreuther Erfahrungen im Sommer zuvor gegeben, als sie – bei der Arbeit am »Tannhäuser«-Bacchanal – von den für ihre Choreographie engagierten klassischen Tänzerinnen nur Unverständnis geerntet und eine Gruppe von Tänzerinnen, die ihrer Ästhetik aufgeschlossen waren, schmerzlich vermißt hatte. Nicht ganz unwichtig war auch, daß Cosima Wagner Isadora zur Gründung einer Schule ausdrücklich ermunterte.

Auf Sichtungsveranstaltungen in ganz Deutschland hatten die Schwestern vor der Schuleröffnung zwanzig Mädchen im Alter zwischen vier und dreizehn Jahren ausgewählt. »Die Kosten für die Gründung und Ausgestaltung der Schule als Internat sowie für die Erhaltung von zwanzig zur unentgeltlichen Erziehung aufgenommenen Kindern«, so im Jahre 1928 der damalige Duncan-Schuldirektor Max Merz in Heft 13/14 der Zeitschrift »Die Leibesübungen«, »trug in den ersten zwei Jahren Isadora Duncan fast allein und bestritt sie aus den Einnahmen, die sie durch ihre Kunstausübung erzielte.«
Nicht die Schule, aber ihre öffentlichen Aufführungen mit barfüßigen Kindern auf der Bühne – »zwanzig kleine Mädchen, darunter bildschöne Kinder, trippelten aus den Kulissen hervor, in ihren griechischen Kostümen und ihrer Nacktbeinigkeit wie kleine Duncanchen aussehend«, beschrieb im Jahre 1906 ein gewisser N. Israel eine solche Vorstellung in der Berliner Kroll-Oper – kollidierten schon bald mit der herrschenden Moral. Die Berliner Polizei griff ein und untersagte weitere öffentliche Aufführungen. Das führte im Gegenzug zur Gründung eines Vereins zur Förderung und Erhaltung der »Isadora-Duncan-Tanzschule«, und da dem ersten Vorstand des Vereins prominente Berliner Persönlichkeiten angehörten – der Komponist Engelbert Humperdinck, der Bildhauer Walter Schott, der Orthopäde Geheimrat Hoffa –, wurden Aufführungen der Schule, die »einen begeisterten Widerhall in ganz Deutschland und auch im Ausland« fanden, bald wieder erlaubt; »man begriff, daß eine neue, den Körper von den Fesseln veralteter Lebensanschauung befreiende Zeit angebrochen war.« (Merz)
Bis 1912 standen die philanthropischen Intentionen der Schule durchaus im Vordergrund. »Sie haben keine Tanzschule, sondern ein Spital«, soll der Geheimrat Hoffa Isadora Duncan eines Tages nach dem Besuch der Schule gesagt haben. Vom Tage ihrer Gründung an bis zum Jahre 1912 nahm die

Schule, schreibt Merz, der 1907 dazu stieß, »überhaupt nur Kinder zur kostenlosen Erziehung auf. Erst dann, als sie sich zu einem regelrechten Pensionat umwandelte, war auch zahlenden Kindern der Eintritt gestattet«.

»Die Idee dieser Schule«, so schon 1906 der Kritiker Erich Schmidt in der Berliner »Täglichen Rundschau«, »ist folgende: Eine Gruppe kleiner Mädchen soll von Grund auf so erzogen werden, daß sie imstande sind, ihren künstlerischen Empfindungen beim Anhören schöner Musik geeigneten Ausdruck zu geben durch schöne, harmonische Tanzbewegungen ihrer Körper.« »Planmäßige gymnastische Ausbildung und vor allem Entwicklung der musischen Anlagen« sollen diese Idee verwirklichen helfen. »Die Kinder hören viel gute Musik und haben dabei in Kunstwerken aller Art, in der ganzen Ausstattung ihrer Umgebung, auch durch Vermittlung des Auges mannigfache Anregung, die ihren Sinn für Rhythmus, für Melodie und Harmonie wecken und stärken kann. Darauf baut sich dann die Übung auf, durch schöne Bewegungen die Musik zu begleiten und so den Körper zum Ausdrucksmittel von Empfindungen sich dienstbar zu machen.«

Natürlich ließ die Kritik an dieser Ausrichtung nicht lange auf sich warten. »Angesichts dieses Erziehungsplans«, so Erich Schmidt, »hat man von ›Künstlerzüchtung‹ gesprochen« – ein Vorwurf, der (wie wir in einem früheren Kapitel dieses Buches gesehen haben) nicht gänzlich aus der Luft gegriffen war und sich auch aus dem in Isadoras Todesjahr entstandenen Aufsatz von Merz in den »Leibesübungen« belegen ließe. Doch fanden sich früh vehemente Verteidiger für Isadoras Ideen. Erich Schmidt widerspricht mit guten Argumenten: Es könne »davon nicht anders die Rede sein als etwa bei Musikkonservatorien. Falls man deren Existenz und Beruf billigt, kann man auch gegen die Tanzschule nichts einwenden. Die Tanzkunst« – Isadora muß vor Wut an die Decke gegangen sein, wenn sie die folgende Passage gelesen hat – »ist die primitivste

Kunst. Sie hat zum Material den eigenen Körper des Ausübenden. Wenn also überhaupt die Ausübung von Kunst für die Kinderjahre in Frage kommt, so liegt jedenfalls die Tanzkunst am nächsten, um den Kunsttrieb des Kindes sich betätigen zu lassen. Und die Erziehung zur Tanzkünstlerin wird in der Reformschule im Grunewald ja nur versucht bei solchen Kindern, die eine ausgesprochene Begabung zu dieser Kunst zeigen: Und jeder weiß, daß solche Begabung sich sehr früh bei manchen Mädchen findet, aber gewöhnlich bei der Erziehung zur Gesellschaftsdame unentwickelt bleibt«. Der letzte Satz dieser Rechtfertigung von Isadoras Projekt wird von den Ausführungen der Choreographin in »My Life«, wo sie die Schule fast immer mit ihrer »performance group« gleichsetzt, eher dementiert als gestützt.

Schon früh überlegte Isadora, ob es nicht sinnvoll sei, die Schule aus Berlin zu verlegen: nach Rußland, Frankreich oder auch England. Doch vergebens versuchte sie die Regierungen dieser Länder dazu zu bringen, ihr Institut mit öffentlichen Mitteln zu subventionieren. Die Chance dazu ergab sich erst ganz am Ende von Isadoras Leben, als die junge, in den Jahren unmittelbar nach der Oktoberrevolution allen Künsten aufgeschlossene Sowjetunion Isadora nach Moskau einlud und ihr anbot, die Schule dort großzügig zu subventionieren: eine Einladung, der Isadora – vor allem von Amerika, aber wohl generell vom Westen stark enttäuscht – trotz vieler kritischer Reaktionen auf ihre Haltung ohne allzu großes Zögern nachkam.

Bis dahin floß viel Wasser die Seine hinab. Isadora war durch Tourneen und Reisen – später auch durch die Geburt ihrer Tochter Deirdre – stark abgelenkt und selten in der Schule anwesend. Obwohl sie die Tanzgruppe, die sich bald »Les Isadorables« nannte, immer wieder zu ihren Aufführungen, selbst in Rußland, hinzuzog, gelang es Elizabeth Duncan mehrere Jahre lang, die Schule in Berlin zu halten. Doch die Berliner Situation wurde schließlich immer schwieriger. Isadora plante, die Schule nach Paris zu verlegen, wo sie sich dauerhaft niederzulassen gedachte.

Elizabeth aber, so jedenfalls manche zeitgenössische Quelle, wollte lieber in Deutschland bleiben. Da kam ihr der Zufall zu Hilfe. »Während einer Vortragsreise trat die Schule in Beziehungen zum Großherzog von Hessen, der ihr mit hohem Verständnis entgegenkam und ihr eine Ansiedlung bei Darmstadt in Aussicht stellte.« Bis es soweit war, ging die Schule für einige Zeit auf Reisen. Elizabeth und ihre Schülerinnen lebten eine Zeitlang bei Isadora in Paris. Sie machten Station bei Frankfurt und auf der Internationalen Hygiene-Ausstellung in Dresden. Im Jahre 1911 bezogen sie ihr neues Domizil »in herrlicher Lage auf der Großherzoglichen Marienhöhe in Darmstadt«. Hier nahm die Schule einen neuen Namen an. Aus der »Isadora-Duncan-Tanzschule« wurde die Schule Elizabeth Duncans.

Schon in den Jahren 1908 und 1909 in Berlin hatte die Schule eine neue Gruppe von Mädchen aufgenommen: die zweite Generation der »Isadorables«. 1913 begann Elizabeth Duncan in Darmstadt mit der Ausbildung von dreißig Siebzehnjährigen, die 1916 mit ihren Tänzen die Olympischen Spiele in Berlin schmücken sollten (wie es dann 1936, nach den Plänen des Choreographen und Tanztheoretikers Rudolf von Laban tatsächlich geschah). Der Ausbruch des Krieges 1914 verhinderte Spiele und Tänze.

»Als sich die ersten Gewitterwolken eines kommenden Krieges zeigten« (Merz), »rieten der Großherzog und der Vorstand des Vereins der Schule, die Zeit während des zu erwartenden Krieges, der ›nur von kurzer Dauer sein könne‹, mit ihren deutschen Kindern im Auslande, vielleicht an der Südküste von England, zu verleben, wo Elizabeth Duncan Freunde hat. ›Dort sei sie vollkommen geborgen‹, hieß es.« Anstatt zu den überraschend abgesagten Salzburger Festspielen zu reisen, wo sie hatten auftreten sollen, übersiedelte Elizabeth Duncan mit neun deutschen Mädchen ihrer Schule nach England, wo sie von der Kriegserklärung Englands an Deutschland überrascht wurden. Um nicht in England interniert zu werden, reiste Elizabeth Duncan mit den Mädchen über den Atlantik in die Vereinigten Staaten. In New York gründeten die Duncan-Schwestern ihre Schule neu, und Elizabeth betrieb sie sechs Jahre lang als eine Art Landerziehungsheim. Der Andrang auch reicher Amerikanerinnen zur Duncanschen Erziehung war groß; so hielten sich die finanziellen Sorgen für eine Weile in Grenzen.

1920 kehrte Elizabeth Duncan »mit ihren mittlerweile herangereiften deutschen Mädchen« nach Deutschland zurück. Da der Darmstädter Bau in Trümmern lag, wurde der Kavalierbau Nr. 2 im Neuen Palais in Wildpark-Potsdam, von der preußischen Administration angemietet, das neue Zuhause der Schule. In den folgenden drei Jahren erwarb sie sich große Verdienste um die deutsche Kinderhilfe, da Elizabeth Duncan dank ihrer Beziehungen eine Menge Sponsorengelder in Amerika lockermachen konnte.

Gleich zu Anfang der zwanziger Jahre entstand der erste Ableger der Schule in Wien. Eine weitere Dependance in New York wurde Mitte der dreißiger Jahre, aus heute kaum mehr nachvollziehbaren Gründen, nach Prag verlegt, nach wenigen Jahren aber wieder geschlossen. Das Stammhaus jedoch fand 1925 im Schloß Kleßheim bei Salzburg ein neues, relativ stabiles Zuhause; die acht Jahre, die die Duncan-Schule unter Elizabeths Leitung in Salzburg verbrachte, sind der längste Abschnitt ihrer Geschichte.

Den größten Teil der Informationen über die Schule nach ihrer Berliner Zeit verdankt die Tanzgeschichtsschreibung dem zitierten Zeitschriftenaufsatz von Max Merz, der schon in Berlin als Probenpianist zu den Duncans gestoßen war und später als einer der Direktoren der Schule fungierte. Die Äußerungen von Merz sind freilich mit Vorsicht zu genießen, weil er parteiisch war und großes Interesse daran hatte, daß die

Schule in Deutschland blieb, und Elizabeth, so jedenfalls will Dorée Duncan herausgefunden haben, in diese Richtung zu beeinflussen versuchte.

Doch ob es sich seit der Übersiedlung nach Darmstadt und dem Namenswechsel eher um die Schule Elizabeths als um Isadoras Schule handelte, ist eine akademische Frage. Angesichts der engen Verbindung zwischen den Schwestern rissen die Kontakte zwischen ihnen mindestens bis zu Isadoras Übersiedlung in die junge Sowjetunion zu Beginn der zwanziger Jahre selbst dann nicht ab, wenn die beiden durch Kontinente getrennt waren. Immer wieder ist in Isadoras Memoiren zu lesen, daß sie mit den Mädchen der Schule gearbeitet und probiert habe. Immer wieder trat die Tänzerin zusammen mit ihren Mädchen in ihren größeren Choreographien auf. Nur auf ihre frühen Amerikatourneen konnte Isadora ihre »Kinder«, der restriktiven amerikanischen Arbeitsgesetzgebung wegen, sehr zu ihrem Kummer nicht mitnehmen.

In »My Life« erscheint der Begriff der Schule in diesen Jahren zunehmend als Synonym für die mit Isadora auftretende Gruppe. »Wenn ich meinen Tanz lediglich als ein Solo gesehen hätte«, schreibt Isadora zu Beginn des 21. Kapitels, »wäre mein Weg ziemlich einfach gewesen. Bereits berühmt, in allen Ländern gefragt, hätte ich lediglich meine triumphale Karriere verfolgen müssen.« Doch davon war sie um das Jahr 1910 weiter entfernt denn je: »Ich war besessen von dem Traum einer Prometheischen Schöpfung, daß auf meinen Ruf hin tanzende Figuren, wie sie die Welt noch nie gesehen hatte, der Erde entspringen oder vom Himmel herabsteigen würden.«

Isadoras – von ihr durchaus erreichtes – Ziel zu dieser Zeit war es, zusammen mit diesen halb irdischen, halb himmlischen Tänzerinnen Beethovens 9. Sinfonie zu vertanzen: »Seid umschlungen, Millionen.« »Schmales, zuckendes Licht, gerade nur einen Fußbreit voraus meinen stolpernden Schritten«, beschwört sie emphatisch ihre Idee: »Ich glaube immer noch an dich, ich folge dir immer noch – um diese übermenschlichen Geschöpfe zu finden, die in harmonischer Liebe die große Vision der Schönheit tanzen werden, auf die die Welt wartet.«

Wo immer Isadora mit ihren »Isadorables« auftrat, ob in Deutschland oder in Russland, Frankreich oder England: Überall unternahm sie am Ende der Vorstellung einen verbalen Appell an ihr Publikum, ihre Schule und ihre Schüler zu unterstützen. Die Idee, die sie gleich zu Beginn in Berlin in die Tat umsetzte, um einen Anbau für die Schule an ihrer Grunewald-Villa zu finanzieren, funktionierte nur einmal: Bei einer Wohltätigkeitsveranstaltung in der Kroll-Oper waren »die bekanntesten Mitglieder der Hofgesellschaft, des Hochadels und der Berliner Tiergartenkreise« (N. Israel) eingeladen, Plätze für 1 000 Mark zu subskribieren, für jene Zeit eine geradezu ungeheuerliche Summe. Für ihre Tausend-Mark-Spende bekamen die Sponsoren nicht nur eine Vorstellung zu sehen, sondern auch die Genugtuung, ihren Namen – unsichtbar – in den Grundstein des Neubaus eingemeißelt zu wissen. Schon damals setzte Isadora, von unserem Gewährsmann als »Künstlerin und Meisterin des ›business‹« beschrieben, »das geniale Reklameweib«, ganz bewußt auf den Ruhm der Nachwelt, an dem, so die von ihr suggerierte Botschaft, auf dem Umweg über die Spende auch ihre Sponsoren als finanzielle Helfer der »göttlichen Isadora« teilhaben würden.

Mit der wachsenden Zahl von Mädchen, die an der Duncan-Schule erzogen wurden, hatte Isadora es immer schwerer, die zum Unterhalt der Schule nötigen Mittel aufzutreiben. »Ich hatte«, heißt es in »My Life«, »einen Punkt erreicht, wo ein Zusammenbruch sich abzeichnete. Es war unmöglich, alle Kosten meiner wachsenden Schule aus meinem eigenen Vermögen zu bestreiten. Mit dem Geld, das ich verdient hatte, hatte ich mittlerweile vierzig Kinder angenommen, für sie gesorgt und sie erzogen, zwanzig von ihnen lebten in Deutschland, zwanzig in Paris, und außerdem half ich noch einigen

anderen Menschen.« So sprach Isadora eines Tages, wohl nur halb im Spaß, zu ihrer Schwester: »So kann's nicht weitergehen. Mein Bankkonto ist überzogen. Wenn wir die Schule erhalten wollen, müssen wir einen Millionär finden.«
Im Leben gewöhnlicher Menschen funktioniert so etwas nie. Doch bei Isadora stellt sich, wie gewünscht, der reiche Märchenprinz unvermittelt ein und legt ihr sein Herz und sein Vermögen zu Füßen: Paris Singer, Erbe eines nicht zuletzt mit Nähmaschinen verdienten Vermögens, von Isadora in ihren Memoiren nur »mein Lohengrin« genannt (nach Wagners Helden, der die arme Elsa aus der Bedrängnis rettete), wurde der neue wichtige Mann in Isadoras Leben.

13. KAPITEL

Ich suche einen Millionär: Isadora und ihr »Lohengrin« – der Nähmaschinenerbe Paris Singer

Die Hoffnung, einen Millionär zu finden, der sie aus allen finanziellen Schwierigkeiten retten würde, setzte sich in Isadoras Kopf fest. Was zunächst eher ein Scherz gewesen war, wurde, gebetsmühlenhaft wiederholt, mit der Zeit zu einer fixen Idee, auch wenn Isadora die Suche nach ihrem Retter nicht aktiv betrieb. Sie mußte es auch gar nicht. Denn eines Morgens, sie hatte gerade wieder eine Aufführungsserie im Pariser Théâtre Gaieté-Lyrique, brachte ihre Zofe der Tänzerin die Visitenkarte eines Besuchers, der sie jubeln ließ: »Ich habe meinen Millionär gefunden.«

Paris Singer, millionenschwerer Erbe der Nähmaschinen-Dynastie und Bruder der mit Isadora befreundeten Prinzessin de Polignac, hatte Isadora lange von fern bewundert, ehe er den Mut fand, sich ihr zu nähern – in Isadoras Beschreibung ein großer schüchterner Junge, der sich hinter einem Bart ver-

barg. In »My Life« notiert Isadora, Singers erste Worte bei seinem Besuch in ihrem Studio hätten gelautet: »Sie kennen mich nicht, aber ich habe Ihrer wundervollen Kunst oft applaudiert«. Doch Isadora erinnert sich auf Anhieb, Singer bereits einmal getroffen zu haben, bei der Beerdigung seines Schwagers, des Prinzen von Polignac: »Wir waren uns zuerst in einer Kirche vor einem Sarg begegnet. Nicht gerade die Voraussage für eine glückliche Zukunft.« Gleichwohl beschließt Isadora, daß dies der Millionär sei, nach dem sie ihre Hirnströme ausgesandt« hatte: »Es war Kismet.«
Singer, schon länger ein glühender Bewunderer von Isadoras Kunst, insgeheim sicher auch verliebt in sie, bot der Tänzerin sein Herz, seine finanzielle Unterstützung und nicht zuletzt die Möglichkeit, mit ihren Schülerinnen in eine seiner Villen in Beaulieu an der Riviera, unmittelbar am Mittelmeer, überzusiedeln. Keine Frage, daß Isadora augenblicklich zugriff. »Innerhalb einer Woche saß meine kleine Truppe in einem Erste-Klasse-Abteil, das Richtung Meer und Richtung Sonnenschein raste«, begleitet natürlich von »Lohengrin«, in strahlendes Weiß gekleidet. In ihren Memoiren nennt Isadora Singer nie anders als mit diesem Wagnerischen Spitznamen, häufig kürzt sie ihn sogar als »L.« ab. »Er brachte uns zu einer hübschen kleinen Villa am Meer, von deren Terrasse er uns seine weiße Yacht zeigte«, die in Sichtweite ankerte. Die Kinder aber »tanzten unter den Orangenbäumen in ihren leichten blauen Tuniken, Blumen und Früchte in ihren Händen«.
Singer erweist sich, nicht nur für Isadora, sondern auch für ihre Schülerinnen, als echter Kavalier: hilfreich, vertrauenswürdig, nie fordernd oder gar grob. Und auf der Basis des Vertrauens entwickelt sich zwischen der Tänzerin und dem Millionär eine immer engere Beziehung. Als den Zeitpunkt, zu dem aus Vertrauen Liebe wurde, notiert Isadora in ihren Memoiren einen Tag – oder besser eine Nacht –, in der Singer eine rauschende Karnevalsparty im Casino von Monte-Carlo

gab, mit Pierrot-Kostümen als Kleidungsvorschrift für alle Gäste. Und natürlich entwickelt sich der Abend überaus dramatisch.
Mitten in der Party wird Isadora ans Telefon gerufen: Die jüngste ihrer Schülerinnen, Erika, war ernsthaft, möglicherweise tödlich, an Atembeschwerden erkrankt. Isadora informierte Singer und alarmierte telefonisch einen Arzt: »Und es war dort, in der Enge dieser Telefonzelle, unter dem Streß der verständlichen Panik, daß ein von uns beiden geliebtes Wesen sterben könnte, daß unsere Abwehr zusammenbrach und unsere Lippen sich zum ersten Mal trafen.«
Isadora und Singer verbringen Stunden am Krankenbett der kleinen Erika, »zwei verschreckte Pierrots«. Erst als feststand, daß das Kind durchkommen würde, kehren die beiden im Morgengrauen ins Casino und zur andauernden Party zurück, wo ein weiterer Schrecken bevorsteht: eine Rivalin, von Isadora nur als »the little lady with the diamonds« bezeichnet, attackierte Singer aus Eifersucht mit einem Messer. Doch da er des Angriffs rechtzeitig gewahr wurde, war das einzige Resultat der Attacke die endgültige Niederlage der Rivalin.
Den winzigen Rest der Nacht verbrachten Isadora und ihr »Lohengrin« nicht nur zusammen, sondern auch allein: »Seine Großzügigkeit gegenüber den Kindern, seine Sorge und aufrichtige Angst am Krankenbett der kleinen Erika – all das hatte ihm meine Liebe gewonnen.« Und als Singer am Morgen einen Ausflug mit seiner Yacht vorschlug, verbannte Isadora die genesende Erika aus ihren Gedanken, nahm ihre Tochter Deirdre mit an Bord, »ließ die Schule in der Obhut ihrer Leiter« und segelte mit Singer Richtung Italien.
Wenn man Isadoras Erinnerungen folgt, war ihre Zeit mit Paris Singer praktisch vom ersten Augenblick an von – heute würde man sagen: ideologischen – Streitigkeiten gekennzeichnet. In »My Life« läßt Isadora unmittelbar auf die Schilderung der ersten Einschiffung auf Singers Yacht die Beschrei-

bung einer Auseinandersetzung folgen, die sie mit Singer auf dem Italienausflug gehabt haben will. Der Mann, mit dem sie zusammen war, habe den Charakter »eines verwöhnten Kindes« gehabt, und sie selbst sei so naiv gewesen, daß sie ihn mit ihren Vorstellungen vom Leben und von der Gesellschaft, »Platos ›Staat‹, Karl Marx und eine grundsätzliche Umgestaltung der Welt«, behelligte und gar nicht merkte, daß sie ihn maßlos aufregte und erzürnte.

Der Streit kulminierte, als Singer Isadora eines Abends nach ihrem Lieblingsgedicht fragte und Isadora, hocherfreut, ihr »Kopfkissenbuch« anbrachte und enthusiastisch aus Walt Whitmans »Song of the Open Road« rezitierte, ohne zu bemerken, daß Singer mehr und mehr in Rage geriet. »Welch ein Unsinn«, habe er wütend ausgerufen: »Dieser Mann kann niemals in der Lage gewesen sein, seinen Lebensunterhalt zu verdienen.« Und auf Isadoras Einwand, er habe die Vision eines freien Amerika gehabt, habe Singer geantwortet: »Zum Teufel mit der Vision.« Da habe sie eingesehen, daß Singers Vorstellung von Amerika der ihren diametral entgegengesetzt gewesen sei: Wo sie freie Menschen im Einklang mit der Natur sah, habe er nur Fabriken und rauchende Schlote gesehen, die sein Vermögen vermehrten.

Die Beziehung scheint unter solchen Streitigkeiten zunächst nicht gelitten zu haben. Isadora beendete den Streit, indem sie sich – körperlich – in Singers Arme flüchtet (in »My Life« mokiert sie sich selbst über ihre weibliche Schwäche), während sie sich auf der geistigen Ebene der Hoffnung hingibt, ihr wohltätiger Einfluß werde Singers brutal materialistische Vorstellungen vom Leben und von der Gesellschaft langfristig ins Positive verändern oder mindestens doch abmildern.

Singers Yacht, die »Lady Alicia«, segelte die italienische Küste entlang, Deidre tanzte an Deck »in ihrer weißen Tunika«, und Isadora fühlte sich einerseits glücklich und verliebt, andererseits will sie ein schlechtes Gewissen gehabt haben, wenn sie daran dachte, daß fünfzig Menschen, als Heizer im Maschinenraum, Navigateure auf der Brücke, Bedienstete in den Luxuskabinen und an der mit Kristall und Silber gedeckten Dinnertafel, einzig und allein für das Vergnügen von zwei Personen arbeiteten. Isadora verglich den neuen Luxus mit der Armut ihrer frühen Jahre, hatte aber bei alledem wohl auch das Gefühl, daß das üppige Leben ihr, der großen Künstlerin, durchaus zustünde.

Das Paar verbrachte einen Tag in Pompeji, und Lohengrin hatte die romantische Idee, daß sie im Tempel von Paestum im Mondlicht tanzen sollte. Also engagierte er schnurstracks ein kleines neapolitanisches Orchester, das im Tempel auf Isadoras und Singers Ankunft warten sollte. Aber nicht einmal Millionären geht jeder Wunsch in Erfüllung; gegen die Kapriolen des Wetters sind auch sie machtlos. Zwei Tage lang tobte ein Sturm, so daß die Yacht ihre Anker nicht lichten konnte, »und als wir schließlich in Paestum ankamen, fanden wir das Orchester, total durchnäßt und in jämmerlichem Zustand, auf den Stufen des Tempels sitzen, wo es vierundzwanzig Stunden auf uns gewartet hatte.« Als es erneut zu regnen begann, schiffte sich die Yacht-Gesellschaft samt Orchester ein. Isadoras Tanz im Mondschein fiel buchstäblich ins Wasser. Selbst die Ersatzparty an Bord auf der Rückreise nach Neapel mißriet. Ein neuer Sturm ließ die erschöpften, überfütterten und angetrunkenen Musiker mit grünen Gesichtern seekrank in ihre Kojen wandern.

Singer wäre liebend gern weiter durchs Mittelmeer gesegelt. Aber Isadora hatte einen Vertrag für eine neue Rußlandtournee unterschrieben und entschied sich, diesen Vertrag auch einzuhalten. Sie lud Singer ein, sie nach Rußland zu begleiten. Doch der »fürchtete Probleme mit seinem Paß« und blieb in Paris.

In Moskau traf Isadora ihren alten Liebhaber Gordon Craig wieder, der gerade an der Ausstattung einer »Hamlet«-Aufführung an Stanislawskis Theater arbeitete. Erneut war sie entzückt von Craigs »Schönheit, seinem Genie und seiner außerordentlichen Vitalität«. Und obwohl Isadora beteuert, einer ihrer wichtigsten Charakterzüge sei unbedingte Treue, wäre sie Craigs Charme wohl erneut erlegen, wenn sich der hemmungslose Bühnenbildner nicht, bei einem Dinner mit Stanislawski vor der Abreise Isadoras nach Kiew, wie ein Berserker auf die hübsche Sekretärin der Tänzerin gestürzt und mit ihr in einem Nebenzimmer verbarrikadiert hätte, als Isadora seine Frage, ob sie zu ihm zurückkehren wolle, abschlägig beschied.

In Paris hatte Singer sehnsüchtig auf Isadoras Rückkehr gewartet. Gleich nach ihrer Ankunft brachte er sie in seine feudale Wohnung an der Place de Vosges und in sein Louis-Quatorze-Bett, wo Isadora – verwunderlich genug nach ihrer heißen Affäre mit Gordon Craig – »zum ersten Mal erfuhr, wozu die Nerven und Empfindungen verwandelt werden können« und, wie ihr schien, auf erregende Weise zu neuem Leben erweckt wurde.

Gewohnt pathetisch schildert die Tänzerin, was ihr widerfuhr: »Wie Zeus« habe sich Singer in verschiedene Erscheinungsformen verwandelt: »Ich lernte ihn jetzt als Stier kennen und bald als Schwan, dann wieder als Goldener Regen, und ich wurde von seiner Liebe über die Wogen getragen, von weißen Schwingen zärtlich liebkost, wundersam verführt und in einer goldenen Wolke geweiht.«

Natürlich mußte das Paar das Louis-Quatorze-Bett schließlich doch wieder verlassen, und Singer machte mit seiner Geliebten die Runde durch die besten Restaurants von Paris, wo der freigebige Millionär, wen wundert's, »wie ein König« behandelt wurde. Zum ersten Mal in ihrem Leben besuchte Isadora, die ihr Leben lang nur selbstgenähte Tuniken – Wolle im Winter, Leinen im Sommer – getragen hatte, einen Modesalon, wählte aus feinen Tuchen und raffinierten Farben, bestellte

mehrere schöne Kleider und Roben – und trug sie auch. Und wieder meldete sich das schlechte Gewissen, das sie mit der Feststellung beschwichtigte, es habe sich bei ihrem Ausstatter, Paul Poiret, nicht um einen gewöhnlichen Schneider gehandelt, sondern um einen genialen Künstler. Aber sie vergißt nicht, ihrer Entschuldigung den Satz anzufügen: »Doch war es für mich der Wechsel von heiliger zu profaner Kunst.«
Den Sommer des Jahres 1909 verbrachten Isadora und Singer auf Singers Yacht vor der Küste von England, und da das Wetter meistens schlecht und das Meer durchweg rauh war, ging Isadora immer wieder an Land und folgte dem Schiff mit dem Auto. Im September reiste sie nach Venedig, ohne Singer, nur mit Deirdre und einem Kindermädchen. Hier bemerkte die Tänzerin, daß sie wiederum schwanger war. Die Nachricht scheint sie zunächst in eine psychische Krise gestürzt zu haben. Seit längerem hatte Isadora kaum noch kreativ gearbeitet, und selbst getanzt hatte sie nur noch selten. Statt dessen hatte sie sich ganz auf ihr Privatleben und ihre Liebe zu Singer konzentriert. Und so sehr Isadora Kinder liebte, so vermittelte ihr die Vorstellung einer wachsenden Familie wohl das Gefühl, daß die Geburt eines weiteren Kindes sie ihrer eigentlichen Berufung, ihrer Kunst entfremden könnte.
Doch schließlich rang sie sich dazu durch, das neue Leben zu akzeptieren. Als erste erfuhr Deirdre die gute Nachricht: »Du wirst ein Brüderchen bekommen.« Dann schickte Isadora Singer ein Telegramm mit der Neuigkeit, woraufhin der eiligst nach Venedig angereist kam: »voller Freude, Liebe und Zärtlichkeit«.
Einen Monat später hatte Isadora, zum zweiten Mal seit ihrer Übersiedlung nach Europa, in Amerika zu tanzen, und diesmal kam Singer, der – trotz seiner amerikanischen Vorfahren – noch nie zuvor in Amerika gewesen war, mit ihr. Der Millionär hatte die größte Suite auf einem der neuen Ozeanriesen

Nachdem Isadora den Sommer des Jahres 1909 mit ihrem Gefährten Paris Singer auf dessen Yacht an Englands Küste verbracht hatte, fuhr sie ohne ihn nach Venedig – begleitet nur von ihre Tochter Deirdre und einem Kindermädchen. (Duncan Collection; D. D.)

gebucht; in Amerika wohnte das Paar in einem prächtigem Appartement im Plaza Hotel am Central Park. »Reisen mit einem Millionär vereinfacht die Dinge«, merkt Isadora dazu an. Selbst die Moralvorstellungen des gemeinen Volkes sind außer Kraft gesetzt; niemand im puritanischen Amerika fragte den Millionär und die Tänzerin nach dem (nicht vorhandenen) Trauschein, ohne den in jener Zeit kein Paar ein gemeinsames Hotelzimmer bewohnen durfte.

So ganz freilich entkam Isadora den prüden Vorstellungen der Amerikaner nicht. Eines Tages im Januar, erinnert sich Isadora, sei eine sehr nervöse Dame nach der Vorstellung in ihre Garderobe gekommen und habe ihr erklärt: »Aber meine liebe Miss Duncan, es ist deutlich sichtbar von der ersten Reihe aus. Sie können so nicht weitermachen.« Isadora will versucht haben, der Dame zu erläutern, daß ihre sichtbare Schwangerschaft nur das Tüpfelchen auf dem »i« ihrer lebensbejahenden

Tänze sei. Doch entschied sie gemeinsam mit Singer und ihrem Management, es sei wohl besser, die Tournee abzubrechen und nach Europa zurückzukehren.

Dort freilich blieb man nicht lange. Singer schlug vor, den Rest des Winters in Ägypten zu verbringen: »Die Yacht« – mittlerweile umbenannt in »Isis«, Singers Kosename für Isadora – »ist bereit, uns nach Alexandria zu bringen«, wo ein arabisches Segelschiff, komplett mit »dreißig einheimischen Seeleuten und einem erstklassigen Koch«, den weiteren Transport nilaufwärts übernehmen würde. Die Schule wurde wieder einmal Schwester Elizabeth anvertraut, und so verbrachte das Paar, mitsamt Deirdre, die restlichen Wintermonate auf dem Nil, weitgehend glücklich. Nur hin und wieder wurde ihr Wohlbefinden beeinträchtigt durch Anzeichen von Singers Neurasthenie, eine durch Übererregbarkeit gekennzeichnete Nervenerkrankung, die den Millionär vorher schon immer mal wieder befallen hatte und auch später nie ganz weichen sollte.

Isadora, in sich ruhend in der Gewißheit ihrer Schwangerschaft, genoß nicht nur die Ausflüge zu den weltberühmten Sehenswürdigkeiten, sondern vor allem auch die milden Nächte an Bord. Denn Singer hatte an alles gedacht und nicht nur einen erstklassigen Koch engagiert, sondern auch einen »sehr talentierten« jungen englischen Pianisten, der auf dem an Bord gebrachten Steinway-Flügel allabendlich Bach und Beethoven spielte, deren Maße«, wie Isadora notiert, »in vorzüglicher Harmonie mit dem Raum und den ägyptischen Tempeln leben«.

Am Scheitelpunkt der Reise ließen die Männer der kleinen Singerschen Reisegruppe Isadora und Deirdre für zwei Wochen allein auf dem Schiff zurück, um in den Sudan, nach Khartum, weiterzureisen. Isadora sind diese beiden Wochen als der glücklichste Teil ihrer Ägyptenreise in Erinnerung geblieben, und vermutlich stammen ihre Erkenntnisse, daß Ägypten – »ein Land der Träume für uns, ein Land der Arbeit für die Fellachen« – das einzige ihr bekannte Land sei, wo sogar die Arbeit schön sein könne, aus dieser Zeit: »Der Fellache, der im wesentlichen von Linsensuppe und ungesäuertem Brot lebt, hat einen wundervollen, zarten Körper und zeigt immer eine bronzene Form, die das Herz eines jeden Bildhauers erfreut, gleichgültig, ob er sich nun auf den Feldern bückt oder Wasser aus dem Nil ableitet.« Haben wir es da wieder einmal mit einem verkappten Ausbruch von Rassismus zu tun?

Nach seiner Rückkehr ließ sich das Paar fürs erste in einer prächtigen, gemieteten Villa in Beaulieu nieder (auch die erste Villa in Beaulieu muß wohl gemietet gewesen sein). Während der Zeit bis zur Geburt des Kindes machten Singer und Isadora Ausflüge in die Nachbarschaft, nach Avignon, Carcassone, Cap Ferrat. Wenn Singer nicht gerade damit beschäftigt war, in Cap Ferrat Land zu kaufen, um auf ihm ein Schloß im italienischen Stil zu errichten, nahm er den Expreßzug nach Paris: montags hin, mittwochs zurück. Isadora aber wartete, häufig im Garten ihrer Villa liegend, und sah ruhig der Geburt ihres zweiten Kindes entgegen, die – was sie auf die Qualität ihres Arztes zurückführte – wesentlich weniger schmerzhaft verlief als die Geburt Deirdres.

Am 1. Mai 1910, »an einem Morgen, als das Meer blau war, die Sonne schien und die gesamte Natur in Blüten und Freude ausbrach«, wurde Isadoras zweites Kind geboren: ein Junge, wie sie zu Beginn ihrer Schwangerschaft der kleinen Deirdre prophezeit hatte. »Du brauchst dich nie um ihn zu sorgen«, sagte das kleine Mädchen, als ihm die Mutter das neugeborene Baby präsentierte: »Ich werde ihn immer in meinen Armen halten und mich um ihn kümmern.« Für den Augenblick war Isadoras Glück perfekt.

14. KAPITEL

Bach, Beethoven, Wagner: eine Bresche für die freie Musikwahl

Am Ende des 20. Jahrhunderts – und am Beginn des 21. – würde niemand einem Choreographen das Recht auf freie Musikwahl bestreiten. Niemand mehr regt sich darüber auf, wenn der Niederländer Hans van Manen einen Satz aus Beethovens Hammerklavier-Sonate choreographiert oder zwei Beethovensche Streichquartettsätze zu einer neuen Ballettmusik zusammenfügt, wenn Uwe Scholz des Komponisten 7. Sinfonie vertanzt, Jerome Robbins, Heinz Spoerli oder Joachim Schlömer Tanzstücke aus Bachs »Goldberg-Variationen« machen. Ästhetisches Stirnrunzeln, jedoch nicht wegen eines unzulässigen Zugriffs auf die Musik, allenfalls, wenn Hamburgs amerikanischer Ballettdirektor John Neumeier Bachs »Matthäus-Passion« oder Händels »Messias« in opulente Ballettspektakel umsetzt.
Daß all das möglich ist, verdanken die Choreographen unserer

Tage nicht zuletzt Isadora Duncan, die als erste Choreographin des 20. Jahrhunderts, als erste überhaupt, nicht für den Tanz komponierte Musik von Beethoven, Bach und Wagner zur Basis ihrer Tänze machte und dafür von der traditionellen Musikkritik, aber auch von manchen Musikern, hart gerüffelt wurde. »Als Duncan begann, sich nicht für den Tanz bestimmte Kompositionen anzueignen«, schreibt Ann Daly, »wurde sie angeklagt, ein Sakrileg zu begehen.«

Was ihn wirklich ärgere an Isadoras Vorstellungen, schrieb nach einer der Rußland-Tourneen Isadoras im Jahre 1908 zum Beispiel der Komponist Nikolai Rimski-Korsakow, sei: »daß sie ihre Kunst aufbaut und verbindet mit musikalischen Kompositionen, deren Autoren ihre Gesellschaft nicht im Mindesten benötigen und nicht damit gerechnet haben«. Vielleicht war er auch nur beleidigt, daß seine Musik nicht unter den Werken war, die Isadora für ihre tänzerische Interpretation ausgewählt hatte.

Erbsenzähler könnten einwenden, daß Isadoras Tänze beinahe von Anfang an auf autonomer, nicht für den Bühnentanz bestimmter Musik beruhten – und hätten damit nicht einmal völlig unrecht. Doch waren es bis zum Jahre 1904 noch nicht die ganz großen musikalischen Heiligtümer, an die sie sich heranwagte. »Die meisten der speziellen Kompositionen, die sie auswählte, waren« – nach Daly – »Tanzpartien aus populären Konzerten und gängigen Opern, deren kanonische Akzeptanz durch ein elitäres Publikum ein großes Maß an Legitimierung in ihre künstlerische Praxis brachte.«

1904 tanzte Isadora zum ersten Mal ein Beethoven-Programm mit Ausschnitten aus verschiedenen Klaviersonaten, unter anderem der Pathétique, Vorstudien zu einer Choreographie zu Beethovens 7. Sinfonie. Das Jahr 1905 brachte besonders viele Novitäten: »Brahms Walzer«, Walzer und Mazurken von Chopin, den Johann-Strauß-Walzer »An der schönen Donau«, die Gluck-Opern »Iphigenia in Aulis« und »Orpheus und

Eurydike«. Letztere wohl schon der Übergang zur Beschäftigung mit jenen musikalischen Meisterwerken, die ihr die Experten so übelnehmen sollten.
Danach eine große Atempause, die sich zum Teil gewiß auf Isadoras private Engagements – die Liebesaffäre mit Gordon Craig, die Geburt der Tochter Deirdre – zurückführen läßt, zum Teil aber auch künstlerische Gründe gehabt haben mag. Die Tänzerin benötigte Zeit zum Innehalten und Atemholen, zum Überdenken künstlerischer Positionen. In den Jahren 1906 und 1907 weist Isadoras Werkverzeichnis, wie es etwa des amerikanischen Tanzhistorikers Don McDonagh »Complete Guide to Modern Dance« oder das (im speziellen Fall möglicherweise auf McDonaghs Vorarbeit gründende) »International Dictionary of Modern Dance« abdruckt, eine große Lücke auf: zwei Jahre lang anscheinend keine neue Choreographie. Es ist nicht auszuschließen, daß sich Isadora in dieser Zeit, soweit ihr Privatleben ihr dazu die Zeit gelassen hat, bereits mit der gedanklichen Vorarbeit zu ihrem bis dahin – vielleicht überhaupt – anspruchsvollsten Projekt beschäftigte: der Choreographie zu Beethovens 7. Sinfonie, die sie 1908 in zwei unterschiedlichen Versionen herausbrachte: zusammen mit einem aus ihren Schülerinnen bestehenden Chor – und als ausgedehntes Solo.
Bei ihren Amerikatourneen der Jahre 1908 und 1909 tanzte Isadora die 7. Sinfonie notgedrungen als Solo, weil sie für ihre minderjährigen Zöglinge keine Arbeitserlaubnis in den USA bekommen konnte. Der prominente Dirigent Walter Damrosch und das New York Symphony Orchestra begleiteten sie musikalisch. Isadoras Ruf war längst auch in ihrer amerikanischen Heimat groß genug, um ihr auch in New York die kritische Aufmerksamkeit der führenden Zeitungen zu sichern. Doch ob sich das auf den kommerziellen Erfolg positiv auswirkte, ist eher zu bezweifeln. »Es gehört zum Geschäft des Protokollanten musikalischer Affären«, schrieb der tonangebende Carl Van Vechten, Musik- und Tanzkritiker der New York Times, »gegen die-

sen pervertierten Gebrauch der Siebenten Sinfonie zu protestieren, ein Zweck, den Beethoven gewiß niemals im Sinn hatte, als er die Musik schrieb.« Und weiter: »Daß Wagner diese Musik als ›Apotheose des Tanzes‹ bezeichnete, ist noch kein ausreichender Grund, weshalb man sie tanzen sollte.«
Nichtsdestotrotz trat Isadora, als sie zwei Jahre später (1911) erneut nach New York kam, mit einem – wie Daly meint – »noch anspruchsvollerem Programm« mit Musik von Bach und Wagner auf. Allerdings konnte Isadora für sich in Anspruch nehmen, daß alle Kompositionen des Programms – eine Gigue und zwei Gavotten des Thomaskantors, das Bacchanale aus Wagners »Tannhäuser«, der Tanz der Blumenmädchen aus dem dritten »Parsifal«-Akt und der Tanz der Lehrlinge aus den »Meistersingern« – im Grunde für den Tanz gedacht waren, wenn auch in anderen Zusammenhängen und gewiß nicht als Teile eines mehrgliedrigen Tanzabends. Selbst Van Vechten war diesmal gnädiger und gab zu, »daß mindestens mehrere Nummern dieses Programms die Namen von Tänzen tragen, so daß Miss Duncan nicht übermäßig dafür zur Verantwortung gezogen werden kann, daß sie sie für ihre Zwecke dienstbar gemacht hat«.
Gleichwohl war die Aufnahme durch die amerikanischen Kritiker eher lau. Isadoras Choreographie von Bachs »Suite in D« aus dem Jahre 1911, laut Daly einer von Duncans »ersten Versuchen zu tragischer Darstellung«, fand kaum positives Interesse, sondern wurde von den Kritikern als »Pantomime« abgelehnt. Eine Einschätzung, die sich in wichtigen amerikanischen Nachschlagewerken bis heute gehalten hat. Großnichte Dorées Einschätzung, daß Isadoras Kunst während des Sommers 1910, als sie an ihren Bach- und vor allem Wagner-Choreographien gearbeitet hatte, sehr gewachsen sei und sie sich nun als reife Frau präsentiere, »die die volle Skala der Empfindungen« ausdrücke, die sie erlebt habe, hat sich den amerikanischen Kritikern – und wohl auch dem amerikanischen Publikum – jedenfalls nicht vermittelt.

Duncans Interpretation des »Liebestods« aus »Tristan und Isolde«, die die Tänzerin, nach einiger Vorauspropaganda für die Medien, in letzter Minute auf das Programm der Vorstellung vom 15. Februar 1911 hatte setzen und durch den Dirigenten Damrosch vor Vorstellungsbeginn eigens hatte ankündigen lassen, stieß wie ihre Bach-Choreographien auf weitgehendes Unverständnis. Unter der Überschrift »Miss Duncan Dances Wagner« war in der New York Sun zu lesen: »Mr. Damrosch intonierte das Vorspiel, und dann wurde die Figur von Miss Duncan undeutlich sichtbar gegen den Vorhang auf der Rückseite der Bühne. Als das Finale begann und die Scheinwerfer aufblendeten, war zu sehen, daß sie auf dem Bauch lag. Nach einigen Minuten erhob sie sich auf ihre Knie. Doch es dauerte noch einige Zeit, bevor sie auf ihren Füßen stand. Es gab keine weiten Sprünge aufwärts und vorwärts in diesem Tanz, wenn er denn als Tanz beschrieben werden könnte, da es keine größere Beziehung zu dieser Handlung gab als ein beiläufiges Hin- und Herlaufen.«
Bessere Aufnahme bei der New Yorker Kritik fand eine integrale Aufführung von Glucks »Orpheus und Eurydike«, die ebenfalls zum Tourneeprogramm von 1911 gehörte. Die Aufführung trieb einen vergleichsweise großen Aufwand. Außer Walter Damrosch und den New Yorker Sinfonikern – und natürlich Isadora selbst – waren ein Sänger und ein Opernchor beteiligt. Die komplette Fabel und beinahe alle ihre Einzelheiten wurden erzählt – mit Ausnahme ausgerechnet jener Szene, in der Eurydike Orpheus veranlaßt, sich umzudrehen und sie anzuschauen. Andernfalls wäre schließlich das Happy-End nicht möglich gewesen, mit dem die Aufführung zu einem triumphalen Finale kam. Isadora verkörperte dabei keinen der zentralen Charaktere des Stücks.
Ungewöhnlich angetan beschreibt es der Kritiker Carl Van Vechten: »Im ersten Akt verkörpert Miss Duncan, angetan mit einer langen, fließenden grauen Robe, einen der Gefährten

des Orpheus. Ihre Posen und Bewegungen waren darauf abgestellt, tiefste Trauer zu suggerieren. Es war in der ersten Szene des zweiten Aktes, der – komplett gegebenen – Hades-Szene, daß Miss Duncan, eine der Furien darstellend, zum ersten Mal die Begeisterung des Publikums auslöste. Sie zeigte das allmählich ansteigende Winken der Furien vom furchtbaren ›Nein‹ zu Beginn bis zum Schluß, wenn die Furien Orpheus den Zugang zu den Elysischen Gefilden gestatten. Der Tanz der Furien, mit dem diese Szene schließt, war eine bemerkenswerte Vorstellung von Tanz, ein Ereignis von großer Phantasie.«

Großnichte Dorée beschreibt den Tanz der Furien genauer, als es der Kritiker tat: »Den Bühnenboden fegend mit ihren langen Haaren, die Luft zerkratzend mit verkrampften Fingern, mit dem Mund unaussprechliche Seufzer ausstoßend, vergeblich sich windend in scheußlichen, reptilienähnlichen Posen, war sie abstoßend anzuschauen, die Personifizierung eines impotenten Teufels. Es war Tanz der häßlichsten Sorte – ein schreckliches Porträt der dunklen Seite der Seele.« Aber auch: »Dies war moderner Tanz, ohne Furcht vor der Realität.« Selbst dem sonst eher unentschlossenen amerikanischen Publikum habe das Stück gefallen.

Dem Kritiker Van Vechten gefielen nicht nur die dunklen, sondern auch die lichteren Passagen des Werks, obgleich er manche liebgewordene Szene vermißte: »Miss Duncan war in der Rolle des guten Geistes ebensosehr zu Hause, wie sie es zuvor in der Rolle der Furie gewesen war. Hier erfolgte eine lange Kürzung der Musik, bis hin zum Finale; selbst die berühmte Chaconne wurde ausgelassen. In der Schlußszene, in der wiederum der Chor erscheint, präsentiert Miss Duncan den Triumph der Liebe.«

Den Triumph der Liebe feiert auch ein anderes, allerdings schon 1905 entstandenes Werk der Choreographin: ihre Interpretation der Brahms-Walzer op. 52, Nr. 6, und op. 39, Nr. 15, die Isadora in der glücklichen Phase nach der Geburt ihres zweiten Kindes, Patrick, häufig aufs Programm setzt. Dorée Duncan beschreibt diese Tänze als »scheu, kokett, sinnlich, eine Frau, die für ihren Liebsten tanzt«. Und tatsächlich sei sie ja in dieser Zeit sehr geliebt worden.

Isadora hatte in diesen Jahren, nicht in Amerika, aber in Paris, starke Konkurrenz: Diaghilews Ballets Russes, die von 1909 an regelmäßig an der Seine gastierten. Auch Isadoras Bruder Raymond, mittlerweile der Direktor einer eigenen Kompanie, zog das Interesse des Publikums auf sich, als er im Pariser Théâtre Châtelet seine Version von Sophokles' Drama »Elektra« spielte: Die Darsteller durchweg im Profil, als sei ein bildhauerischer Fries oder ein griechisches Vasenbild lebendig geworden. Da sich Raymond Duncans Gruppe das Theater bei den Proben mit Diaghilews Ensemble teilte, liegt der Verdacht nahe, daß Waslaw Nijinsky die Aufführung gesehen hat und von ihr, und sei es unbewußt, inspiriert wurde, als er im Jahre 1912 »L'Après-midi d'un faune« choreographierte. Isadora selbst arbeitete mit ihrem anderen Bruder, Augustin, an Plänen zur erneuten Realisierung griechischer Dramen, doch ist daraus nie etwas geworden.

Im Januar 1913 ging Isadora, zusammen mit dem Pianisten Hener Skene, den sie als guten Freund schätzen gelernt hatte, wiederum auf eine Rußland-Tournee. Die Beziehung zu Paris Singer hatte sich mittlerweile merklich abgekühlt, einerseits, weil Isadora Singers Heiratsanträgen hartnäckig widerstanden hatte, andererseits, weil Singer immer schwerere Anfälle von Eifersucht erlitt und die Tänzerin fälschlicherweise mit der hartnäckigen Unterstellung ihrer Untreue nervte: Sowohl Singer als auch die Kinder Deirdre und Patrick, der sich – nicht zuletzt wegen seines eigenwilligen Charakters – mehr und mehr zum Lichtblick in Isadoras Leben entwickelte, waren daheim in Paris geblieben.

Auf dieser Tournee scheint Isadora, die ihre Kinder später

nach Berlin nachkommen ließ, wo sie auf der Rückreise von St. Petersburg einige Vorstellungen gab, böse Vorahnungen gehabt zu haben. Bei der Ankunft in Kiew in der Morgendämmerung hatte sie, mit Skene im Schlitten auf dem Weg zum Hotel, plötzlich die Vision von zwei Reihen von Kindersärgen links und rechts der Straße. Skene, den sie darauf aufmerksam machte, sah natürlich nichts. Im Laufe des Tages begab sich Isadora in ein russisches Bad, wurde bewußtlos und fiel von einer Liege auf den Marmorboden. Ein Arzt stellte hohes Fieber fest und verbot ihr, am Abend zu tanzen. Doch Isadora wollte ihr Publikum nicht enttäuschen und schlug seinen Rat in den Wind.

Sie tanzte an diesem Abend ihr Chopin-Programm, und am Ende der Aufführung bat sie den Pianisten, Chopins Trauermarsch zu spielen, um den sie bislang immer einen großen Bogen gemacht hatte. Sie improvisierte eine Fassung, die sie angeblich in der Nacht zuvor geträumt hatte: »Eine Kreatur, die den Tod in ihren Armen hält, mit langsamen, zögernden Schritten, bis zur letzten Ruhestätte. Ich tanzte den Abstieg ins Grab und schließlich den Geist, der sich vom Fleisch, das ihn gefangenhält, befreit und aufsteigt, aufsteigt zum Licht – die Auferstehung.« Skene war tief erschüttert: »Bitte mich nie wieder, das zu spielen. Ich habe dem Tod ins Auge geschaut und roch sogar den Geruch weißer Blumen, Totenblumen – und ich sah Kindersärge, Särge.«

Trotz Skenes Bedenken wurde der Trauermarsch zu einem Bestandteil von Duncans regulärem Chopin-Programm. Im März 1913 tanzte Isadora in Paris abwechselnd im Trocadero und im Châtelet. Sie war unendlich glücklich mit ihren Kindern, die sich ihr – nicht nur, wenn sie zu Raoul Pugnos Mozartspiel in Isadoras Studio spontan zu tanzen begannen – blondköpfig und niedlich wie Putten als engelhafte Wesen präsentierten. Aber im Hintergrund von Isadoras Bewußtsein spukte beständige Sorge, daß ihr Glück nicht andauern könne.

Als sie eines Abends im Trocadero, mit Skene an der Orgel, wieder den Trauermarsch tanzte, erschienen vor ihrem geistigen Auge wiederum die Totenblumen. Und die kleine Deirdre, die ihre Mutter von einer Loge aus beobachtete, »schüttelte sich plötzlich, als ob ihr Herz bräche, und schrie auf: O, weshalb ist meine Mama so traurig und sorgenvoll«.

Unmittelbar nach ihrer Heimkehr von der Rußland-Tournee nach Paris, wo sie mittlerweile ein großes Atelier in unmittelbarer Nachbarschaft des berühmten, mit ihr befreundeten Bildhauers Auguste Rodin bewohnte, ließ Isadora sechs von ihren Schülerinnen zu sich kommen, die an sich in Darmstadt unter der Obhut ihrer Schwester Elizabeth im Internat waren. Mit ihnen begann sie erneut an ihrer »Orpheus«-Choreographie zu arbeiten. Die Schülerinnen, vermerkt Dorée Duncan, seien anfangs noch etwas steif, nach einigen Wochen harten Trainings mit Isadora aber in der Lage gewesen, den tänzerischen Chor für die Aufführung der Oper zu bilden.

Am Abend des 18. April 1913 saß der Bildhauer Antoine Bourdelle, den Isadora schon 1903 bei einer Gesellschaft Rodins kennengelernt und der eine Skulptur geschaffen hatte, in der Isadora und Waslaw Nijinsky gemeinsam das Genre Tanz verkörperten, zusammen mit seiner Frau in der »Orpheus«-Vorstellung im Théâtre Châtelet. Beim Furientanz tuschelte der Bildhauer seiner Frau in großer Erregung zu, Isadora tanze den Tod, und wollte sich gar nicht beruhigen; als er nach der Aufführung Isadoras Kutsche vom Bühneneingang des Theaters abfahren sah, hielt er sie für den Leichenwagen.

Wie Isadoras eigene stellten sich auch Bourdelles düstere Geschichten als Vorahnungen unmittelbar bevorstehenden Unheils heraus. Am nächsten Tag endete die glücklichste Phase in Isadoras Leben mit jenem tragischen Unglücksfall, den ihr der Maler Bakst beinahe zehn Jahre vorher bei ihrem ersten Besuch in Rußland, aus ihrer Hand lesend, vorhergesagt hatte: dem Tod ihrer Kinder in der Seine.

15. KAPITEL

Umsturz ins Tragische: der Tod der Kinder in der Seine

Der 19. März 1913 ließ sich für Isadora zunächst gar nicht so übel an. Nach der Vorstellung, die den Bildhauer Bourdelle am Abend zuvor so erschreckt hatte und von der Isadora meinte, sie habe so gut getanzt wie niemals zuvor (wir haben schon bei früheren Anlässen festgestellt, daß ihre Aussagen in »My Life« sehr widersprüchlich sein können), war Singer, den die Tänzerin seit Monaten nicht gesehen hatte, in ihre Garderobe gekommen und hatte vorgeschlagen, sich im weiteren Verlauf des Abends mit ihr im Appartement ihres Bruders Augustin im Hotel des Champs-Elysées zu treffen. Offensichtlich wollte er sich mit ihr versöhnen, nachdem er ihr bei einem – wie sie versichert: unschuldigen – Tête-á-tête mit dem Dichter Henri Bataille eine Eifersuchtsszene gemacht und danach, Knall auf Fall und ohne sich von Isadora zu verabschieden, eine erneute Reise nach Ägypten angetreten hat-

te – wie Isadora wußte: in weiblicher Begleitung. Isadora, noch immer in Singer verliebt und begierig darauf, ihm seinen kräftig gewachsenen Sohn zu zeigen, wartete bis drei Uhr nachts. Doch Singer tauchte nicht auf.
Drei Tage vorher hatte sich die erschöpfte Isadora mit den Kindern auf ärztlichen Rat nach Versailles zurückgezogen, um sich dort in der entspannten Atmosphäre des Hotel Trianon ein wenig zu erholen – ein Entschluß, den sie später zutiefst bedauerte. Noch in der Nacht war Isadora aus Paris nach Versailles zurückgekehrt. Doch der nächste Morgen, den sie zusammen mit ihren Kindern genoß, schien vielversprechend: »Die Fenster waren offen zum Park hin, wo die Bäume ihre ersten Blüten anlegten. Zum ersten Mal in diesem Jahr fühlte ich das eigentümliche Glücksgefühl, das uns in den ersten Frühlingstagen überkommt, und zwischen der Vorfreude auf den Frühling und dem Anblick meiner Kinder, so rosig und liebenswert und glücklich, verspürte ich ein so großes Gefühl der Freude, daß ich plötzlich aus dem Bett sprang und mit ihnen zu tanzen begann, alle drei übersprudelnd vor Lachen. Auch das Kindermädchen schaute lächelnd zu.«
Das Glücksgefühl noch steigernd, klingelt in diese Szene hinein das Telefon. Der Anrufer ist Singer, der Isadora bittet, mit den Kindern nach Paris zu kommen und ihn dort zu treffen. Isadora, der schon lange daran gelegen ist, ihr Verhältnis zu Singer wieder ins Lot zu bringen, stimmt zu. Die Kinder sind begeistert, Patricks Vater wiederzusehen. Nur das Kindermädchen hat einen Einwand: »Madame, ich glaube, es wird regnen. Vielleicht sollten die Kinder besser hier bleiben.« Verständlicherweise verwirft Isadora den Einwand und wird sich den Rest ihres Lebens deswegen Vorwürfe machen.
Mit ihrem langen schwarzen Wagen, am Steuer natürlich ein angestellter Fahrer, brechen Isadora, die Kinder und ihr Mädchen, nach Paris auf. Auf dem Weg hält die Tänzerin ihre Kinder fest im Arm. Sie treffen Singer und haben ein sehr fröhli-

ches Essen in einem italienischen Restaurant: »Wir aßen eine Menge Spaghetti, tranken Chianti und sprachen über die Zukunft des wundervollen Theaters«, das Singer für Isadora bauen wollte. Das Grundstück für den Bau hatte er vor seiner überstürzten Abreise nach Ägypten bereits gekauft. Singer wollte das Theater nach Isadora benennen, Isadora schlug vor, es dem Knaben Patrick zu widmen: »Denn Patrick ist der große Choreograph, der den Tanz zur Musik der Zukunft schaffen wird.« Am Ende des Tages war all dieses Gerede leeres Geschwätz – das Theater wurde nie gebaut, der Tanz zur Musik der Zukunft, jedenfalls von Patrick, nie geschaffen.

Nach dem Essen begab sich Singer mit einem Freund in den »Salon der Humoristen«. Isadora aber fuhr, zunächst mit den Kindern und ihrem Mädchen, zu ihrem Atelier nach Neuilly, wo sie eine Probe angesetzt hatte, die sie nicht ausfallen lassen wollte. Sie fragte das Mädchen, ob sie mit den Kindern auf sie warten wolle, bis die Probe vorüber sei. Doch da die Kinder eine Ruhepause brauchten, war das Mädchen der Ansicht, es sei besser, wenn es mit den Kindern schon nach Versailles ins Hotel fahre. Bis zur Probe war noch ein bißchen Zeit, und Isadora erging sich in Träumen des Glücks. Singer war zurück, alles würde gut werden: »Letztlich bin ich sehr glücklich, vielleicht die glücklichste Frau auf der Welt. Meine Kunst, mein Erfolg, mein Reichtum, meine Liebe und, über allem anderen, meine schönen Kinder.« Isadora schwelgte in ihren Zukunftsträumen.

Diese Träume aber wurden jäh zerstört durch einen »befremdlichen, unirdischen Schrei«. Singer kam zurück, »stolpernd wie ein Betrunkener«, und während er vor Isadora auf die Knie fiel, teilte er ihr stotternd die Schreckensbotschaft mit: »Die Kinder – die Kinder – sind tot.«

Was war geschehen? Isadoras Gefährt mit Kindern, Mädchen und Fahrer war auf der Rückfahrt nach Versailles nicht weit gekommen, als der Motor streikte, just am Ufer der Seine. Der

Chauffeur ließ den Gang drin und versuchte, den Motor wieder anzuwerfen. Unglücklicherweise hatte er Erfolg. Mit einem Ruck sprang das Auto vorwärts, ohne daß der Fahrer eine Chance hatte, ans Steuer zurückzukommen. Der Wagen rollte über die unbefestigte Böschung in die Seine und versank in der an dieser Stelle relativ starken Strömung des Flusses. Alle Versuche, die im Auto Eingeschlossenen rechtzeitig zu befreien, waren vergeblich. Die Strömung war zu stark. Als das Auto im Fluß endlich gefunden war, waren die Kinder – und mit ihnen das schottische Kindermädchen Annie Sim – längst ertrunken. Alle Wiederbelebungsversuche, die ein rasch an die Unfallstelle gerufener Arzt anstellte, waren vergeblich: sinnloses Wehren gegen das Unabänderliche.
Regungslos saß Isadora in ihrem Studio, während »Tout Paris« versuchte, die Untröstliche zu trösten. Singer, der ein schwaches Herz und schon vorher einen Herzinfarkt erlitten hatte, wurde in ein Krankenhaus eingeliefert. Bruder Augustin brachte Isadora ihre Schülerinnen, die sie mit gewohnt emphatischer Gebärde an ihre Brust drückte: »Nun müßt ihr meine Kinder sein.« Selbst in ihrer Verzweiflung war Isadora noch in der Lage, die Polizei, die den Chauffeur eingesperrt hatte, brieflich um seine Freilassung zu bitten. Gemeinsam wurden Deirdre, Patrick und Annie Sim eingeäschert und auf dem Prominentenfriedhof Père-Lachaise beigesetzt. »Allein«, so beschrieb die mit Isadora befreundete Schauspielerin Cécile Sorel die Bestattung, »schritt Isadora an der Spitze eines endlosen Leichenzugs. Sie ähnelte einer Trauernden in antiken Zeiten. Die Menschen stolperten übereinander, als sie den Falten ihrer Gewänder nachirrten. Ich hätte am liebsten ihre nackten Füße in den Sandalen geküßt.«
In ihren Memoiren erinnert sich Isadora, alle Welt habe befürchtet, daß sie wahnsinnig würde. Sie sei aber in einen Zustand erhöhten Bewußtseins geraten. »Ich sah jeden um mich herum weinen. Nur ich weinte nicht. Ich verspürte im

Isadora mit ihrer Tochter Deirdre (links stehend) und ihrem Sohn Patrick (auf Isadoras Schoß sitzend). Beide Kinder ertranken 1913, als ihr Auto in die Seine stürzte. (Ullstein Bilderdienst, Berlin)

Gegenteil das starke Bedürfnis, jedermann zu trösten. Im Rückblick ist es schwierig für mich, meinen damaligen Geisteszustand zu verstehen. War ich wirklich in einem Zustand der Klarsichtigkeit, der mich wissen ließ, daß der Tod nicht existiert, daß diese zwei kleinen kalten Bilder aus Wachs nicht meine Kinder waren, sondern bloß ihre abgelegten Kleider? Daß die Seelen meiner Kinder in einer Strahlenwelt lebten – aber für immer?«

Nach dem Tod ihrer Kinder blieb Isadora allein zurück. Wohnung und Studio waren vereinsamt. Gordon Craig, dem sie den Tod seiner Tochter brieflich mitgeteilt hatte, ließ sich entschuldigen. Er war von einer Theaterarbeit unabkömmlich. Die Beziehung zu Singer hatte durch das schreckliche Unglück ihren endgültigen Schlag bekommen. Die sechs Schülerinnen, die mit Isadora in »Orpheus und Eurydike« getanzt hatten, wurden von Elizabeth nach Darmstadt zurückgeholt. Bruder Raymond und seine griechische Frau Penelope waren auf dem Sprung zu einer längeren Reise, die nach Nordgriechenland führen sollte, wo sie mit Flüchtlingen arbeiten wollten, die im Balkankrieg von der türkischen Armee vertrieben worden waren. Isadora beschloß, sich den beiden zunächst einmal anzuschließen.

Die Reise führte über Mailand und Brindisi nach Korfu, wo Isadora für eine Weile Zwischenstation machte, während das Ehepaar Duncan nach Griechenland (oder Albanien, wie bei Isadora zu lesen ist) weiterreiste. Isadora fühlte sich allein und überaus elend, und eines Tages schickte sie Singer, der sich in London aufhielt, ein Telegramm: »Komm zu mir. Ich brauche Dich. Ich sterbe. Wenn Du nicht kommst, werde ich den Kindern folgen.«

Singer kam. Aber er blieb nicht lange. Er war nicht in der Lage, mit Isadoras depressiver Trauer umzugehen. Ohne sich von Isadora zu verabschieden, bestieg er eines Morgens das Schiff nach Italien. Isadora sah den kleinen Dampfer ablegen und wußte instinktiv, daß Singer an Bord war. »Ich sah den Dampfer sich auf dem blauen Wasser entfernen, und einmal mehr war ich allein.«

In ihrem Kummer sah Isadora zwei Möglichkeiten. »Entweder mußte ich mein Leben auf der Stelle beenden, oder ich mußte einen Sinn darin finden – trotz der nagenden Qualen, die mich Tag und Nacht verzehrten.« Sie entschied sich fürs Leben. Als Raymond zurückkam, um nach ihr zu sehen, ließ sie sich von seinem Enthusiasmus anstecken, vertauschte ihre Trauerkleidung mit Tunika und Sandalen und folgte ihrem Bruder nach Griechenland bzw. Albanien. Raymond organisierte dort einen privaten Hilfsdienst für die albanischen Flüchtlinge, vorwiegend Frauen und Kinder, indem er sie dazu brachte, die Wolle, die er in Korfu eingekauft hatte, für eine Drachme Arbeitslohn pro Tag zu spinnen und nach seinen Entwürfen zu weben. Die Couchdecken, die daraus entstanden, verkaufte Isadora bei einem Kurztrip nach Paris mit gutem Profit, den wiederum Raymond dazu benutzte, eine Bäckerei zu errichten, die das Brot billiger anbot als die griechische Regierung das Korn.

Gemeinsam lebten die Duncans in einem Zelt am Meer. Isadora schnitt ihre langen Haare ab und warf sie in die Fluten. Doch irgendwann hielt sie den Anblick des Flüchtlingselends nicht mehr aus. Sie begann einzusehen, »daß zwischen dem Leben eines Künstlers und eines Heiligen ein großer Unterschied besteht« und daß sie selbst für das Leben eines Heiligen, bei aller Trauer, nicht geschaffen war.

Zusammen mit ihrer Schwägerin Penelope, die ebenfalls eine Atempause benötigte, schiffte sie sich nach Konstantinopel ein, um sich im Luxus eines guten Hotels vom albanischen Mangel zu erholen. Ein Telegramm rief die beiden Frauen zurück: Bruder Raymond und der kleine Menalkas, Raymonds und Penelopes kleiner Sohn, waren schwer erkrankt. Während Penelope in Albanien zurückblieb, um die Fieberkranken zu pflegen, machte sich Isadora auf den Rückweg in die Zivilisation, zusammen mit einem jungen homosexuellen Türken, den sie auf der Hinreise kennengelernt und dem sie später, auf Bitten seiner Mutter, seine Selbstmordabsichten ausgeredet hatte: eine humanitäre Aktion, die (wenn man Isadoras Memoiren glauben darf) beinahe ihren gesamten Aufenthalt in Konstantinopel in Anspruch nahm.

In Triest wartete auf das Paar, das kein Paar war, Isadoras Auto samt Chauffeur. Durch Oberitalien fuhr man in die Schweiz und machte am Genfer See Station. »Wir verbrachten Tage in einem kleinen Boot auf dem See, und schließlich nahm ich Raoul beim Leben seiner Mutter das heilige Versprechen ab, daß er niemals wieder daran denken würde, Selbstmord zu begehen.« Dann setzte sie den schwer an seiner Veranlagung leidenden Raoul in einen Zug und schickte ihn in die Türkei zu seiner Mutter zurück.

Wieder verfiel Isadora in einen Zustand großer Trauer und Melancholie, aus der sie auch Bruder Augustin, der in der Schweiz zu ihr stieß, nicht herauslocken konnte. Selbst das Geräusch menschlicher Stimmen wurde ihr zur Qual, und Personen, die in einen Raum kamen, in dem sie sich aufhielt, nahm sie nur wahr wie durch einen Schleier. Als das Auto sie schließlich zurück nach Neuilly in ihre Wohnung brachte, hielt sie es auch dort nicht lange aus. Das Klavierspiel von Hener Skene, den sie in ihr Studio hatte kommen lassen, vertiefte nur ihren Kummer, anstatt ihr zu helfen. Und zum ersten Mal seit dem Tod ihrer Kinder weinte sie. Doch war das noch nicht das Anzeichen von Besserung.

Während eines totalen Zusammenbruchs gewann Isadora die Gewißheit, daß es ihr unmöglich sein werde, in Neuilly zu bleiben, wo sie alles an ihre toten Kinder erinnerte. So brach sie, im Auto, erneut Richtung Süden auf. Ruhelos trieb es sie von einer Stadt zur anderen. In einem kleinen Ort an der Adria erreichte sie schließlich ein Telegramm ihrer alten Freundin Eleonora Duse, die ihren Aufenthaltsort irgendwie

Um sich vom Tod ihrer Kinder abzulenken, reiste Isadora zu Eleonora Duse nach Italien. In Viareggio regenerierte sie sich und begann wieder, an ihren Tänzen zu arbeiten. (Ullstein Bilderdienst, Berlin)

erfahren hatte. Das Telegramm lud sie nach Viareggio ein, wo die Duse eine kleine Villa bewohnte. Isadora fand kaum Zeit, der Freundin ihre telegrafische Zusage zu übermitteln. Sie fuhr die ganze Nacht quer durch Italien. Während eines starken Sturmes erreichte sie Viareggio. Im Grand Hotel, wo sie abstieg, erwartete sie schon eine Nachricht der Duse.

In der Gesellschaft der Seelenfreundin fand Isadora mit der Zeit neuen Lebensmut, der allerdings dunkel eingetrübte Züge hatte. Bei einem gemeinsamen Spaziergang am Meer pflegte die Duse zu sagen, daß hier der tragische Tanz mit der tragischen Muse der Schauspielkunst promeniere, und ihr Rat an die Freundin war, sie solle nicht wieder nach privatem Glück

suchen und damit das Schicksal erneut herausfordern, sondern lieber ihren Kummer künstlerisch fruchtbar machen: in einer neuen Form von tragischen Tänzen.
Schließlich begann Isodara, zaghaft, wieder zu arbeiten. Sie mietete ein Klavier, das in Duses Villa, wo sie mittlerweile wohnte, aufgestellt wurde, und bat den Freund und Pianisten Hener Skene zu sich. »Eleonora war eine leidenschaftliche Liebhaberin der Musik, und jeden Abend spielte er für sie Beethoven, Chopin, Schubert, Schumann.« Und eines Abends, als Skene Beethovens Pathétique intonierte, erhob sich Isadora aus ihrem Sessel und tanzte das Adagio: die erste tänzerische Bewegung, die sie seit Monaten, seit dem Tod ihrer Kinder machte.
Tags zuvor hatte Isadora ein Angebot zu einer großen Tournee durch Südamerika erreicht, und die Duse setzte alles daran, Isadora zur Unterschrift unter den Vertrag zu bewegen. »Du weißt doch, wie kurz das Leben ist und wie lang die Jahre der Langeweile werden können, Langeweile, nichts als Langeweile«, soll sie Isadora bekniet haben. »Entflieh den Sorgen und der Langeweile. Entflieh!« Doch Isadora war noch nicht bereit. Daß sie vor der und für die Duse tanzen konnte, bedeutete noch nicht, daß sie fähig gewesen wäre, auch vor großem Publikum aufzutreten. So schob sie die Entscheidung, wieder zu tanzen, noch eine ganze Weile vor sich her.
Fast täglich ging sie am Strand spazieren, und fast immer endeten die Spaziergänge in einem Weinkrampf. Da hatte sie eines Tages eine Begegnung, wie sie nur Isadora haben konnte. Ein schöner junger Mann, der die Tänzerin, die nicht mehr tanzte, an die Jünglingsfiguren in Michelangelos Sixtinischer Kapelle erinnerte, stand vor ihr und fragte sie, was er denn tun könne, um ihren Kummer zu beenden. Und sie will ihm geantwortet haben: »Rette mich. Rette mehr als mein Leben: meinen Verstand. Schenke mir ein Kind.«

Eine Schülerin aus Isadoras Pariser Tanzschule. Trotz ihrer Differenzen rief Singer Isadora im Winter 1913 »im Namen der Kunst« nach Paris. Er stellte ihr eine Villa – Bellevue genannt – zur Verfügung, damit sie in der französischen Hauptstadt eine Tanzschule einrichten konnte, wie sie es seit langem erträumt hatte. (Ullstein Bilderdienst, Berlin)

Der schöne Jüngling, ein Bildhauer aus guter Familie mit Namen Angelo, tat Isadora den kleinen Gefallen, und bald war die Tänzerin wieder glücklich, weil schwanger. Die Liebe dauerte nicht lange, weil Angelo mit einem Mädchen aus einer seiner Familie nahestehenden Familie verlobt war und, als er wieder zu Verstand kam, zu seiner Verlobten zurückkehrte: Ein Vorgang, der Isadora nicht weiter betrübte, da sie hatte, worum es ihr gegangen war: die Aussicht auf ein Kind.

Im Herbst fuhr Isadora mit Skene weiter nach Süden, zunächst nach Florenz, dann nach Rom. Dort verbrachte sie das Weihnachtsfest. Mit Skene ging sie auf lange Wanderungen, vorzugsweise auf der Via Appia Antica. »Zuweilen reckte ich meine Arme gen Himmel und tanzte die Straße entlang – eine tragische Figur zwischen einer Reihe von Gräbern.«

Eines Tages erreichte sie ein langes Telegramm aus Paris. »Im Namen der Kunst« bat Singer Isadora, nach Paris zurückzukehren. Um rascher heimzukommen, verzichtete Isadora aufs Auto und nahm den Zug. In Paris wartete eine prächtige Suite im Hotel de Crillon mit Blick auf die Place de la Concorde auf die Tänzerin. Überall standen Blumen herum. Singer hatte inzwischen ein riesiges altes Gebäude im Zentrum von Paris gekauft, mit einem Park an der Seine und Platz für, wie er sagte, Tausende von Kindern. Und er bot Isadora dieses Gelände als Platz für ihre lange geplante Schule an mit der Bitte, sie möge alle persönlichen Gefühle außer acht lassen und sich hinfort nur um ihre künstlerische Vision kümmern.

Das »Bellevue«, zuvor ein »eher banaler« Platz, wurde nach Isadoras Wünschen umgestaltet. Aus den früheren Speiseräumen wurden Tanzsäle, die Wände mit blauen Vorhängen verkleidet. In die Umgestaltung investierte Isadora ebensoviel Zeit und Phantasie wie (Singers) Geld, da sie der Ansicht war, daß die Langeweile normaler Schulen nicht zuletzt mit ihrer einfallslosen Einrichtung zu tun habe. Sie schuf erhöhte Passagen, Aufgänge und Abgänge zwischen den einzelnen Räumen, und

einen Speiseraum ließ sie nach dem Vorbild des britischen Parlaments umbauen: mit erhöhten Sitzreihen an den Seiten, in denen die älteren Schülerinnen Platz nehmen sollten.
Bei einem Wettbewerb in Paris wählte Isadora aus Hunderten von Bewerberinnen fünfzig junge Mädchen aus, die die ersten Elevinnen der neuen Schule werden sollten. Bald begann sie, wieder zu lehren und ihre Schülerinnen nach ihrem Vorbild zu formen. Der Bildhauer Rodin, der gern hereinschaute, brach in Begeisterungsstürme aus: »Ach, wenn ich doch in meiner Jugend solche Modelle gehabt hätte, Modelle, die sich bewegen können, im Einklang und in Harmonie mit der Natur!«
Im Juni 1914 gab Isadora eine festliche Vorstellung im Trocadero, bei der ihre Schülerinnen tanzten und Beifallsstürme erzeugten, obwohl sie zu diesem Zeitpunkt – nach Isadoras Meinung – »alles andere als ausgebildete Tänzer oder Künstler waren«. Isadora bewertet den außerordentlichen Enthusiasmus, den ihre tanzenden Mädchen auslösten, als »Hoffnung auf eine neue Bewegung von Humanität, wie ich sie vage vorhergesehen hatte« –, eine Hoffnung, die sich, wie sich nur wenige Monate später zeigte, als trügerisch erweisen sollte. Stolz notiert die Tänzerin über ihre neuen Zöglinge am Ende des 27. Kapitels von »My Life«: »Dies waren die künftigen Tänzer von Beethovens Neunter Sinfonie.«

16. KAPITEL

Heroische Zeiten: Krieg, Totgeburt und andere Katastrophen

Im Januar 1914 waren die sechs älteren Elevinnen, die vorher schon mit Isadora getanzt hatten und mittlerweile als »Isadorables« bezeichnet wurden, aus Darmstadt nach Paris gekommen, um Isadora bei der Ausbildung der fünfzig neuen, jüngeren Mädchen zu helfen. Im Kreise ihrer neuen Schülerinnen blühte Isadora wieder auf, auch wenn sie, wie sie schreibt, gelegentlich zwischen den anderen ihre eigenen Kinder zu sehen vermeinte, in ihre Gemächer zurückkehrte und bitterlich weinte. Sie lehrte fleißig, doch mit fortschreitender Schwangerschaft war sie oft gezwungen, ihre Lektionen von der Couch aus zu erteilen. Noch wurde die schulische Idylle von den Vorboten des sich abzeichnenden Krieges kaum gestört.
Als die Ferienzeit herankam, nahm Singer die Schülerinnen von Bellevue mit sich auf einen seiner Landsitze in England,

während die hochschwangere Isadora in Paris zurückblieb. Am 1. August 1914 brachte Isadora in Bellevue ihr drittes Kind, einen Jungen, zur Welt. Es war eine schwere Geburt, und in Isadoras Erinnerungen vermischen sich Schmerz und subjektives Erleben mit der Angst vor dem soeben ausgebrochenen Krieg – Österreich-Ungarn hatte am 27. Juli 1914 Serbien den Krieg erklärt, Deutschland folgte am 1. August mit der Kriegserklärung an Rußland und, zwei Tage später, an das mit Rußland verbündete Frankreich – zu einem häßlichen Crescendo: »Mobilmachung, Krieg, Krieg, Mobilmachung.« Sie hörte ihr Baby schreien und erfuhr, daß es ein Junge war; der Gedanke schoß ihr durch den Kopf, daß er zu jung sei, um im Krieg zu sterben. Tatsächlich starb er schon nach wenigen Stunden, wieder versank Isadora in tiefe Depressionen, nur schwach gemildert durch das Wissen, daß rings im Land Hunderte, ja Tausende und Zehntausende junger Menschen ebenso sinnlos starben wie ihr Baby.

Die Schülerinnen waren in England. Bellevue stand leer. So lag der Gedanke nahe, Bellevue für einen guten Zweck zur Verfügung zu stellen. Isadora übergab den Gebäudekomplex an die »Dames de France«, die aus ihm ein Lazarett und eine Stätte der Rekonvaleszenz für Kriegsverwundete machten. Sobald sie gesundheitlich wieder in der Lage war zu reisen, schlug sich Isadora zusammen mit ihrer Freundin Mary Desti von Paris aus, quer durch die Linien der Kämpfenden, nach Deauville an der Kanalküste durch, wo die Freundin als Krankenschwester arbeiten wollte. Isadora half den Verwundeten auf ihre Weise: Sie las ihnen vor und schrieb Briefe für sie.

Wieder fühlte Isadora sich krank. Sie schickte nach einem Arzt und bat ihn, zu ihr ins Hotel Normandy zu kommen, wo viele prominente Pariser Zuflucht gefunden hatten. Doch der Arzt ließ ihr ausrichten, er habe genug mit den Verwundeten zu tun, wenn sie seine Hilfe brauche, müsse sie sich schon zu ihm ins Lazarett bemühen. Als Isadora sich endlich aufraffte, fand sie einen kleinen Mann mit einem schwarzen Bart, der sie zu meiden schien, sich dann aber doch bereitfand, sie am nächsten Tag in der Villa »Black and White« zu besuchen, die sie inzwischen gemietet hatte. Nachdem sie ihm ihre Probleme geschildert hatte, schloß er sie in die Arme und erklärte ihr, daß sie körperlich durchaus gesund, nur ihre Seele krank sei. Zur Heilung empfahl er ihr viel, viel Liebe, die er ihr schließlich selbst spendete. Denn nach ihrer ersten Begegnung suchte Isadora den kleinen Arzt immer häufiger während seines Nachtdienstes im Lazarett auf. So kamen sich die beiden näher und näher und wurden schließlich, für kurze Zeit, ein Liebespaar – für Isadora just die Medizin, die sie benötigte, um halbwegs wieder auf die Beine zu kommen.

Da einige der Mädchen, die Singer vor Ausbruch des Krieges mit nach England genommen hatte, Deutsche waren und Singer Probleme wegen ihrer Staatsangehörigkeit befürchtete, hatte er sie inzwischen zusammen mit Augustin Duncan und seiner zweiten Frau, Margherita Sargent, nach New York geschickt. Auch Elizabeth Duncan und ihr Adlatus Merz, die sich gerade von Isadora gelöst zu haben schienen, hatten inzwischen festgestellt, daß sie sich in den Vereinigten Staaten – die sich ja noch nicht im Krieg befanden – sicherer fühlen würden, und verlegten die Schule von Darmstadt nach New York. So fand in New York, vom ersten Weltkrieg veranlaßt, die große Wiedervereinigung der Familie Duncan statt. Seite an Seite lehrten die beiden Schwestern in New York ihre Vorstellung vom neuen Tanz.

Dabei unterrichtete Elizabeth vor allem die jüngeren, zum Teil schon amerikanischen Elevinnen, während sich Isadora auf die älteren, aus Europa stammenden Schülerinnen konzentrierte. Im Herbst gründete sie, mit ihnen als Tänzerinnen, ein neues Ensemble, das sie »Dionysion« nannte; im November und Dezember 1914 trat die Gruppe mehrfach mit Isadoras Gluck- und Schubert-Choreographien auf.

Im Frühjahr 1915 kehrte Isadora, mittlerweile 37, selbst zur Bühne zurück. In einem Brief an den in Europa gebliebenen und später im Krieg gefallenen Pianisten Hener Skene schrieb sie, sie verzweifle am Leben: »Aber vielleicht kann ich etwas Schönes zu einem Requiem schaffen, um jene zu trösten, die ähnlich leiden wie ich.« So schuf sie eine Choreographie zu Schuberts »Ave Maria«, in deren Soloteil sie die Jungfrau Maria tanzte: »ihre Einwilligung in die Ankündigung des Engels, die Geburt des Jesuskindes und ihre liebende Anbetung des Kindes. Die jungen Mädchen, die sich ihr anschlossen, verkörperten den Chor der Engel« (Dorée Duncan).
Doch am meisten Aufsehen erregte Isadora mit einer anderen neuen, angeblich spontanen Choreographie. »Ironischerweise«, schreibt Dorée Duncan, »schuf Isadora, die ihr Leben der Schönheit und der Freude gewidmet hatte, die das Leiden so beklagte, nun einen großen Schrei zu den Waffen.« Isadora selbst schildert die Gemütslage, die zur Entstehung des Stücks führte, folgendermaßen: »Zurück aus dem blutenden, heroischen Frankreich, war ich entrüstet über die offensichtliche Indifferenz der Amerikaner gegenüber dem Krieg«, und so schlang sie sich eines Abends, nach einer Vorstellung in der Metropolitan Opera, ihren roten Schal um die Hüften und ließ das Orchester die französische Nationalhymne anstimmen, die Marseillaise, und tanzte dazu. »Es war«, liest man in »My Life«, »eine Aufforderung an die jungen Männer Amerikas, sich zu erheben und die höchste Zivilisation unserer Epoche zu schützen – jene Kultur, die der Welt durch Frankreich entstanden ist.«
Der Erfolg war sensationell. Das Publikum erhob sich von den Sitzen und dankte der Tänzerin mit minutenlangem Applaus, und die Kritiker schlossen sich ihm an. »Ihre exaltierten Posen«, zitiert Isadora eine von ihr nicht näher benannte New Yorker Zeitung, »imitierten die klassischen Figuren auf dem Arc de Triomphe in Paris. Ihre Schultern waren nackt und

ebenso eine ihrer Körperhälften bis zur Taille.« Offenbar hatte sie sich sich vor allem von Delacroix' berühmtem Gemälde anregen lassen, auf dem eine barbusige Freiheit das Volk auf die Barrikaden führt. Selbst der gestrenge Van Vechten war angetan: »Zeitweise nehmen Beine, Arme, ein Bein oder ein Arm, der Hals oder die entblößte Brust eine Bedeutung an, die sie weit über den Rest des Ganzen erhebt, an die unvollendeten Skulpturen Michelangelos erinnernd.« Nur die Behörden zeigten sich uneinsichtig. Sie verboten weitere Aufführungen der getanzten »Marseillaise«.

Von der Bühne herab forderte Isadora die reichen New Yorker(innen) auf, ihr ein Theater zu bauen, am besten in Manhattans »Lower East Side«, wo jenes Publikum wohnte, das sie am empfänglichsten für ihre Kunst erachtete. Doch zunächst einmal stellte ihr Otto Kahn, der Besitzer des Century Opera House, sein Theater zur Verfügung. Für eine Aufführungsserie, von der Großnichte Dorée meint, daß sie die kompletteste Vorstellung von Isadoras theatralischer Ästhetik geboten habe, gestaltete die Tänzerin den Innenraum des Theaters völlig neu. Sie ließ die ersten zehn Sitzreihen entfernen und die goldenen Logen mit weißem Tuch ausschlagen, um so den Eindruck eines griechischen Amphitheaters zu erzielen.

Hier spielte Isadora, unterstützt von einem Sinfonie-Orchester und einem 180 Köpfe starken Chor, ihre Versionen von Glucks »Orpheus und Eurydike« und beide »Iphigenie«-Opern, mit zusätzlichen gesprochenen Chören, des Sophokles »König Ödipus« sowie ein gemischtes Programm, das Ausschnitte aus Bachs »Matthäus-Passion« und Hector Berlioz' »Kindheit Christi« mit Gedichten von William Blake kombinierte. Es war weitgehend ein Familienunternehmen. Bruder Augustin spielte den Ödipus, seine geschiedene Frau, Sarah Whiteford, und seine jetzige, Margherita Sargent, führten die Chöre an. Unter den jungen Tänzerinnen tauchte zum ersten Mal eine gewisse »Irma Duncan« auf, eine der »Isadorables«, die Isadora später an Kindes statt annehmen sollte. Erklärte Absicht der Produktionen war es, jene Einheit der Künste wieder zu erreichen, die Isadora im antiken griechischen Theater verkörpert sah, zu Recht oder zu Unrecht.

Die Aufführungen fanden ein überwiegend positives Echo, auch wenn just das Publikum, auf das Isadora gesetzt hatte, ihnen eher indifferent gegenüberstand. Keiner der New Yorker Millionäre, auf deren Unterstützung Isadora gehofft hatte, gab auch nur einen roten Heller. »Warum, um Gottes Willen, wollen Sie ausgerechnet die griechische Tragödie neu beleben?« war der gängige Kommentar.

Die Aufführungsserie wurde ein spektakulärer finanzieller Mißerfolg und trieb Isadora beinahe in den Bankrott – kein Wunder angesichts der horrenden Kosten der Produktion. Doch Isadora machte einen anderen Schuldigen aus: »In dieser Zeit hatte ganz New York das Jazztanz-Fieber. Frauen und Männer der besten Gesellschaft, alt und jung, verbrachten ihre Zeit in den großen Salons von Hotels wie dem Biltmore, indem sie den Foxtrott tanzten zum barbarischen Gekläff und Geschrei der Neger-Orchester.« Später wird sich Isadoras Abneigung gegen die »Negerkultur« in wesentlich eindeutigeren Statements Luft verschaffen, doch stammen die Anfänge dieser rassistisch getönten Aversion vermutlich aus dieser Zeit.

In »My Life« setzt Isadora ihre Ablehnung von Jazz und Jazztanz in Beziehung zum Krieg in Europa: »Ich war in dieser Zeit zu einer oder zwei dieser Tanzgalas eingeladen und konnte meinen Zorn darüber nicht verbergen, daß all das geschah, während Frankreich verblutete und der amerikanischen Hilfe bedurfte. Tatsächlich mißfiel mir 1915 die gesamte Atmosphäre (in Amerika), und so beschloß ich, mit meiner Schule nach Frankreich zurückzukehren.«

Für die Rückreise nach Frankreich hatte Isadora Plätze auf einem italienischen Ozeandampfer mit Namen »Dante Alighieri« gebucht. Aber wie annähernd zwanzig Jahre zuvor, als sie mit ihrer Familie zum ersten Mal nach Europa aufbrach, fehlte ihr noch drei Stunden vor der Abfahrt des Schiffes das Geld, um die Passage zu bezahlen. Da erschien, ein Geschenk des Himmels, eine junge Amerikanerin in Duncans Studio, wo die Tänzerin mit ihrem Anhang auf gepackten Koffern saß, und gab ihr zwei Schecks über je tausend Dollar – ausreichend für die Bezahlung der Überfahrt. Später fand Isadora heraus, daß es sich bei der jungen Dame, Ruth mit Vornamen, keineswegs um eine ihr unbekannte Millionärin gehandelt hatte. Vielmehr hatte die junge Frau die meisten ihrer Besitztümer zu Geld gemacht, um der Tänzerin – deren prekäre Situation sich wohl herumgesprochen hatte – zu helfen.

Das Auslaufen der »Dante Alighieri« gestalteten Isadora und die ihren zu einer politischen Demonstration. Als das Schiff ablegte, versammelten sie sich mit kleinen Fähnchen in den französischen Nationalfarben an der Reeling, winkten und sangen die Marseillaise. Und so, schreibt Isadora, habe sie »«das reiche, vergnügungssüchtige Amerika« verlassen und Segel gen Italien gesetzt: »Mit meiner nun heimatlosen Schule.«

Doch irgendwie geriet Isadora auch in Europa bald wieder in eine vergnügungssüchtige Clique hinein, vielleicht, weil sie, finanziell blank, wie sie war, wieder die Nähe der Schönen und Reichen suchte. Im Grunde hatte Isadora von Neapel, wo die »Dante Alighieri« anlegte, in ihr geliebtes Athen reisen wollen. Doch da einige ihrer Schülerinnen einen deutschen Paß hatten und sie deswegen Komplikationen befürchtete, begab sie sich zunächst in die Schweiz. Nach einem kurzen Aufenthalt in Zürich bezog sie in Ouchy Quartier, einem am See gelegenen Vorort von Lausanne. Vergeblich führte sie in Zürich ihre Schülerinnen einer amerikanischen Millionärin vor, die ihre Ablehnung jeglicher Unterstützung damit begründete, daß sie – eine Schülerin C. G. Jungs – einzig und allein an ihrem eigenen Innenleben interessiert sei. Doch muß Isadora, die völlig abgebrannt in Europa landete, irgendwie zu Geld gekommen sein. Sie lebte in Lausanne offenbar recht komfortabel, mußte später allerdings bei halsabschneiderischen Geldverleihern, zum horrenden Zinssatz von 50 Prozent, Geld aufnehmen, um die Schule und ihre Zöglinge über Wasser zu halten.

In ihren Memoiren gewinnt ein Hals über Kopf unternommener Ausflug mit dem führenden Kopf einer charmanten, adligen, in der Schweiz gestrandeten englischen Homosexuellengruppe die größte Bedeutung: zunächst mit dem Auto nach Rom, dann mit dem Schiff nach Athen, wo Isadora auf offener Straße zu den Klängen der »Marseillaise« getanzt haben und das griechische Volk zur Unterstützung der Alliierten im Kampf gegen Deutschland aufgefordert haben will, sehr zum Mißfallen der griechischen Regierung, die sich, eher deutschfreundlich, aus diesem mörderischen Konflikt möglichst heraushalten wollte. Dorée Duncan dagegen berichtet von einer Übersiedlung nach Paris, während die Schülerinnen in der Schweiz verblieben, und zwei Vorstellungen im Palais de Trocadero, deren erste – von der Großnichte durch den Abdruck eines Programmblattes belegt – am 16. April 1916 stattfand.

Isadora tanzte an diesem Abend zu einigen kürzeren Kompositionen von César Franck und zur kompletten 6. Sinfonie von Peter Tschaikowsky. Als Zugabe gab es die »Marseillaise«, die natürlich, eher aus politischen als aus ästhetischen Gründen, einen riesigen Sturm der Begeisterung hervorrief. Vor einer weiteren Vorstellung im Trocadero machte sie mit demselben Programm einen Abstecher nach Genf. Mit dem Honorar für diese Aufführungen habe sie, wie Dorée Duncan anmerkt, zwar die Kosten für den Unterhalt ihrer Schule bestreiten können, doch habe das Geld nicht gereicht, um die Möbel ihres Pariser Ateliers zu retten, die der Vermieter als Entgelt für die nicht bezahlte Miete einbehalten habe. Nur einige Gemälde von Eugène Carrière, die sie künstlerisch inspirierten, habe Isadora retten können. Doch sei Isadoras Interesse an irdischen Besitztümern nach dem Tod ihrer Kinder ohnehin nicht mehr sehr groß gewesen.

Nach den Vorstellungen in Paris und Genf ging Isadora auf ihre erste Südamerikatournee. In New York, wo das Schiff zwischendurch anlegte, kam Bruder Augustin an Bord, der seine Schwester in Kriegszeiten nicht allein auf diese lange Reise gehen lassen wollte. Dorée Duncan merkt an, daß Augustin es auf dieser Reise schwer gehabt habe mit seiner Schwester, die ihre kapriziösesten Launen ausgelebt habe: Leben in den teuersten Hotels, jeden Tag Unmengen des besten Champagners – und überdies noch die fixe Idee, vorwiegend Musik Richard Wagners zu tanzen: des musikalischen Repräsentanten jenes Deutschland, gegen das sie ansonsten nicht müde wurde zu protestieren.

Die Reise endete mit einem Fiasko. In der argentinischen Hauptstadt Buenos Aires ließ sich Isadora, beim Besuch eines Studentenkabaretts ausgerechnet am Nationalfeiertag, von den jungen Leuten überreden, eingehüllt in eine argentinische Fahne nach der französischen auch ihre Nationalhymne zu tanzen. »Mein Erfolg«, erinnert sich Isadora, »war elektrisierend.« Doch er bedeutete das Ende der Tournee. Als Isadoras Impresario am übernächsten Tag die Geschichte von Isadoras unbezahltem Auftritt im Kabarett in den Zeitungen las, erklärte er sie wutentbrannt für vertragsbrüchig und stornierte sämtliche weiteren Auftritte. Bruder Augustin wurde nach Europa zurückgeschickt, um Geld für die Rückkehr aufzutreiben. Isadora und ihr Pianist Maurice Dumesnil schlugen sich nach Montevideo durch und gaben dort einige erfolglose Vorstellungen. Wieder einmal konfiszierte das Hotel die Koffer, da Isadora die Rechnung nicht bezahlen konnte.

In New York, wo Isadora nach einer eher tristen Schiffsreise erneut Station machte, traf die Tänzerin unverhofft auf ihren alten Liebhaber Paris Singer, der sich in generösester Laune zeigte. Er mietete ihr die Metropolitan Opera für eine Gala, zu der er im November 1916 sämtliche wichtigen Künstler und Persönlichkeiten der New Yorker Gesellschaft einlud, darunter auch die große Ballerina Anna Pawlowa. Isadora tanzte dasselbe Programm wie einige Monate zuvor im Pariser Trocadero und bezeichnete die Vorstellung später als »eine der schönsten Erfahrungen meines Lebens«. Den Winter verbrachte Isadora, auf Singers Kosten, aber ohne ihn, mit einem jungen Dichter, der als Singers Sekretär engagiert war, zunächst auf Kuba; von dort reiste sie nach Florida, wo sie – im luxuriösen Breaker's Hotel – wieder mit Singer zusammentraf.

Zurück in New York trat Isadora immer mal wieder im Metropolitan Opera House auf. Am Ende jeder Vorstellung tanzte sie die – mittlerweile offenbar erlaubte – Marseillaise. Ihre regulären Programme aber enthielten immer häufiger Musik von Richard Wagner. Den Unwillen mancher Zuschauer, die diese Programmgestaltung erregte, konterte sie kühl: »Ich denke, alle intelligenten Menschen werden mir zustimmen, daß der Boykott deutscher Künstler während des Kriegs ungerecht und dumm war.«

Am Abend, als die Nachricht von der russischen Oktoberrevolution New York erreichte, tanzte Isadora außer der Marseillaise – »in jenem revolutionären Geist, in dem sie komponiert war« – ihre Version des slawischen Marsches mit der Zarenhymne und der Darstellung des geknechteten russischen Volkes unter der Peitsche des Adels. Isadora fühlte sich auf der Höhe ihrer künstlerischen Karriere. Doch die Wende folgte rasch. In einem seiner plötzlichen Gefühlsumschwünge ließ Singer Isadora von heute auf morgen allein auf einem riesigen Schuldenberg sitzen. Zum Glück hatte er ihr vorher ein immens teures Diamanthalsband geschenkt, das Isadora – zusammen mit einem hochwertigen Pelzmantel und einem aus dem Besitz eines indischen Maharajas stammenden kostbaren Smaragden – versetzte, um ihre Schulden zu begleichen.

Das Geld reichte, so daß Isadora den Sommer des Jahres 1917 mit einigen ihrer Schülerinnen auf Long Island verbringen konnte. Zu den Künstlern, die Isadora damals besuchten, gehörten die Surrealisten Marcel Duchamp und Francis Picabia, der Komponist Edgar Varèse und der belgische Geiger Eugéne Ysaye. Im Herbst ließ Isadora die »Isadorables« in einem Studio in New York zurück und ging auf eine Tournee nach Kalifornien. Zum ersten Mal seit zwei Jahrzehnten sah sie ihre Heimatstadt San Francisco wieder.

17. KAPITEL

Vom Westen enttäuscht: auf der Suche nach einem neuen Lebensmittelpunkt

In den zweiundzwanzig Jahren, in denen Isadora nicht mehr an ihrem Geburtsort gewesen war, war aus San Francisco eine andere Stadt geworden. Nach dem Erdbeben und dem daraufhin ausgebrochenen Feuer, die im Jahre 1906 die Stadt beinahe vollständig zerstört hatten, war San Francisco rasch wieder aufgebaut worden, naturgemäß völlig anders, wesentlich großzügiger und moderner, als Isadora es im Gedächtnis hatte. Die Vollendung des Panamakanals im Jahre 1914, die der gesamten amerikanischen Westküste großen wirtschaftlichen Auftrieb gab, hatte ein übriges getan: San Francisco war von einer gemütlichen Provinzstadt zu einer Metropole geworden, in der sich Isadora – so sehr sie auch Weltstädte wie Paris, London, Berlin oder Rom liebte – nicht mehr zurechtfand.
Natürlich genoß sie das Wiedersehen mit ihrer altgewordenen

Mutter, die Europa schon einige Jahre zuvor aus Heimweh den Rücken gekehrt hatte und seit längerem wieder in San Francisco lebte. Aber als sie, bei einem gemeinsamen Frühstück in einem Restaurant am Meer, ihrer beider Physiognomien in einem Spiegel sah, fühlte sie sich ziemlich elend angesichts des traurigen, deprimierten Ausdrucks ihrer Gesichter. Von dem Enthusiasmus, der Mutter wie Tochter zwanzig Jahre vorher ausgezeichnet hatte, als sie von San Francisco aus aufgebrochen waren, die Welt zu erobern, war nicht mehr viel übriggeblieben.

Isadoras Auftritte in San Francisco waren recht erfolgreich; die Stadt war stolz auf ihre bedeutende Tochter. Doch mehr als solche Erfolge erfreuten Isadora kleine Szenen wie die, als sie mit dem jungen Pianisten Harold Bauer, mit dem sie zum ersten Mal zusammenarbeitete, über die Phrasierung einer Stelle in einer Chopin-Komposition stritt – und recht behielt. Bauer fand schließlich heraus, daß Chopin diese Stelle genau so gespielt haben wollte, wie Isadora instinktiv erkannt hatte.

Doch generell hielt Isadoras Enttäuschung über den geistigen Zustand Amerikas an. Der Dichter Walt Whitman, eines von Isadoras großen Idolen, hatte einst von einer amerikanischen Musik geträumt, die – laut Isadora einen Rhythmus haben sollte: »So groß wie die Erhebungen der Rocky Mountains, wie die Schwingungen der emporstrebenden amerikanischen Seele: durch Arbeit zur Harmonie.« Doch das Amerika, wie Isadora es nun sah, schien sich gänzlich der verhaßten Jazzmusik hingegeben zu haben. »Es scheint mir ungeheuerlich«, schreibt sie am Ende jenes Kapitels von »My Life«, das von ihrer Rückkehr nach San Francisco berichtet, »daß irgendjemand glauben könnte, der Jazzrhythmus drücke Amerika aus. Der Jazzrhythmus drückt den primitiven Wilden aus. Amerikas Musik muß ganz anders sein. Sie muß noch geschrieben werden.«

Und weiter: »Doch eines Tages wird sie fortströmen von den

großen Landstrichen, herabregnen von den Weiten des Himmels, und Amerika wird sich ausdrücken in einer titanischen Musik, die sein Chaos zu Harmonie umformen wird, und langbeinige, strahlende Jungen und Mädchen werden zu dieser Musik tanzen, nicht die stotternden, affenähnlichen Konvulsionen des Charleston, sondern kolossale, aufwärts gerichtete Bewegungen, höher als die Pyramiden von Ägypten, jenseits des griechischen Parthenons, ein Ausdruck von Schönheit und Stärke, wie ihn keine Zivilisation je gekannt hat.«

»Und dieser Tanz«, fährt sie in »My Life« in einem neuen Absatz fort, »wird nichts in sich tragen von der ungesunden Koketterie des Balletts noch von den wollüstigen Zuckungen des Negers. Er wird rein sein. Ich sehe Amerika tanzen, mit einem Fuß gestützt auf die höchste Erhebung der Rockys, die Hände ausgestreckt vom Atlantik zum Pazifik, das edle Gesicht dem Himmel zugewandt, die Stirn gekrönt von einer Million Sterne.«

Es wäre dies, von den rassistischen Ausfällen abgesehen, ein schöner Schluß für eine grandiose Vision. Aber Isadora kann sich noch nicht beruhigen und zieht weiter zu Felde gegen jede Art Tanz, die ihr mißfällt: die schwedische Gymnastik, die den langen Beinen der Amerikaner nicht Rechnung trage, die altmodischen Walzer, Mazurken und Menuette, wie sie der Autokönig Henry Ford den Kindern zu lernen empfehle: Ausdruck einer sentimentalen Romantik oder, noch schlimmer, der Servilität von französischen Hofschranzen eines vergangenen Jahrhunderts. »Was haben diese Bewegungen mit der freien Jugend von Amerika zu tun? Warum sollten unsere Kinder ihre Knie beugen in jenem verwöhnten, kriecherischem Tanz, dem Menuett, oder sich in der Verirrung der falschen Sentimentalität eines Walzers drehen?« Für Isadora hat Amerika »mit großen Schritten, Sprüngen und Sätzen« zu tanzen, im Geiste der Pioniere, die das weite Land eroberten, und, tatsächlich, »der Reinheit unserer Staatsmänner« sowie

»all der begeisternden Liebe und Zärtlichkeit unserer Mütter. Wenn die amerikanischen Kinder auf diese Weise tanzen, wird es sie zu schönen Wesen machen, würdig des Namens der größten Demokratie«.
Die Realität freilich sah anders aus, und Isadora hatte Sehnsucht nach Europa, nicht zuletzt, weil sie glaubte, sich wieder um ihre Schule kümmern zu müssen. Als Mary Desti, nach Europa zurückgekehrt, bei einem Telefongespräch von Isadoras Rückkehrwunsch erfuhr, brachte sie einen gemeinsamen alten Freund – jenen Gordon Selfridge, der einst in Chicago der jungen Isadora etwas Stoff auf Kredit gegeben hatte, der aber mittlerweile als Kaufhausbaron zu Reichtum gekommen war – dazu, Isdadora eine Passage auf jenem Schiff zu verschaffen, auf dem er selbst an einem der nächsten Tage nach Europa aufbrechen wollte.
Auf dem Schiff setzte sich Isadoras Pechsträhne fort. Als sie im Dunkeln an Deck spazierenging, fiel sie – an die fünf Meter tief – in eine offene Luke und verletzte sich schwer. Galant stellte ihr Selfridge für den Rest der Reise seine eigene komfortablere Kabine zur Verfügung. Im Gegensatz zu den meisten Männern, die Isadora kennengelernt hatte, von ihren Liebhabern nicht zu reden, war Selfridge weder feminin noch nervlich labil. So genoß Isadora die Gesellschaft dieses offenbar ungewöhnlichen Mannes – »fast ein anderes Geschlecht« – außerordentlich.
Doch alle Reisen gehen einmal vorbei, Isadora fand sich in London wiederum gestrandet: immer noch leidend nach ihrem fatalen Sturz, allein – und mittellos. Keiner der vermeintlichen Freunde in Paris, die sie um Geld bat, reagierte – selbst Singer gab keine Antwort auf ihre Hilferufe. »Allein und krank, ohne einen Cent, meine Schule zerstört und der Krieg anscheinend auf unbestimmte Zeit weitergehend, pflegte ich Nacht für Nacht an meinem dunklen Fenster zu sitzen, beobachtete die Luftkämpfe und wünschte mir, eine Bombe würde

auf mich fallen und meine Not beenden.« Sie dachte daran, ihrem Leben selbst ein Ende zu setzen: »Selbstmord ist so verführerisch.« Aber schließlich lernte Isadora einen netten Mann von der französischen Botschaft kennen, der sie mit nach Paris nahm.

»Die Tage vergingen in trostloser Monotonie.« Isadora überlegte, ob sie Krankenschwester werden sollte, gab die Idee aber auf, als sie sah, wie lang die Schlange der auf eine Anstellung als Krankenschwester wartenden Frauen war. Sie beschloß, wieder zu ihrer Kunst zurückzukehren. Ein Freund brachte ihr einen neuen Pianisten, Walter Rummel, in den sie sich auf der Stelle verliebte: »Als er eintrat, dachte ich, das Bildnis des jungen Liszt sei aus seinem Rahmen getreten.« Isadora erscheint ihr neuer Liebhaber als gottgesandter Engel, der sie aus Langeweile und Depression rettet und zurück in die Fülle des Lebens führt. Ihre Beschreibung ist so enthusiastisch, daß sie sich beim Leser ihrer Memoiren glaubt entschuldigen zu müssen: Schließlich habe sie bei jedem neuen Liebhaber, den sie »in Form eines Engels oder Teufels oder auch eines einfachen Mannes« getroffen habe, aufrichtig geglaubt, daß er »jener Einzige (sei), auf den ich so lange gewartet hatte und daß diese Liebe dauern würde bis zum Ende meines Lebens«.

Im Sommer 1918 zog sich Isadora mit Rummel in ein Studio in Kap Ferrat an der französischen Mittelmeerküste zurück und begann, mit ihm an neuen Choreographien zu arbeiten. Rummel spielte, Isadora tanzte. Ein komplettes Lisztprogramm, unter anderem zu »Benédiction de Dieu dans la solitude«, entstand. Auch die Arbeit an Wagner- und Chopin-Kompositionen, mit denen sie nach dem Ende des Krieges in Polen auftreten wollte, trieb Isadora voran.

Der Krieg war endlich vorüber und Isadora mit Rummel nach Paris zurückgekehrt. Auf den Champs-Elysées beobachteten sie die Siegesparade der alliierten Truppen, und als sie das

»Bellevue« besuchten, das – ehe es in ein Lazarett verwandelt wurde – das Zentrum von Isadoras Leben gewesen war, fanden sie es in Trümmern liegend. Eine Weile lang versuchten sie, die Mittel für den Wiederaufbau aufzutreiben; dann mußten sie einsehen, daß sie keine Chance hatten und gaben den Plan auf. Als die französische Regierung ihr anbot, das Ruinengrundstück für eine Summe zu übernehmen, die Isadora immerhin den Kauf eines Hauses im vornehmen Stadtteil Passy gestattete, stimmte sie zu. Das neue Haus enthielt sogar ein kleines Theater, das Isadora »Salle Beethoven« taufte. Sie forderte die »Isadorables« zur Rückkehr aus Amerika auf und plante, mit ihnen und Rummel in Passy zu arbeiten.
Während es auf die Rückkehr der Mädchen wartete, unternahm das Paar zusammen mit einer Freundin eine Reise nach Nordafrika, die auf dem Rückweg über Rom führte. Dort traf Isadora zum ersten Mal seit langer Zeit Gordon Craig wieder. Die heiße Phase der erotischen Leidenschaft war zwar vorüber, die Seelenfreundschaft aber bestand weiter. Hand in Hand wanderten die zwei durch dunkle römische Straßen: stumm, zuweilen weinend, doch schließlich endete der nächtliche Spaziergang mit einem Lächeln.
Im Frühling des Jahres 1920 tanzte Isadora, mittlerweile 42, wieder einmal eine Aufführungsserie im Trocadero. Eines ihrer Programme kombinierte Schubert – die »Unvollendete«, das »Ave Maria« – mit Tschaikowskys »Symphonie Pathétique« und »Slawischem Marsch« (dem schließlich die »Marseillaise« folgte), ein anderes Beethoven und Wagner (»Isoldes Liebestod« und das »Tannhäuser«-Bacchanal), ein drittes ließ auf Kompositionen von César Franck, Berlioz und Chopin wiederum Wagner folgen: diesmal vor allem aus dem dritten »Parsifal«-Akt. Gordon Craig, zufällig in Paris, sah Isadora tanzen und schrieb ihr, er habe in seinem Leben nie einen vergleichbaren künstlerischen Ausdruck gesehen und werde, was er sah, bis an sein Lebensende nicht vergessen.

Porträt Isadora Duncans von Yurii Annenkov, circa 1921. Im Mai dieses Jahres lud die neue sowjetische Regierung Isadora ein, eine Schule in Moskau zu gründen. Isadora nahm das Angebot ungeachtet aller Warnungen freudig an und eröffnete am 3. Dezember 1921 die neue Schule. In vielen ihrer Erwartungen wurde sie allerdings enttäuscht.
(Duncan Collection; D. D.)

Im Sommer machten sich Isadora, Rummel und ihre Mädchen, in Begleitung des Fotografen Edward Steichen nach Griechenland auf, um den aufgegebenen Bau auf dem Kopanoshügel vielleicht doch zu vollenden; Steichen fotografierte sie, als sie im Parthenon weniger tanzten als posierten. Für eine Weile wurde der verwahrloste Hauptraum des Gebäudes auf dem Kopanos, das die Ziegenhirten der Nachbarschaft in Besitz genommen hatten, zu einem Studio, in dem Rummel spielte und Isadora und die »Isadorables« tanzten. Doch die Hoffnung, auf dem Kopanos endlich einen dauerhaften Platz für die Schule zu finden, wurde bald zerschlagen.
Nach dem Tod des griechischen Königs verschoben sich die Machtverhältnisse im Lande zuungunsten von Isadoras Gönner Eleuthérios Venizélos; auch die Situation der Tänzer veränderte sich ins Negative. Notgedrungen kehrten Isadora und die ihren nach Paris zurück. Im Frühjahr 1921 gingen sie gemeinsam auf Tournee und gaben Vorstellungen in Holland, Belgien, London sowie im Théâtre des Champs-Elysées in Paris.
Doch die Harmonie innerhalb der Gruppe zerbrach. Isadoras »Erzengel«, der Pianist Rummel, hatte sich bereits in Griechenland in eine der »Isadorables«, Anna, verliebt und brannte nach langen inneren Kämpfen mit ihr durch. Erica, das Mädchen, an dessen Krankenbett in Monte Carlo sich einst Isadora und Singer zum erstenmal in Liebe gefunden hatten, kehrte zurück in die Vereinigten Staaten, um dort Malerei zu studieren. Margot litt an Tuberkulose, so daß Isadora nur noch die Hälfte ihrer ursprünglich sechs Meisterschülerinnen zur Verfügung stand. Sie gab mit ihnen noch einige Vorstellungen in Brüssel, bei denen sie ihr Freund, der Geiger Ysaye, mit seinem Orchester begleitete.
Als dann, im Mai 1921, die neue bolschewistische Regierung anfragte, ob sie die sehnlichst gewünschte Schule nicht in der Sowjetunion errichten wolle und ihr anbot, diese Schule zu finanzieren, blieb Isadora im Grunde keine Wahl. Wie viele

andere Künstler jener Tage, von Pablo Picasso bis George Bernard Shaw – und naiver als jene – glaubte Isadora, die Sowjetregierung werde den alten Menschheitstraum verwirklichen und das irdische Paradies errichten. Zwar ging es den Menschen in Rußland schlecht. Aber noch hatte sich das neue Regime durch Terror nicht übermäßig kompromittiert. Jedenfalls war die Kunde vom Aufstand der Kronstädter Matrosen – »das Leben unter dem Joch der kommunistischen Diktatur ist schrecklicher als der Tod« –, den Lenin blutig niederschlagen ließ, noch nicht in den Westen, geschweige denn zu Isadora gedrungen. Viele ihrer Freunde schrieben ihr ohnehin politische Naivität zu. Wenn man ihr ein Bild von Karl Marx gezeigt hätte, meinte später – als sie längst wieder im Westen war – ihr letzter Liebhaber Victor Seroff, würde sie es vermutlich als Porträt eines ihrer Lieblingskomponisten identifiziert haben. Überdies war Isadora das Land, mindestens seine wichtigsten Städte, durch ihre früheren Tourneen gut bekannt. Sie hatte dort Freunde und Bewunderer. Im Westen aber sah sie für sich und vor allem für ihre Schule keine Zukunft. Folglich nahm sie das Angebot aus Moskau an, allen Einwänden ihrer westlichen Freunde und Feinde, Verehrer, Kontrahenten und auch russischer Emigranten zum Trotz. Ob es eine falsche Entscheidung war? Wer will das nachträglich schon entscheiden?

18. KAPITEL

Adieu, alte Welt: Isadoras Übersiedlung in die Sowjetunion

Isadora hatte mittlerweile in fünf Ländern um staatliche Unterstützung für ihre Schule angehalten: in Deutschland, England, Frankreich, Griechenland und in den Vereinigten Staaten. Aber nirgendwo hatte sie mehr bekommen als freundliche Worte, die ihre Schülerinnen nicht satt machten.

Beim Gastspiel der »Isadorables« in London war Leonid Krassin, der Vorsitzende der sowjetischen Handelsmission in England, nach einer Aufführung hinter die Bühne gekommen und hatte Isadora seine Aufwartung gemacht. Natürlich hatte Isadora auch mit ihm über ihre Probleme gesprochen und über ihren Wunsch, endlich ein festes, finanziell abgesichertes Domizil für ihre Schule zu finden. Aber nicht im Traum hätte sie daran gedacht, daß dieses Gespräch Folgen haben könnte. Doch Krassin, tief beeindruckt speziell vom »Slawischen

Marsch«, aber auch von Isadoras Kunst im allgemeinen, scheint sich sofort mit Moskau in Verbindung gesetzt zu haben und erschien, so jedenfalls Dorée Duncan, beinahe umgehend mit einem Vertrag, den zu diskutieren oder gar zu unterschreiben Isadora allerdings ablehnte.

Doch die sowjetische Regierung ließ nicht locker. Im Frühjahr 1921 erreichte Isadora, immer noch in London, ein Telegramm, von dessen Wortlaut zwei unterschiedliche Versionen kursieren. Auf der vorletzten Seite von Isadoras Memoiren, die mit ihrem Aufbruch nach Moskau abbrechen (die geplante Fortsetzung über ihre russischen Jahre wurde nie geschrieben), liest sich dieses Telegramm folgendermaßen: »Nur die russische Regierung kann Sie verstehen. Kommen Sie zu uns: Wir werden Ihre Schule bauen.« Bei Dorée Duncan ist der Wortlaut des Telegramms kaum weniger enthusiastisch, aber doch ein wenig anders: »Kommen Sie nach Moskau. Wir werden Ihnen Ihre Schule geben – und tausend Kinder. Sie können Ihre Idee in großem Stil realisieren.«

Nur über die Unterschrift bestehen keine Differenzen. Das Telegramm war unterzeichnet von Anatoli Lunatscharskij, Volkskommissar für das Bildungswesen, also eine Art Kultusminister. Er war 1917 bis 1929 für die Kulturpolitik der Sowjetunion verantwortlich (im Jahre 1933 wird er auf der Reise nach Spanien, wo er Botschafter werden sollte, überraschend – aber eines natürlichen Todes – sterben). Lunatscharskij hatte Isadora in Paris tanzen sehen. Er war ein aufgeschlossener, kunstliebender Mann, alles andere als ein sturer Funktionär oder gar Politruk, und Isadora vertraute ihm.

Nachträglich, in »My Life«, kommentiert Isadora das Telegramm eher ungnädig: »Woher kam diese Botschaft? Aus der Hölle? Nein – aber von einem Ort gleich nebenan. Dem, was in Europa für ›Hölle‹ stand.« Jedermann rät ihr ab, nach Moskau zu gehen, wo der größte Teil der Bevölkerung in bitterem Elend lebt. Adoptivtochter Irma, in jenen Jahren wohl Isado-

ras wichtigste Vertraute, malt ihr den Teufel an die Wand, indem sie ihr – wie sie in ihrem zusammen mit dem Kritiker Ross MacDougall kurz nach dem Tod der Tänzerin geschriebenen Buch über »Isadora Duncans russische Jahre« berichtet – einen Brief aus der Sowjetunion präsentiert. Darin wird neben anderen Schauermärchen das Gerücht verbreitet, in Rußland ließen die Bolschewiken »vierjährige Kinder« schlachten, um mit ihrem Fleisch den Hunger der Bevölkerung zu stillen.
Natürlich war Isadora solchen Nachrichten gegenüber mehr als skeptisch, und je mehr die russischen Emigranten ihres Bekanntenkreises sie von ihrem Entschluß abzubringen versuchten, um so mehr verfestigte sich ihre Absicht, die Einladung anzunehmen. »Nun, wenn das alles wahr ist, muß ich erst recht gehen, um die armen Kinder zu retten«, soll sie Irma schließlich geantwortet haben, und als die Ziehtochter – die mit Isadora in der Sowjetunion leben sollte – sich gar nicht beruhigen wollte, ließ Isadora einen makabren Scherz folgen: »Hab keine Angst, Irma. Im Zweifel werden sie mich zuerst fressen. Und an mir ist eine Menge dran. Mittlerweile wirst du anstellig genug sein zu entkommen.«
Isadora sagte Lunatscharskij nach kurzer Bedenkzeit zu. Und wieder existieren zwei, wenn man den Isadora-Roman »Primavera« des Franzosen Maurice Lever auch in solchen Details ernstnimmt, sogar drei Versionen des Antworttextes. In »My Life« liest man: »Ja, ich werde nach Rußland kommen und Eure Kinder lehren, unter einer Bedingung: daß Sie mir ein Studio geben und die Möglichkeit zu arbeiten.« Laut Dorée Duncan lautete Isadoras Antworttelegramm, kurz und bündig. »Nehme Ihre Einladung an. Werde am 1. Juli zur Abreise von London aus bereit sein.« Lever erfindet einen elf Druckzeilen langen Sermon, der in der deutschen Übersetzung mit den Worten beginnt: »Genosse, ich will kein Geld für meine Arbeit« und Aussagen wie: »Das bürgerlich-kapitalistische System widert mich an« oder »Ich will jetzt für das Volk tanzen«.

Und er endet mit dem Satz: »Wenn Sie mit meinen Bedingungen einverstanden sind, werde ich kommen und am Wirken der Sowjetischen Republik und an der Zukunft Ihrer Kinder teilhaben.«
Was immer der genaue Wortlaut von Isadoras Telegramm gewesen sein mag: Die Antwort der sowjetischen Regierung hieß »Ja«, und »so fand ich mich«, heißt es in Isadoras Lebensbeichte, in Irmas Begleitung »eines Tages auf einem Boot auf der Themse wieder, London verlassend Richtung Reval und am Ende Moskau.« Am 19. Juli 1921 läuft die S. S. Baltanic in Reval, der Hauptstadt von Estland, ein. Dort stiegen Isadora, Irma und ihr französisches Dienstmädchen in die Eisenbahn um. Auf der Schiffsreise fühlte sich Isadora »wie eine Seele nach dem Tode, auf dem Weg in eine andere Sphäre«. Sie hatte »alle Formen europäischen Lebens« zurückgelassen und nicht einmal ihre Kleider mitgenommen. Tatsächlich war sie davon überzeugt, daß »der ideale Staat, wie ihn Plato, Karl Marx und Lenin sich erträumt hatten, durch eine Art Wunder auf Erden entstanden sei« und sie sich auf dem Weg dahin befand. Sie sah sich am Beginn eines neuen Lebensabschnitts und hatte keinen Zweifel, daß es ein wichtiger, vielleicht der wichtigste Abschnitt ihres Lebens sein würde.
Als das Boot schließlich ankam, notiert Isadora – enthusiastisch wie immer – im letzten Absatz von »My Life«, »tat mein Herz einen großen Freudenschlag. Auf in die schöne neue, frisch erschaffene Welt. Auf in die Welt der Kameraden. Den Traum, der im Kopfe Buddhas Form angenommen hatte, den Traum, der in den Worten Christi widerhallte, den Traum, der die letzte Hoffnung aller großen Künstler gewesen war, den Traum, den Lenin auf wunderbare Weise in Realität verwandelt hatte. Ich betrat nun diesen Traum, in dem mein Werk und mein Leben Teil eines herrlichen Versprechens werden würden«. Ihre Erinnerungen schließen mit den Worten: »Adieu Alte Welt. Ich begrüße eine Neue Welt.« Ihre schlei-

chende Enttäuschung hat Isadora nicht mehr zu Papier gebracht.

Die Eisenbahnfahrt war lang und beschwerlich. In Rußland war das Oberste zuunterst gekehrt, und alle Welt schien unterwegs zu sein. Nicht einmal der Frau des stellvertretenden Volkskommissars für Äußere Angelegenheiten, Litwinow, die Isadora und Anhang in Reval im Namen der Sowjetregierung begrüßte, gelang es, den Staatsgästen ein einigermaßen komfortables Zugabteil zu beschaffen. An der estnisch-russischen Grenze hatte der Zug wegen der Paß- und Gepäckkontrolle beinahe einen ganzen Tag Aufenthalt. Isadora holte das mitgebrachte Grammophon aus dem Reisegepäck und gab ein Gratisgastspiel auf dem Bahnhof von Narwas. In Petrograd – wie das einstige und heutige St. Petersburg mittlerweile, wenn auch nur vorübergehend, hieß – legte Isadora im Hotel d'Angleterre, wo sie auch vor der Revolution schon gewohnt hatte, einen Zwischenstop ein. Erst am 24. Juli, fünf Tage nach der Abfahrt von Reval, kam sie völlig übermüdet und zerschlagen in Moskau an.

Bei ihrer Ankunft in den frühen Morgenstunden erwartete sie niemand. Ein »Kurier« der Regierung, den sie schon auf der Bahnreise von Reval nach Petrograd kennengelernt hatten, nahm die kleine Gruppe mit ins Außenministerium und verschaffte ihr zunächst einmal eine provisorische Bleibe. Doch trotz der schwierigen Bedingungen ließ Isadora den Mut nicht sinken. Das soziale Klima war zwar nicht gut, aber doch besser, als es ihr die Emigranten geschildert hatten. Die Menschen waren nett, freundlich und hilfsbereit. Isadora war nicht in ein Terrorsystem gekommen, sondern in ein armes Land in großer Aufbruchsstimmung, ein Land, das von politischen und ökonomischen Geburtswehen gewaltig durchgeschüttelt wurde und dessen Autoritäten, wie sich bald herausstellen sollte, nicht immer in der Lage waren, die Versprechungen, die sie hochgemut und etwas leichtfertig gemacht hatten, auch zu erfüllen.

Nach einiger Zeit stellte die russische Regierung Isadora den ehemaligen Wohnsitz der unmittelbar nach der Revolution nach Paris geflüchteten kaiserlichen Ballerina Ekaterina Balaschowa zur Verfügung, die – Ironie der Geschichte – seinerzeit damit geliebäugelt hatte, Isadoras Haus in Paris, Rue de la Pompe 103, zu mieten, letztlich aber davon Abstand genommen hatte, weil ihr ein großer Speisesaal fehlte. Das Haus in der Ulica Prechistenka Nr. 20, in das Isadora nun einzog, war von Balaschowas Ehemann, einem reichen Teekaufmann, lange vor der Revolution von seinem ursprünglichen Besitzer erworben worden: vom Rokokodekor bis zu den napoleonischen Emblemen ein Zeugnis russischer Frankophilie, wie Dorée Duncan zu berichten weiß.
Das Haus – »eine ununterbrochene Folge von hohen Sälen und Salons, alle riesengroß und leer. Bemalte Zimmerdecken, Stuckdekor, acht Meter hohe, mit rötlichem Damast bezogene Wände, geschmacklose Marmorvestibüle, vorragende Loggien, Tribünen aus vergoldetem Holz« (Lever) – war allerdings geplündert worden und völlig leer, so daß es Isadora relativ leicht fiel, es ihren Vorstellungen entsprechend umzugestalten, natürlich mit den üblichen weißen und blauen Vorhängen. Das Dumme war nur, daß Isadora, Irma und der Zofe zunächst nur einige Räume des Hauses zur Verfügung standen. Der größere Teil war von umgesiedelten russischen Familien besetzt, auf deren erneute Umsiedlung Isadora, bei aller Liebe zum Volk, nun wartete.
Auch mit den tausend Kindern, die ihr die sowjetische Regierung zur Ausbildung hatte schicken wollen, wurde es nichts. Immerhin konnte Isadora am 3. Dezember 1921 die Schule offiziell eröffnen, und wenn es auch nicht tausend Schülerinnen waren, die sich nach Isadoras Ideen zu Tänzerinnen ausbilden lassen konnten, so wurden ihr doch vierzig Elevinnen zugestanden.
Woher sie dann die hundert jungen Tänzerinnen nahm, die

den chorischen Rahmen für jene Aufführung bildeten, die Isadora schon vorher, am 7. November – die Datumsdifferenz ergibt sich aus dem Unterschied zwischen dem westlichen und dem russischen Kalender –, anläßlich der Feiern zum vierten Jahrestag der Revolution im Bolschoitheater gab, ist ziemlich schleierhaft. Moskaus Politprominenz, Lenin an der Spitze, war vollzählig unter den Zuschauern und zeigte sich wie üblich »tief beeindruckt« von Isadoras Interpretation von Tschaikowskys 6. Sinfonie, vor allem aber von ihrem »Slawischen Marsch«, der das Schicksal der vom zaristischen System ausgebeuteten, nun zu ihrem Glück befreiten russischen Kulaken beschrieb, wie am nächsten Tag der Kritiker der Regierungszeitung »Iswestja« berichtete.

Stehend sang das Publikum am Schluß der Vorstellung die kommunistische Internationale, die Isadora zur musikalischen Basis ihrer neuesten Choreographie machte. Eingehüllt in eine rote Fahne, tanzte Isadora die erste Strophe des Liedes allein. Dann trat die – mittlerweile 23jährige – Irma mit einem Kind an der Hand auf die Bühne. Weitere Kinder, alle in roten Kitteln, folgten und bildeten mit emporgereckten Händen einen Kreis um Isadora: ein Versprechen der künftigen Brüderlichkeit aller Menschen.

Wenige Tage vor Isadoras Vorstellung im Bolschoitheater hatte die verzweifelte wirtschaftliche Lage die Sowjetregierung dazu gezwungen, eine neue ökonomische Politik (NEP) in Kraft zu setzen, die insofern eine – als vorübergehend gedachte – Rückkehr zum Kapitalismus bedeutete, als sie den Individuen privates Wirtschaften und Geldverdienen erlaubte. Für Isadora bedeutete das, daß sie mit ihrer Schule auf Tournee gehen und mit ihren Vorstellungen Geld verdienen konnte. Das war auch bitter notwendig. Denn Isadora erging es in Moskau nicht anders als im Westen. Die sowjetische Regierung hatte andere Sorgen als eine Tanzschule – wie prominent auch immer sie sei – und sah sich außerstande, ihr Versprechen zu halten und Isadoras Schule zu alimentieren. Außer dem Gebäude bekam Isadora nichts. Als sie sich bei Lunatscharskij beklagte, soll der ihr vorgeschlagen haben, sich Geld von ihren westlichen Konten nach Moskau überweisen zu lassen, bei der Transferierung des Geldes nach Rußland werde er ihr gern behilflich sein.

Weniger als ein halbes Jahr nach ihrer Ankunft in Rußland waren Isadoras Blütenträume ausgeträumt. Gleichwohl verteidigte sie die Haltung der Sowjetregierung noch längere Zeit. In einem Interview vom 10. Februar 1923, als sich Isadora wieder einmal auf Amerika-Tournee befand, mit dem »Daily Worker«, der Zeitung der amerikanischen Kommunisten, beklagte sich die Tänzerin, »die brutalen Angriffe von draußen und die Gier mancher Inländer« hätten leider zu einem Rückfall in den Kapitalismus geführt. »Wir verstehen, wie notwendig es war, wie unvermeidlich; aber es ist ein trauriges Schauspiel.«

Trotz aller Probleme entschied sich Isadora, nicht aufzugeben, sondern in Moskau auf die gewohnte Art weiterzuleben und weiterzuarbeiten: von der Hand in den Mund. Einer der Gründe für ihr Bleiben in Moskau trug einen Männernamen. Isadora hatte sich wieder einmal verliebt, so heftig wie gewöhnlich – wenn nicht noch heftiger.

Bevor die Tänzerin London verlassen hatte, war sie noch einmal zu einer Wahrsagerin gegangen, um sich ihre Zukunft vorhersagen zu lassen. Das meiste, was ihr die Dame prophezeite, hätte sich Isadora auch selbst erzählen können: »Sie sind gezwungen, auf eine lange Reise zu gehen. Sie werden befremdliche Erfahrungen machen, und Sie werden eine Menge Schwierigkeiten bekommen.« Doch als die Handleserin ihr auch sagte, daß sie heiraten werde, lachte Isadora sie aus. Da konnte sie noch nicht ahnen, daß sie Sergej Jessenin begegnen würde, dem genialen, gefeierten Dichter der sowjetischen Revolution, an die 18 Jahre jünger als Isadora, die mittlerweile immerhin vierundvierzig war. Und daß sie sich so heftig in ihn verlieben würde, daß sie sogar das selbstgegebene Versprechen brechen würde, das, bei aller Liebe, weder Gordon Craig noch Paris Singer noch der »Erzengel« Rummel hatten gefährden können: daß sie nie, nie in ihrem Leben heiraten würde. Am 2. Mai 1922 wurden Isadora Duncan und Sergej Jessenin auf dem Moskauer Standesamt getraut.

19. KAPITEL

Isadoras Sündenfall: die Ehe mit Sergej Jessenin

Bei welchem Anlaß sich Isadora Duncan und Sergej Jessenin, die amerikanische Tänzerin und der Dichter der russischen Revolution, zum ersten Mal begegnet sind, scheint keiner von Duncans Chronisten genau zu wissen. Vermutlich ist es auch nicht so wichtig. Es muß, darüber sind sich Isadoras Biographen einig, auf einer jener Moskauer Partys gewesen sein, auf denen – trotz der Hungersnot ringsum – der Wodka und der Champagner reichlich flossen. »Alle hatten so viel getrunken in jener Nacht«, fabuliert Maurice Lever in »Primavera«. Isadora »erinnerte sich nur, daß es ganz plötzlich geschehen war. Eine Tür war aufgeflogen, und ein Knabe von eigenartiger Schönheit war auf sie zugekommen: rötlich schimmernde, ungebändigte Haarmähne, schräge Augen, die bald dämonisch, bald kindlich blickten«. Man habe die beiden einander nicht vorstellen müssen: »Ohne sich je gesehen zu haben, hatten die beiden einander auf Anhieb erkannt. Sie gehörten der gleichen Art Menschen an, waren Instinktwesen, Nomaden, Unangepaßte, nach dem Absoluten Strebenden.«

Die deutsche Autorin Carola Stern verlegt die erste Begegnung des Paares in ihrem Buch »Isadora Duncan und Sergej Jessenin. Der Dichter und die Tänzerin« auf ein Atelierfest, das der Maler Jakulow gegeben habe und auf dem Isadora, als Attraktion angekündigt, erst lange nach Mitternacht aufgetaucht sei. Müde sei sie gewesen und abgespannt. Aber plötzlich habe die »wohlgerundete, zur Üppigkeit neigende Gestalt« wach und neugierig gewirkt. Sie habe sich auf einer Couch niedergelassen und »freundlich-gebieterisch einen jungen Mann herangewinkt, der sich gehorsam lächelnd zu ihren Füßen niederließ«. Als Augenzeugen zitiert Stern den russischen Dichter Anatoli Marienhof, wonach Isadora Jessenin, kaum daß er zu ihren Füßen Platz genommen hatte, mit der Hand in die blonden Locken gegriffen und »Goldener Kopf« gesagt habe: »Dann küßte sie ihn auf die Lippen. Und wieder formte ihr Mund, der klein und rot war wie die Einschußwunde von einer Pistolenkugel, gebrochene russische Laute: ›Engel‹. Sie küßte ihn wieder und sagte: ›Teufel‹!«

Die Szene – wenn sie nicht wahr sein sollte, so doch gut erfunden – beschreibt die gesamte, im Grunde nur kurze Beziehung des Paares. Sie schwankte offenbar ständig zwischen himmelhoch jauchzend und zu Tode betrübt, zwischen Überschwang und abgrundtiefer Verzweiflung, höchstem Glück und tiefstem Leid hin und her. Die beiden waren, wie einst Isadora und Gordon Craig, offenbar für einander bestimmt. Aber sie konnten auf Dauer nicht miteinander leben. Und daran waren Jessenins Charakter und Lebensweise nicht ganz unschuldig. Dorée Duncan merkt kritisch an, daß der junge Dichterruhm den 27jährigen Jessenin – er hatte bereits drei Kinder, war zweimal verheiratet und zweimal geschieden gewesen – nach der Einschätzung seiner Freunde negativ verändert hatte, als

Isadora und Sergej Jessenin. Mit 45 Jahren brach Isadora ihre Vorsätze und heiratete den russischen Dichter. Doch die Ehe hielt nur ein Jahr. Nach ihrer Trennung beging Jessenin Selbstmord.
(Ullstein Bilderdienst, Berlin)

er Isadora traf, und sie stellt die Frage, »ob seine Neigung zu Isadora echt oder von ihrem Ruhm inspiriert« gewesen sei.
Wie dem auch sei: Isadora hatte sich Hals über Kopf in ihn verliebt und warf in ihrer Verliebtheit einen ihrer ältesten und bis dahin festesten Grundsätze über Bord: Sie brach ihren Schwur, niemals zu heiraten, vielleicht auch deshalb, weil sie die Registrierung auf einem Moskauer Standesamt nicht so ganz ernst nahm. Doch nach der ersten scheint die zweite Eheschließung Isadora weniger schwerwiegend erschienen zu sein. Als es bei einem späteren Aufenthalt des Paares in Berlin Schwierigkeiten mit Jessenins Papieren gab, sollen sich die beiden ein zweites Mal haben trauen lassen.
Beschleunigt wurde die Eheschließung durch Isadoras Absicht, mitsamt ihrer Moskauer Schule auf eine Tournee durch

die Vereinigten Staaten zu gehen und Jessenin mit sich zu nehmen, um seinem Dichterruhm weltweit auf die Sprünge zu helfen. Der berühmte amerikanische Impresario Sol Hurok hatte Isadora, auch auf eine Empfehlung der Ballerina Anna Pawlowa hin, samt ihrer Gruppe in die USA eingeladen. Doch da die russische Regierung die Kinder nicht reisen lassen wollte, wurden die der Obhut von Irma Duncan anvertraut, und Isadora und Jessenin reisten allein.

Isadoras amerikanische Auftritte sollten zwar erst im Herbst stattfinden, doch die Tänzerin plante für ihren Dichter noch vor ihrer eigenen Tournee Lesungen in halb Europa. Da aber Isadora befürchtete, daß es für den Sowjetbürger Jessenin Schwierigkeiten mindestens mit dem Visum für die USA geben würde, beschloß sie kurzerhand, Jessenin zu ihrem Ehemann zu machen. Denn dem Ehemann der »göttlichen Isadora« würden die amerikanischen Einwanderungsbehörden doch wohl nicht die Einreise verweigern? Das Hochzeitsfoto zeigt die immer noch schöne Isadora im langen dunklen, die rechte Schulter freilassenden Abendkleid zwischen ihrer Ziehtochter Irma und dem mit dunklem Anzug, Fliege und weißen Schuhen sehr jung aussehenden Jessenin. Die Dreiergruppe wirkt weniger wie ein Hochzeitspaar mit (älterer Tochter) als wie eine guterhaltene Mutter mit zwei erwachsenen Kindern.

Nach Dorée Duncan schon am Morgen nach der Eheschließung, nach anderen Quellen eine Woche später, verließ das Ehepaar Duncan/Jessenin die Sowjetunion. Mit dem Flugzeug flog es vom Moskauer Trotzki-Flughafen mit einer sechssitzigen Fokker der Deutschen Luftfahrtgesellschaft zunächst nach Königsberg, fuhr von dort mit dem Nachtzug weiter nach Berlin, wo es am 11. Mai 1922 ankam und im Hotel Adlon abstieg. In Deutschland herrschte Inflation, und Isadora verfügte immer noch über genügend Dollar, um ein luxuriöses Leben zu führen.

In Berlin bewegen sich Isadora und Jessenin vor allem in russischen Emigrantenkreisen. Sie treffen den Dichter Maxim Gorki und den Grafen Alexej Tolstoi mit seiner Frau; weder Gorki noch die Gräfin Tolstoi schätzen die Tänzerin. Für den 1. Juni, acht Uhr abends, hat der Verlag Rossija für die »Dichter und Schriftsteller des Neuen Rußland« – Jessenin, Tolstoi, Alexander Kussikow und Andrej Wetlugin« – den Blüthner-Saal gemietet, wo sie aus »ihren neuesten Werken« lesen werden. Isadora hatte für solche Anlässe eigens eine Reihe von Jessenins Gedichten ins Deutsche und Englische übersetzen lassen.

Schon in diesen ersten Ehewochen ist die Beziehung angespannt, zuweilen fliegen die Fetzen. »Isadoras und Sergejs Privatleben war in Berlin nicht anders, als es in Moskau gewesen war. Gewalt, Zärtlichkeit, Liebe, Haß, Umarmungen, Tränen, Schläge, Reue.« (Lever) Für die ständigen Kräche machen Jessenins Freunde – auch unter den Chronisten – Isadora und ihre Eifersucht verantwortlich, die Jessenin zum Trinken bringe. Dorée Duncan sieht die Probleme in Jessenins schwierigem Charakter: »Jessenin litt an Epilepsie, und er trank bis zum Exzeß, was seine Depressionen und gewalttätigen Launen nur verschlimmerte.«

Beide Parteien sind sich einig, daß der Dichter die Rolle als braver Prinzgemahl der großen Isadora nicht akzeptieren konnte noch wollte. Und da sich sein Genie im Westen – wo er, praktisch unbekannt, eindeutig im Schatten seiner berühmten Ehefrau stand – nicht so rasch herumsprach, wie es beide Partner erhofft hatten, wurde Jessenin bald ungenießbar: »Er beschimpfte Isadora und schmähte ihr Werk.« Trotzdem habe Isadora, meint Großnichte Dorée, alles in ihrer Macht Stehende getan, Jessenin glücklich zu machen, »indem sie seinem Geschmack für modische Kleidung nachgab und ihn zu Spezialisten schleppte in der Hoffnung, daß er dort Hilfe finden würde für seine sich verschlimmernden mentalen und körperlichen Probleme«.

Im Auto fuhr das Paar, gemeinsam mit einer jungen Russin, die Isadora als Dolmetscherin engagiert hatte, durch Deutschland: Lübeck, Weimar, Frankfurt, Wiesbaden. Dort soll ein Arzt Jessenin die Diagnose »Alkokolneuritis« gestellt haben, Jessenin dürfe, liest man bei Lever, »mindestens zwei bis drei Monate nicht trinken. Wenn er sich nicht daran hält, müssen Sie damit rechnen, daß er tobsüchtig wird«. Dieses absolute Trinkverbot habe er erstaunlicherweise mehrere Wochen lang befolgt. Mit Mühe erhielt Jessenin ein Visum für Belgien, wo Isadora in Brüssel drei Vorstellungen gab, die das Publikum verzauberten: »Isadoras Kunst schien eine solche Läuterung erfahren zu haben, daß ihr Tanz nun fast als abstrakt zu bezeichnen war. Sie tanzte nicht mehr die Musik, sondern die verborgene Bedeutung der Musik.« (Lever) Über Paris reist das Ehepaar Duncan/Jessenin, immer unter Schwierigkeiten mit Jessenins Einreiseerlaubnis, nach Venedig, wo man im Hotel Excelsior am Lido wohnt und Jessenin mindestens für eine kurze Zeit sein seelisches Gleichgewicht wiedergefunden zu haben scheint.

Ende September besteigt das Paar in Le Havre den Luxusliner »S. S. Paris«, der es eine Woche später, am 1. Oktober, nach New York bringt. Die USA, weit davon entfernt, Isadora und ihren dichtenden Ehemann mit offenen Armen aufzunehmen, machten nicht nur Jessenin, sondern auch Isadora Schwierigkeiten bei der Einreise und verboten ihnen zunächst, an Land zu kommen. Die erste Nacht in New York verbrachten sie an Bord ihres Schiffes. Am nächsten Morgen erhält Isadora nach einem zweistündigen Verhör über ihre Sympathien für das bolschewistische Rußland auf der Quarantäneinsel Ellis Island die Erlaubnis, an Land zu gehen und sich im Land frei zu bewegen. »Nicht schuldig; ich bin frei«, soll die Tänzerin beim Verlassen des Büros der Einwanderungsbehörde ihrem Impresario Hurok zugerufen haben. Jessenin jedoch mußte sich schriftlich verpflichten, in keinem Bundesstaat der USA die Internationale zu singen.

Laut Dorée Duncan traf Isadora in Amerika auf widersprüchliche Reaktionen, die sie durch ihr Verhalten selbst provoziert habe. »War Isadora eine Bolschewikin? An einem Tag verneinte sie es, am nächsten rief sie von der Bühne herab, sie sei so rot wie ihr roter Schal.« Am Anfang freilich hatte sie sich als brave Tochter ihres Geburtslandes gezeigt. Noch an Bord des Schiffes, im großen Salon der »Paris«, hatte sie den New Yorker Zeitungen Interviews gegeben, in denen sie sich auf die Frage nach ihrer Loyalität zu Amerika als »die Urenkelin des Generals William Duncan aus den Befreiungskriegen« bezeichnete und die Behauptung eines Reporters, sie sei doch eine Kommunistin, mit einem dreifachen »Quatsch, Quatsch, Quatsch« kommentierte. In einer Anmerkung vergißt Ann Daly, die diese Episode überliefert, nicht Sol Huroks Auskunft hinzuzufügen, daß nach dem großen Ballyhoo der Medien Isadoras erste drei Vorstellungen innerhalb von 24 Stunden ausverkauft gewesen seien.
Isadora, die in New York Kleider trug, die die Journalisten für russisch hielten, die aber tatsächlich eine an den russischen Konstruktivisten orientierte Schöpfung ihres Pariser Modeschöpfers Poiret waren, hatte der Presse erzählt, sie sei 38. Tatsächlich war sie bereits 45 und hatte, so Ann Daly, »ihre biegsame und geschmeidige Jugend« verloren. Doch »erschien sie immer noch erstaunlich schlank und fit«. Ihre Tänze waren nie wild und hektisch gewesen, jetzt waren sie noch ruhiger und gelassener geworden. Der Kritiker des Bostoner Evening Transcript, H. T. Parker, beschrieb sie als »skulptural«, mit ihrem eigenen, von Kleidung verhüllten Körper als Medium: »Denn Miss Duncan kleidet sich nicht länger in einige Bahnen flatternden Chiffons. Gestern abend war sie meistens von Kopf bis Fuß in weit geöffnete Schleier und Mäntel gekleidet«, in denen sie wie eine Barlachsche Plastik ausgesehen haben muß. Durch ihre skulpturale Verwandlung, schreibt Parker, werde Isadora auch unabhängiger von der Musik.

Die Tanzhistorikerin Daly notiert das komplette musikalische Repertoire der Amerika-Tournee von 1922 bis 1923 – Tschaikowskys 6. Sinfonie und »Slawischer Marsch«, Beethovens Fünfte, Schuberts »Ave Maria«, »Militärmarsch« und »Unvollendete Sinfonie«, eine Auswahl aus Walzern von Brahms, Sonaten von Skrjabin und Liszt sowie Werke von Richard Wagner: »Isoldes Liebestod«, das »Tannhäuser«-Bacchanal, den »Walkürenritt« und »Siegfrieds Tod« aus dem »Ring« – und merkt dazu an, mit diesen Soli komme Isadora noch näher heran an jene »göttliche Präsenz«, die sie an der Duse so geschätzt habe. Sie zitiert eine Beobachtung der jungen Helen Tamiris, die eine der wichtigsten Choreographinnen der nächsten Generation werden sollte.

Tamiris hatte Isadoras Vorstellung in der Brooklyn Academy of Music gesehen und beschreibt Isadoras Tanz und ihre eigene Reaktion so: »Sie begann am Grund, dicht an den Boden geschmiegt, und – während einer sehr langen Zeit – war die einzige physische Aktion eine sehr langsame Bewegung, die sie aus der liegenden in die aufrechte Position mit ausgestreckten Armen brachte. Am Ende weinte jeder, und auch ich weinte, obwohl ich viele Jahre brauchte, um zu begreifen, was sie machte: daß sie eine innere Handlung oder Motivation auslebte – und ich lebte mit ihr.« Sogar ein gestrenger Kritiker wie John Martin, der später als Chefrezensent der New York Times zum wichtigsten Propagandisten des modernen Tanzes in Amerika werden sollte, war zu Tränen gerührt, als er Isadora in Louisville tanzen sah.

Isadora begann ihre Amerika-Tournee am 7. Oktober 1922 in der New Yorker Carnegie Hall und beendete sie am 2. Februar 1923 an gleicher Stelle. Die Zwischenzeit bescherte, zurückhaltend ausgedrückt, nicht immer Kunst und künstlerischen Erfolg. Die amerikanische Provinz ließ die Amerikanerin, die in die Sowjetunion ausgewandert war, fühlen, daß sie nicht willkommen war. Und Isadora war nicht der Mensch, Provo-

kationen schweigend hinzunehmen, sondern keilte kräftig zurück.
Im puritanischen Boston löst Isadoras Kleidung, die die Beine frei läßt und schon mal über die Schultern herunterrutscht, einen Skandal mit wütenden Protesten aus – was wiederum die Tänzerin dazu verleitet, am Ende der Vorstellung ihren roten Schal zu schwingen und in die Menge zu rufen, sie sei genau so rot wie ihr Schal. In einer Loge schwang Jessenin eine rote Fahne und ließ die Bolschewiken hochleben. Daraufhin verbot der Bürgermeister nach zwei Abenden weitere Vorstellungen; Isadora und Jessenin wurden aus der Stadt verwiesen.
In Washington verlangte der Evangelist Billy Sunday, man solle die »bolschewistische Dirne« deportieren. In Indianapolis schickte der Bürgermeister Polizisten ins Theater, die sofort einschreiten sollten, falls sich Isadora unzüchtig entblößte. Sogar im liberalen New York, das die Aufführungen in der Carnegie Hall enthusiastisch gefeiert hatte, wurde eine geplante Veranstaltung annulliert. Die Kirche St. Marks-in-the-Bowery (die fünfzig Jahre später eine der wichtigsten New Yorker Aufführungsstätten des neuen Tanzes werden sollte) zog die Einladung zum Referat über den »moralischen Effekt des Tanzes auf die menschliche Seele« mit Bedauern zurück. Als die Feindseligkeiten und Skandale sich häuften, entschloß sich Hurok, den Rest der geplanten Aufführungen an der Westküste abzusagen – für Isadora eine finanzielle Katastrophe.
Jessenin war »trocken« und guten Mutes in New York angekommen. Doch die Stadt – und das ganze Amerika – deprimierten ihn. »New York«, schrieb er an einen russischen Freund, »ist eine entsetzliche Stadt. Man möchte sich am liebsten aufhängen.« In dieser Stimmung begann er alsbald, wieder exzessiv zu trinken, und immer häufiger fiel er, privat und in der Öffentlichkeit, aus der Rolle. Wohlmeinende waren der Ansicht, daß daran der schlechte Fusel oder der gepanschte

Champagner, der in den USA während der Prohibition ausgeschenkt wurde, nicht ganz unschuldig seien. Auf einer Party, zu der russische, vorwiegend jüdische Emigranten das Paar eingeladen hatten, bekam Jessenin einen Tobsuchtsanfall. Er beschimpfte die Gastgeber mit den übelsten antisemitischen Ausfällen und ging, als Isadora ausgelassen zu tanzen begann, wie ein Wilder auf seine Frau los. Die Gastgeber mußten Isadora mit Gewalt vor ihrem Ehemann schützen.

Schon am Tag nach ihrer letzten New Yorker Vorstellung schifften sich Isadora und Jessenin, angeblich mit zwanzig Koffern, auf einer Erste-Klasse-Kabine der »George Washington« nach Cherbourg in Frankreich ein. Bezahlt hatte die Passage, aus alter Liebe, Isadoras Millionär Paris Singer; Isadora hatte nicht das Geld dafür. Kurz vor ihrer Abreise wurde Isadora von einem Reporter gefragt, wann sie nach Amerika zurückkehren werde. Ihre Antwort lautete »Niemals«, und daran hat sie sich gehalten.

Allerdings wäre ihr eine Rückkehr wohl auch schwer gefallen. Denn schon wenige Tage nach ihrer Abreise entschied das »Department of Labour«, laut Daly auf die Initiative eines entrüsteten Beamten hin, daß Isadora nicht länger die amerikanische Staatsbürgerschaft besitze. Da sie einen Russen geheiratet hatte, betrachteten die USA Isadora als eine Bürgerin der Sowjetunion, die das Land solange nicht betreten dürfe, bis sie ihre Loyalität bewiesen habe.

Als das Paar auf der Rückreise nach Moskau in Paris Station macht, zerlegt Jessenin, wie Dorée Duncan lakonisch berichtet, in einem Wutanfall das Mobilar der gemeinsamen Suite im vornehmen Hotel Crillon in seine Bestandteile. Den beträchtlichen Schaden begleicht Isadora mit einer Summe Dollar, die Jessenin offenbar in Amerika beiseite gebracht und in einem Koffer versteckt hat. Denn trotz der Einnahmen aus ihrer Amerikatournee ist Isadora wieder einmal pleite – kein Wunder angesichts ihres und Jessenins aufwendigen Lebensstils.

Jessenin wird von der Pariser Polizei zunächst festgesetzt und dann des Landes verwiesen. Isadora schickt ihn per Eisenbahn nach Berlin. Es ist die Ankündigung der endgültigen Trennung. Denn daheim in Moskau verläßt Jessenin seine dritte Ehefrau beinahe sofort. Isadoras Ehe hat nicht einmal ein Jahr gehalten, ist in dieser Zeit aber durch so viel Abgründe geschlittert wie andere Ehen in fünfzig Jahren nicht. Die Trennung der beiden, merkt Großnichte Dorée an, müsse eine Erleichterung gewesen sein, nicht nur für das Paar selbst, sondern für alle ihre Mitbewohner in der Ulica Prechistenka 20.
Nach der Trennung von Jessenin gerät Isadora in ruhigeres Fahrwasser zurück. Lunatscharskij hatte ihr, als Dolmetscher und Sekretär, einen gewissen Ilya Illich Schneider geschickt, einen Journalisten, der auch Ballettlibretti verfaßte und der, laut Dorée Duncan, während des nächsten Jahres »viel zur professionellen Heiterkeit und zum Erfolg« von Isadoras Aufenthalt in Moskau beitrug. Als Isadora dem Sowjetstaat schließlich den Rücken kehrte, leistete Schneider auch der zunächst in Moskau verbleibenden Irma treue Dienste. Als auch sie in den Westen zurückkehrte, leitete Schneider die Moskauer Duncan-Schule allein weiter – bis zu ihrer Schließung durch Stalin im Jahre 1949.
Aus Amerika hatte die Tänzerin kein Geld mitgebracht. Doch dank einer großen Tournee durch die Ukraine im Frühjahr 1924, wo sie allein in Kiew 18 Vorstellungen hintereinander vor großem Publikum gab, hatte sie mindestens vorübergehend wieder etwas finanziellen Boden unter die Füße bekommen. Künstlerisch waren die ersten Monate nach der Trennung von Jessenin ohnehin recht glücklich.
Isadora choreographierte in dieser Zeit neue Stücke für ihre Schülerinnen. Zur Musik von Alexander Skrjabin schuf sie Ernte- und Hungertänze, die von der Not der Menschen an der Wolga inspiriert waren. Zu revolutionären Liedern kreierte sie den Zyklus »Impressions of Revolutionary Russia«, ihre letzte

größere Arbeit, in der sie junge Arbeiterinnen und Soldatinnen auf die Bühne brachte.
In einem der Stücke dieses Zyklusses, »The Warshawianka«, stürmt – so die Beschreibung von Ann Daly in einem Aufsatz für die deutsche Tanzzeitschrift »Ballett international« – »eine Reihe von Revolutionärinnen, einzeln oder auch zu mehreren, diagonal über die Bühne. Jede von ihnen begegnet dem auf sie zukommenden Tanz mit hochgehaltener Fahne ... und wird verletzt. Sobald eine getroffen niedersinkt, betritt die Nächste die Bühne, um die Fahne wieder aufzunehmen. Als die Letzte sterbend am Boden liegt, richtet sich die Erste gerade rechtzeitig wieder auf, um die Fahne erneut an sich zu nehmen, treibt im folgenden alle dazu an, sich wieder triumphierend zu erheben«. Eine andere der sieben Episoden, »Dubinushka«, »präsentiert eine Gruppe in zwei parallelen Reihen, die gemeinsam rhythmisch darum kämpfen, ein Seil einzuholen, während eine heroische Figur sie in ihren Bemühungen anführt«.
Stilistisch wirkten diese Tänze, so Daly weiter, »eher plump, eingeengt und bodenständig. Es finden sich nur wenige dieser aufsteigenden Energiewellen, die Duncan normalerweise mit Hilfe ihrer sich wiegenden Arme in den Raum sandte, um die Stärke der tiefen, kräftigen, in die Erde gehenden Stampfschritte abzuschwächen. Die Körper betonen die Spannung, insbesondere durch ausgreifende Schenkel, arbeitende Arme und geballte Fäuste. Der Körper ruht in sich selbst als eine sich windende, plastische, den leeren Raum durch Bewegung erobernde Masse, ist keine durchlässige Einheit, die durch ihr luftiges Umfeld gleitet. Die Gruppenformationen wirken muskulös und plastisch.«
Sogar die Kleidung, hat Daly festgestellt, sei »anders als sonst: kurze, quadratische Tuniken betonen die Körperlichkeit, anstatt in der Bewegung mitzufließen, wie es die durchsichtigen, formlosen Chitons taten. Verkörperte Duncans einstiger Stil

ein ›feminines‹ Ideal, so geht es in diesen Tänzen um ›Maskulines‹. Es waren eher die Jungen, nicht so sehr die Mädchen, sagte Duncan nach einer der letzten Moskauer Aufführungen, die ›das Heldenhafte besser auszudrücken verstanden, das wir in diesem Zeitalter so sehr benötigen.‹«

Daly hält Isadoras neuen Stil für »plausibel« und Funktion der von ihr gewählten Musik. Als sie »Impressions of Revolutionary Russia« choreographierte, sei ihr klargeworden, »daß sie mit dem Rhythmus der Zeit nicht mehr mithalten konnte«. Und sie sei klug genug gewesen, das zu bemerken. Möglicherweise, spekuliert die Historikerin, hätten die »Impressions of Revolutionary Russia«, »inspiriert von dem nach vorn gerichteten Zeitgeist«, einen neuen Weg in die Zukunft weisen können, »bereitet aus den besten Elementen von Duncans vergangenem Schaffen«.

Isadora verbringt in diesen Monaten viel Zeit mit Stanislawski und alten und neuen Schauspielerfreunden des Künstlertheaters. Sie absolviert, mit den »Impressions of Revolutionary Russia«, eine höchst erfolgreiche Vorstellungsserie im Moskauer Kamerny-Theater und darf im September 1924 noch einmal im Bolschoi-Theater vor der versammelten Politprominenz auftreten. Nur Lenin, der im Frühjahr gestorben ist, ist nicht mehr dabei.

Ein völliger Mißerfolg wird die Tournee durch die Wolgaregion, den Ural und Usbekistan, zu der Isadora anschließend aufbricht. Die Züge sind so unpünktlich, daß die Tänzerin oft verspätet zu ihren Vorstellungen am Aufführungsort eintrifft. Das einzige Auto, das sie auftreiben kann, bricht unterwegs zusammen. Die Spielstätten entbehren häufig jeder Dekoration. Isadora tanzt in öden Hallen. Hotels und Restaurants, wie sie sie gewohnt ist, existieren kaum. Das Schlimmste allerdings ist, daß das Publikum mit den Tänzen der Duncan nicht das mindeste anzufangen weiß, so daß die Stimmung flau ist und viele Säle weitgehend leer bleiben.

Angesichts des kommerziellen Mißerfolgs der Tournee schloß Irma für Isadora einen Vertrag über eine Reihe von Soloauftritten in Deutschland ab, während diese nicht in Moskau weilte. Die Auftritte sollten nicht nur das benötigte Geld für die Schule einbringen, sondern wohl auch Isadora ablenken, die die Trennung von Jessenin längst nicht verwunden hatte. Am 30. September 1925 verließ Isadora Moskau, um nach Berlin zu reisen. Sie kehrte nicht mehr in die Sowjetunion zurück. Doch ob sie bei ihrer Abreise die Absicht hatte, das russische Kapitel ihres Lebens abzuschließen, ist ungewiß.

20. KAPITEL

Grausames Alter: Rückkehr und letzte Jahre im Westen

Als Isadora in Berlin ankam, fand sie die deutsche Haltung zu ihrer Person und ihrer Kunst verändert vor. Sie war nicht länger »die göttliche Isadora«, vielmehr hielt man sie für eine »Propagandaagentin, die von der Sowjetregierung bezahlt wird«, wie sie selbst in einem Brief an Irma schreibt. In Zeitungskommentaren warf man ihr vor, sie habe in der Sowjetunion »ihre Kunst verpfuscht, indem sie sie in den Dienst der kommunistischen Ideologie stellte«. In den Rezensionen werden Isadoras Tänze verglichen mit »Herbstblättern, schön in ihrem Absterben und in ihren verblassenden Farben«. Sie sei, heißt es, »nur noch ein Abglanz dessen, was sie einmal war. Ihre großartige Bewegungskunst scheint die gleiche zu sein, aber es fehlt ihr der Schwung. Ihre Vitalität hat nachgelassen«.

Besprechungen dieser Art treiben das Publikum nicht gerade

in Scharen in ihre Aufführungen. Außerdem scheint sie an einen windigen Impressario geraten zu sein. »Die Leute, die mich unter Vertrag genommen haben«, schreibt sie an Irma nach Moskau, »sind Betrüger. Der Manager hat sich mit allen Einnahmen abgesetzt.« Abrupt werden die letzten der vereinbarten Aufführungen gestrichen. Wieder einmal ist Isadora gestrandet, und diesmal ist ihre Situation prekärer denn je. »Ich kann«, notiert Maurice Lever ihre Aussage gegenüber einem Berliner Journalisten, »nicht einmal mehr nach Frankreich fahren, um mein Haus zu verkaufen, denn man betrachtet mich als Bolschewistin und verweigert mir das Visum.«
In ihrer Verzweiflung versucht sie, einen Verleger für die Publikation jener Liebesbriefe zu finden, die ihr Prominente geschrieben hatten: Gordon Graig, der italienische Dichter Gabriele d'Annunzio, ihr Noch-Ehemann Sergej Jessenin. Der Plan zerschlug sich, ließ sie aber zwei Jahre später ihre Erinnerungen abfassen; in der Ruhe ihres Refugiums an der französichen Mittelmeerküste entsteht »My Life«: Lebensbeichte und Forum für den Vortrag über ihre Ästhetik in einem.
Doch noch ist sie mittellos in Berlin. Als sie in ihrer deutschen, vorübergehend nach Potsdam zurückgekehrten Schule vorspricht, trifft sie nicht auf ihre Schwester Elizabeth, sondern auf deren Schildknappen Merz, an dem ihre Bitten um finanzielle Unterstützung abprallen. Aber schließlich ist es doch die Familie, die ihr aushilft. Bruder Augustin sendet aus New York eine größere Geldsumme und verspricht, ihr in Zukunft – »solange ich einen Dollar in der Tasche habe« – regelmäßig einen festen monatlichen Betrag zu überweisen. Und noch einmal hat Isadora Glück: In Frankreich bringen die Wahlen eine neue, links orientierte Regierung ans Ruder, die ihr ein Einreisevisum gewährt.
In Paris steigt Isadora zunächst im Hotel Lutetia ab und lebte von den Zuwendungen ihres Bruders sowie der Mieteinnahmen für ihr Haus in der Rue de la Pompe, das sie nicht verkauft

hat. Gelegentlich tragen auch Freunde zu ihrem Unterhalt bei. Die kommunistische Regierung Frankreichs tritt mit der Idee, eine Schule für Kinder der Unterschicht zu gründen, an Isadora heran. Isadora überlegt, ob sie einige ihrer älteren Schülerinnen aus Moskau nach Paris kommen lassen sollte, damit sie ihr bei der Ausbildung der jüngeren zur Seite stünden. Doch letztlich zerschlägt sich das Projekt.

Am 28. Dezember 1925 erhält Isadora die Nachricht vom Tode Jessenins, von dem sie sich nie hatte scheiden lassen, angeblich, weil die Standesämter in Moskau nur bis Mittag geöffnet waren und Isadora und Jessenin, Nachtmenschen, die sie waren, nie früh genug aufstanden, um bis 12 Uhr auf der Behörde zu sein. Jessenin war in der Nacht vom 23. zum 24. Dezember mit dem Zug von Moskau nach Leningrad gereist und dort im Hotel England abgestiegen, wo er im Frühjahr 1922 mit Isadora gewohnt hatte. Am 27. Dezember öffnete er sich die Pulsadern und schrieb mit seinem eigenen Blut sein letztes Gedicht: »Sterben, das bringt nichts Neues,/Aber gibt es etwas Neues zu erleben?« Am nächsten Morgen fand man ihn tot auf. Ein paar Tage später schreibt Isadora an ihre alte Freundin Mary Desti, sie habe um den »armen kleinen Sergej« so viel geweint, »daß meine Augen keine Tränen mehr haben«. Ihr selbst gehe es so schlecht, »daß ich manchmal versucht bin, seinem Beispiel zu folgen und mich ins Meer zu stürzen«.

Aber Isadora hat gute Freunde, die sie nicht im Stich lassen. Aus New York kam Ruth Mitchel, die sie seit zwanzig Jahren nicht mehr gesehen hatte, nach Paris und lud Isadora ein, mit ihr – und auf ihre Kosten – nach Nizza zu reisen und eine Weile dort zu leben. Die beiden Freundinnen richteten sich in Nizza ein Studio in Meeresnähe ein, in dem Isadora wieder zu arbeiten begann und dank einer kleinen Bühne auch auftreten konnte. Zum Wohnen allerdings war das kleine Studio ungeeignet, die Freundinnen lebten im Hotel.

In der nächsten Zeit pendelte Isadora zwischen Paris und Nizza hin und her; doch war ihr eigentlicher Wohnort wohl Nizza. Am 14. September 1926 trat sie gemeinsam mit dem Dichter Jean Cocteau in einer Veranstaltung in ihrem Studio an der Promenade des Anglais auf. Cocteau rezitierte seine Gedichte, Isadora tanzte Cocteaus »Orpheus«. Die Kritikerin Janet Flanner besprach die Aufführung für die Zeitschrift The New Yorker und befand, daß sich Isadoras Kunst verändert habe: »Sie steht fast bewegungslos oder macht, mit langsamen, prächtigen Armbewegungen, langsame Schritte, suchend, jagend, findend. Über ihr Gesicht, das nach hier und dort kippt, fliehen die sterblichen Ausdrücke der Tragödie, des Wissens, der Liebe, der Verachtung, des Schmerzes . . .«

Inzwischen war mindestens ein Teil der Familie in Nizza wieder zusammengekommen. Bruder Raymond, mittlerweile in zweiter Ehe mit einer seiner früheren Schülerinnen verheiratet und Vater einer Tochter, Ligoa, hatte zusammen mit seiner Frau Aia in Nizza die »Akademia Duncan« gegründet, wo er seine Vorstellung von Theater lehrte. Mehr als nur nebenbei betrieb er eine kleine Fabrik, in der er Seiden- und Baumwollstoffe mit selbstentworfenen Mustern in Handarbeit bedrucken ließ. Die Stoffe waren gefragt und fanden reißenden Absatz. Außerdem webte er und gab eine Zeitung heraus – »Exangelos«.

Großnichte Dorée Duncan hält fest, daß die kleine Nichte sich an Isadora als »eine liebevolle, großzügige Tante" erinnert. Sie habe ihr sogar, gegen den Willen ihres Vaters, der eigentlich Puppen albern fand, eine hübsche Porzellanpuppe geschenkt. Auf einem Foto, das allerdings schon im Jahre 1921 vor Isadoras Übersiedlung in die Sowjetunion entstanden sein muß, sieht man die kleine Ligoa zusammen mit einer Isadora, die wie eine statuarische Indianersquaw wirkt, auf einer Bank in Raymonds Pariser Atelier. Das Kind sitzt halb auf Isadoras Knien und hat die rechte Hand vertrauensvoll in Isadoras Linke gelegt; beide lächeln.

Im Frühjahr 1927 tauchte Irma, von der Isadora monatelang nichts mehr gehört hatte, plötzlich in Paris auf. Sie hatte mit Ilya Schneider und den Zöglingen der Moskauer Schule, den »Dunclings«, eine Tournee ans entfernteste Ende der Sowjetunion, nach Wladiwostok, gemacht und von der dortigen Küste aus über den Pazifik sehnsüchtig nach dem unsichtbaren Amerika hinübergeschaut. Über Harbin war sie sogar nach China gekommen und hatte Isadoras Kunst dort vorgeführt. Die beiden Frauen planten, im Laufe des Jahres nach Moskau zurückzukehren. Doch als Irma in Moskau herausfand, daß die von der Sowjetregierung geplante Übernahme der Duncanschen Schulprinzipien ins allgemeine Curriculum zu einer verstärkten Kontrolle führen würde und sie selbst Mitglied der Kommunistischen Partei werden sollte, sah sie ihre künstlerische Freiheit gefährdet und kehrte der Sowjetunion endgültig den Rücken. Fortan lebte sie tanzend, lehrend und schreibend in Amerika.

Isadora hatte inzwischen sogar einen neuen Liebhaber gefunden: einen schönen, schwarzhaarigen russischen Pianisten, den die Ballerina Anna Pawlowa mit in Jean Cocteaus Nachtklub »Le Boeuf sur le Toit« gebracht hatte und der Isadora, als sie mit ihm tanzte, mit der Aussage amüsierte, er habe nun mit den beiden bedeutendsten Tänzerinnen der Welt getanzt, er müsse also wohl ein sehr guter Tänzer sein. Isadora war mittlerweile nur noch wenige Monate von ihrem 50. Geburtstag entfernt. Victor Seroff war 22, als sich die beiden trafen. Wie sie Paris Singer nur als »Lohengrin« bezeichnet hatte, nannte sie den jungen Russen nun »Vita«, weil er sie zurück ins Leben brachte. Doch hielten die beiden ihre Beziehung weitgehend vor der Öffentlichkeit geheim. Seroff ist weder als Tänzer mit Isadora aufgetreten, noch hat er bei einer ihrer immer seltener werdenden Vorstellungen für sie gespielt. »Er spielte für sie«, merkt Dorée Duncan an, »im Privaten, und sie genoß das Zuhören außerordentlich.«

Am 8. Juli 1927 trat Isadora in Paris im Théâtre Mogador auf. Sie tanzte ausnahmslos ihre späten Choreographien: Schuberts »Ave Maria« und die »Unvollendete Sinfonie«, Wagners »Tannhäuser«-Ouvertüre und »Siegfrieds Tod«. Es war, was niemand ahnte, Isadoras letzte Vorstellung, und sie muß noch einmal großartig, wenngleich statuarisch getanzt haben. Seroff, der fast fünfzig Jahre später eine Duncan-Biographie, »The Real Isadora«, publizierte, überliefert uns eines von Isadoras künstlerischen Glaubensbekenntnissen, nach denen sie sich vor allem in ihren letzten Lebensjahren gerichtet zu haben scheint: Schon seit sie in London die Schauspielerin Ellen Terry, Gordon Craigs Mutter, und später in Italien die Duse auf der Bühne gesehen habe, sei ihr klar geworden, »daß der wahre Ausdruck der Tragödie nicht darin liegt, daß die Schauspielerin auf der Bühne herumtobt oder ihr Publikum mit wilden Schreien belästigt, sondern im Gegenteil darin, daß sie absolut stumm und bewegungslos bleibt, wenn sie von einem plötzlichen Schicksalsschlag getroffen wird«.
Doch auch die tänzerische Ekstase muß der späten Isadora nicht gänzlich verschlossen gewesen sein. Lever berichtet, daß Isadora in ihrem letzten Lebensjahr förmlich mannstoll geworden sei und sich in Paris, wann immer Seroff abwesend gewesen sei, Liebhaber für eine Nacht von der Straße aufgegriffen habe, die sie wohl auch bezahlte: »Männer abzuschleppen wurde bei ihr zu einer wahren Sucht. Ständig war sie auf der Jagd, unersättlich. Die Jagd war ihre Leidenschaft, ihr Stachel, ihre Droge. Mit ihren stets enttäuschten Hoffnungen und dem Nachgeschmack verlorener Liebe beim Erwachen, mit ihrem Teufelsreigen von Leibern und Gesichtern, alle verschieden und doch trostlos gleich, mit der tief in ihrem Innern bohrenden Einsamkeit, die als Preis für den Taumel eines Augenblicks zu entrichten war, vor allem mit der erbarmungslosen Angst vor der verrinnenden Zeit.«
Eines Abends lud sie eine kleine Gruppe vertrauter Freunde –

Cocteau und Pablo Picasso, die Malerin Marie Laurencin und den Filmregisseur Jean Negulesco – zu sich in ihr Studio und tanzte für sie. Sie begann mit einer Bach-Sonate, die sie ganz im aktuellen Stil ihrer späten Jahre tanzte: fast unbeweglich, die Musik in eine höhere geistige Sphäre transponierend. Und während ihr Publikum noch schweigend dem nachsann, was es soeben gesehen hatte, kehrte sie zurück und sprang zu den Klängen einer Chopinschen Mazurka »in einer grotesk-obszönen Sarabande« (Lever) auf der kleinen Bühne herum: »Ein grausamer Anblick, der sowohl das Auge wie die Erinnerung beleidigte, dieses schwitzende, pausbäckige Gesicht, diese formlosen, schwerfällig hüpfenden Beine, diese wulstigen Arme, deren Posen irgendwelchen gewöhnlichen Zirkusparodien glichen, diese aus der Korsage gerutschten Hängebrüste.« Die Freunde waren peinlich berührt, bis Cocteau das lange Schweigen brach: »Sie hat uns die Antwort gegeben. Isadora hat die Häßlichkeit getötet.«

Am 1. Mai 1927 wurde Isadora in der kleinen Zweizimmerwohnung, die sie in Paris mit Seroff bewohnte, von Mary Desti besucht, die eben aus New York zurückgekommen war. Isadora schrieb an ihren Memoiren, hatte dafür einen großen Vorschuß ihres Londoner Verlegers bekommen und war trotzdem schon wieder pleite – nicht verwunderlich, wenn man weiß, daß sie in Nizza einen ganzen Monat lang mit Seroff im feudalen Hotel Negresco gewohnt und diniert hatte. Sie erwarte jedoch, erzählte sie Mary, einen größeren Betrag von amerikanischen Zeitungen, die Vorabdrucke ihres Buches bringen wollten. Sobald das Geld eingetroffen sei, werde sie nach Moskau fahren, um wieder in der Sowjetunion zu leben. »Wenn die sowjetische Regierung die Kosten für meine Schule übernimmt, bleibe ich den Rest meines Lebens dort.«

Die Freundin tat ihr Bestes, Isadora die Idee auszureden. »Es gelang ihr,« liest man bei Lever, »sie zu einer Diät zu überreden und sie dazu zu bringen, mit dem Trinken aufzuhören, wieder zu arbeiten, ihren Impresario zu aktivieren, ein Programm zusammenzustellen. Den Rest würde sie übernehmen.« In der Tat schaffte sie es, Isadora noch einmal auf die Bühne zu bringen. Die Vorstellung im Théâtre Mogador, von der wir bereits gehört haben, ist Mary Destis Initiative und Beziehungen zu verdanken.

Doch hatte die Wiederbegegnung mit Mary für Isadora ihre tragische Seite. Als sich die beiden Frauen nach einem langen intimen Gespräch in Marys Hotel an Marys Ankunftsabend trennten, hatte Desti Isadora einen Seidenschal geschenkt, den sie eigens für Isadora aus New York mitgebracht hatte, bemalt von einer jungen russischen Künstlerin, Roma Schatow. Der Schal stellte sich als ein Danaergeschenk heraus und sollte Isadora einige Wochen später umbringen. Aber wer hätte das an diesem Abend schon ahnen können?

21. KAPITEL

Ein filmreifer Tod: Isadoras tragisches Ende im Bugatti

Am 11. August 1927 ließ sich Isadora erneut zu etwas verleiten, das die konservative Öffentlichkeit der Vereinigten Staaten gegen sie aufbrachte. In ihrem Pariser Studio versammelte sich ein Freundeskreis, um eine Protestresolution gegen die Hinrichtung von Nicola Sacco und Bartolomeo Vanzetti in den USA zu entwerfen. Die beiden Anarchisten italienischer Herkunft waren in einem bis heute umstrittenen Mordprozeß mit politischem Hintergrund im amerikanischen Bundesstaat Massachusetts zum Tode verurteilt worden (und wurden am 22. August trotz weltweiter Proteste tatsächlich hingerichtet). Mit der fertigen Protestnote marschierten Isadora und ihre Freunde schnurstracks zur amerikanischen Botschaft, um das Papier dem Botschafter zu übergeben.

Ein paar Tage später reisten Isadora und Mary Desti nach Nizza, Seroff blieb in Paris. Mit dem Rest ihres Honorars von der

Vorstellung im Théâtre Mogador – und dem Vorschuß, den der Londoner Sunday Chronicle für den Vorabdruck ihrer mittlerweile fertiggestellten Memoiren leistete – bezahlte Isadora ihre Schulden im Hotel Negresco, wo man bei ihrer Abreise nach Paris mal wieder ihr Gepäck gepfändet hatte. Außerdem verkaufte sie dem Hotel ihr Auto, ein Franklin-Coupé, für die Hälfte seines Neupreises: 9 000 Franc.

Isadora fühlte sich wieder reich. Aber wie gewohnt reichte das Geld nur für eine kurze Weile. Denn auch jetzt, kaum aus einer finanziellen Krise aufgetaucht, gab Isadora das Geld mit vollen Händen aus: für eine Suite im vornehmen Grand Hotel des Badeortes Juan-les-Pins nahe Nizza, für opulente Diners, den täglichen Champagner und den Besuch aufwendiger Feste mit ihren Künstlerfreunden: Cocteau gehörte natürlich dazu; Marie Laurencin; der dadaistische Maler Francis Picabia, dessen Yacht in Nizza vor Anker lag, lud die Clique häufig zu kleineren und größeren Mittelmeertrips ein. Nach wenigen Wochen stand die Tänzerin wieder ohne einen Sou da.

So überredete sie Mary Desti, an ihrer Seite einen Bußgang anzutreten, für den sie sich selbst genierte. Mary sollte den gleich nebenan residierenden Paris Singer aufsuchen und um finanzielle Hilfe bitten, was sie auch tat. Zunächst wies Singer das Ansinnen ab. Isadora würde, sagte er Desti realistisch, im Handumdrehen wieder alles Geld verschleudert haben. Doch wenig später tauchte Isadoras Millionär im Atelier der Tänzerin auf, lud die beiden Damen zum Essen in ein Restaurant ihrer Wahl ein und versprach Isadora schließlich einmal mehr, für alle ihre Ausgaben aufzukommen.

Über die Vorgeschichte von Isadoras letzter kurzer Reise existieren wieder einmal mehrere Versionen. In einem Halbsatz vermeldet Dorée Duncan, Isadora sei »zu einer Fahrt mit einem jungen Mechaniker, der Bugatti-Rennwagen verkaufte« ausgegangen. Auch der Tanzhistoriker Joseph H. Mazo, Autor eines Buches – »Prime Movers« – über die Pioniere des

neuen Tanzes in Amerika, glaubt, daß Isadora, die in die Geschwindigkeit verliebt war, sich trotz ihrer desaströsen finanziellen Lage möglicherweise einen der schnellen Bugatti-Flitzer habe kaufen wollen.
Maurice Lever setzt auch ihren Flirt mit »Bugatti« auf die Liste von Isadoras späten erotischen Abenteuern. In einem kleinen Restaurant der Nachbarschaft habe Isadora die Bekanntschaft eines hübschen jungen Mannes gemacht, in den sie sich augenblicklich verguckt habe. Ihre Freundin Mary Desti, die ihr den kleinen Chauffeur hatte madig machen wollen, habe sie gefragt, ob sie denn keine Augen im Kopf habe: Das sei doch ein »ein verkleideter junger Griechengott«. Als sie erfahren habe, daß der verkleidete Griechengott Bugattis verkaufe, habe sie ihn unter dem Vorwand, sie wolle eines der rassigen Autos erstehen – vermutlich aber wohl eher, um den gutaussehenden Verkäufer in die Liste ihrer Liebhaber einzureihen –, gebeten, bei ihr vorbeizukommen und ihr die Vorzüge eines Bugatti-Sportwagens zu schildern. Als der junge Mann ihr in ihrem Atelier seine Aufwartung machte, völlig verschüchtert, da er erfahren hatte, welch berühmte Frau seine mutmaßliche Kundin war, habe sie seine Erklärungen über die Enge des Autos genutzt, um ihm liebevoll auf den Leib zu rücken. Nach Levers Darstellung platzte Paris Singer herein, gerade als Isadora mit ihren routinierten Verführungskünsten begonnen hatte, was beide Männer einigermaßen frustiert habe. Doch Isadora rettete die Situation, indem sie beide für den Abend einlud: den Bugatti-Verkäufer für neun Uhr zu einer Probefahrt, den Millionär für zehn zum Besuch des Casinokonzerts, zu dem sie mit Mary Desti gehen wollte.
Der Bugatti-Fahrer war, wie sich denken läßt, pünktlich: Zum Besuch des Konzerts und zum Treffen mit Singer ist es nicht mehr gekommen. Isadora nahm auf dem engen Beifahrersitz des offenen Sportwagens Platz. Sie scheint bester Laune gewesen zu sein. Unabhängig voneinander überliefern Lever und

der englische Ballett-Choreograph Frederick Ashton, der Isadora bewunderte, seit er sie 1921 – also schon recht spät – in London tanzen sah, ihre letzten Worte: »Lebt wohl, Freunde, ich fahre dem Ruhm entgegen.«

Mehr zur Dekoration als um sich warmzuhalten, hatte sich die Tänzerin jenen Seidenschal um den Hals geschlungen, den ihr Mary Desti aus New York mitgebracht hatte. »In dem Augenblick, als der Wagen startete«, berichtet Dorée Duncan, »warf Isadora das eine Ende des Schals über ihre Schulter. Die langen Fransen verfingen sich in den Speichen des sich rasch drehenden Hinterrads. Die schwere Seide zog sich um ihren schönen Nacken zusammen. Sie war sofort tot.« Man schrieb den 14. September 1927, Isadora Duncan war 50 Jahre, drei Monate und 19 Tage alt geworden.

Raymond Duncan und Victor Seroff fuhren nach Nizza, um die tote Isadora nach Paris heimzuholen. Der Leichnam wurde in Raymonds Studio aufgebahrt: bedeckt mit Isadoras violettem Samtmantel und einer amerikanischen Flagge. Im Tod präsentierte sich die Tänzerin amerikanischer, als sie es in ihren letzten Lebensjahren gewesen war.

Am 19. September führten Raymond und Elizabeth Duncan den Trauerzug an, der Tausende, Berühmte und Unbekannte, Freunde und Fremde, von Raymonds Studio zum Prominentenfriedhof Père-Lachaise führte. Isadoras Beerdigung kollidierte ironischerweise mit einem Treffen der erzkonservativen »American Legion«, die just an diesem Tag über die Champs-Elysées paradierte und Isadoras Leichenzug in kleinere Pariser Straßen und Gäßchen abdrängte. Ein letztes Mal demonstrierte das konservative Amerika, diesmal allerdings wohl unabsichtlich, der abtrünnigen Tochter seine Macht.

In der Friedhofskapelle spielte man düstere Kompositionen von Isadoras Lieblingskomponisten: Bach, Beethoven, Schubert, Chopin und Liszt. Der Dichter Fernand Divoire, zu ihren Lebzeiten mit Isadora befreundet, hielt die Grabrede. Dann

Isadora Duncan starb am 14. September 1927, als ihr Schal sich in den Speichenrädern ihres Bugattis verfing. Raymond holte den Leichnam aus Nizza nach Paris, wo er in seinem Studio aufgebahrt wurde. Nach einem Trauerzug durch die Straßen von Paris wurde Isadora auf dem Friedhof Père-Lachaise beigesetzt. (Duncan Collection; D. D.)

wurde Isadoras Leiche, wie anderthalb Jahrzehnte vorher die Leichen ihrer Kinder, den Flammen des Krematoriums übergeben. »In einem Hauch von Rauch, der in den herbstlichen Himmel aufstieg«, flüchtet sich eine gerührte Dorée Duncan ins Klischee, »verflüchtigte sich die physische Isadora. Ihre Asche stellte man in eine Nische neben die ihrer geliebten Kinder. Goldene Blätter fielen sacht von den wogenden Walnußbäumen.«

Doch nicht nur Isadoras Andenken – auch ihr ästhetisches Vermächtnis lebt zweifellos weiter.

NACHWORT

Ich sehe Amerika tanzen:
eine Idee überlebt

Als Isadora Duncan am 14. September 1927 in Nizza ihren filmreifen Tod starb, war sie in Amerika fast vergessen: eine Unperson. Doch ihre Rehabilitierung setzte schon wenig später ein. Bereits 1928 führte Irma Duncan, des Kommunismus offenbar unverdächtig, die Tanzgruppe ihrer Moskauer Schule in die USA und tourte mit ihr – ausgerechnet mit Isadoras letzten russischen Arbeiten, denen Irma eigene, thematisch passende Choreographien hinzugefügt hatte – monatelang durchs Land. Am Ende faßte sie den Entschluß, der sich schon vorbereitet hatte, als sie in Wladiwostok auf der anderen Seite des Pazifik stand und sehnsüchtig nach den Umrissen Amerikas Ausschau hielt: Sie kehrte nicht mehr in die Sowjetunion zurück.

In den nächsten Jahren erschienen in Amerika mehrere Bücher über Isadoras Leben und Kunst. Ihre Memoiren kamen 1927 heraus, Irma Duncans und Ross MacDougalls »Isadora Duncan's Russian Years«, aber auch Mary Destis »The Untold Story. The Life of Isadora Duncan 1921–27«, wenig später, im Jahre 1929. Beide decken jene Jahre ab, die Isadoras eigene Erinnerungen nicht mehr beschreiben. Seitdem sind die Bücher zu diesem Thema an den Fingern beider Hände nicht mehr abzuzählen.

Die kreativeren unter jenen jungen Frauen, die noch mit Isadora oder Irma getanzt hatten, hielten tanzend die Erinnerung an Isadora am Leben und gaben ihrerseits die Kenntnis von

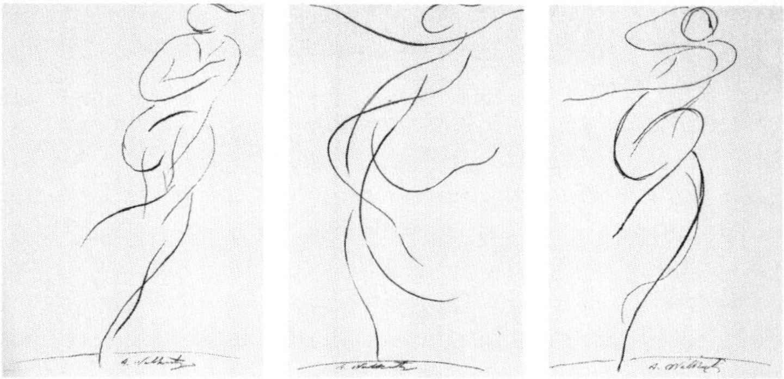

»Isadora beim Tanz«, 1932 von Abraham Walkowitz gezeichnet. Als Isadora in Nizza starb, hatte man sie in Amerika bereits wieder vergessen. Doch schon 1928 wurde die Erinnerung an sie neu geweckt, als Isadoras Adoptivtochter Irma Duncan mit ihrer Moskauer Tanzgruppe in den USA auf Tournee ging. (Duncan Collection; D. D.)

Isadoras Choreographien weiter, indem sie sie neuen, jüngeren Tänzerinnen und Ensembles, die zum Teil eigens zu diesem Zwecke gegründet wurden, beibrachten. In den siebziger Jahren brach in den USA ein regelrechter Duncan-Boom aus, der auch andere künstlerische Sparten erreichte und auch nach Europa überschwappte. Der Dramatiker Martin Sherman brachte Isadora mit seinem – eher denunziatorischen, später auch in Deutschland gespielten – Schauspiel »When She Danced« an den Broadway. Hollywood drehte einen Film, in dem die britische Schauspielerin Vanessa Redgrave Isadora verkörperte. Die Ballettschöpfer Frederick Ashton, Maurice Béjart und, nicht zuletzt, Kenneth MacMillan, dessen abendfüllende »Isadora«-Choreographie fürs Londoner Royal Ballet große Resonanz in der Tanzwelt fand, salutierten choreographierend einer Kollegin, deren Schöpfungen sie durchaus als Vorbild für ihre eigenen Arbeiten empfanden. 1994 erinnerte das Internationale Tanzfesti-

val Nordrhein-Westfalen schon im Titel an Duncans Verdienste: »Von Isadora (Duncan) zu Pina (Bausch): 100 Jahre moderner Tanz.«
Tatsächlich geht es heute, wenn man von diesen Verdiensten spricht, kaum noch um die Qualität der Duncanschen Choreographien selbst oder darum, ob Isadora Duncans Werke heute noch aufgeführt werden, geschweige denn, ob das Publikum von heute von ihnen noch angerührt wird. Mehr als siebzig Jahre nach dem Tod der Tänzerin erscheinen die Anregungen, die Isadora Duncan gab, die Wege, die sie dem Tanz – aber auch den Frauen – geebnet hat, ihre Überwindung ästhetischer wie sozialer Vorurteile zunehmend wichtiger.
Längst tragen die Frauen kein Korsett mehr, und Isadoras Vision eines tanzenden Amerika ist Realität geworden. Daß sie diese Vision an scheinbar unpassender Stelle, in einem der letzten Kapitel ihrer Lebensbeichte, zwischen den Berichten über finanzielle Pleiten und heiße Liebesaffären äußerte, hat manchen ironischen Kommentar hervorgerufen. Doch tatsächlich zeigt es nur, wie wichtig es ihr war, der amerikanischen Jugend die Botschaft zu übermitteln, daß es den Rhythmus amerikanischer Weite und Größe zu tanzen gelte. Daß diese Botschaft mit ihrer Abneigung gegen den Jazz und die »Negerkultur« auch eine nicht geringe Engstirnigkeit demonstrierte, steht auf einem anderen Blatt, ändert aber nichts an ihrer Aufrichtigkeit.
Was Isadora Duncan und Loie Fuller, die sich in Europa getroffen und eine kurze Strecke des Weges gemeinsam zurückgelegt haben, begannen – die Überwindung des akademischen Tanzes –, haben andere mit einem Erfolg fortgeführt, der ohne Duncans und Fullers Vorarbeit nicht möglich gewesen wäre. Isadora sei, meint der Tanzhistoriker Don McDonagh, zwar »nicht die erste jener Pioniergeneration gewesen, die ernsthafte Wahrheiten durch die Schönheit der expressiven Bewegungen schaffen wollte«. Doch »ihr Name und die skandalö-

sen Obertöne sind ein Teil jenes mythischen Nebels geworden, aus dem der moderne Tanz entstand.«

Isadora habe, meint auch der Klassizist Frederick Ashton, »dem modernen Tanz den Weg bereitet und sowohl das Ballett als auch das Theater unserer Tage stark beeinflußt«, und er zitiert den Schöpfer der legendären Ballets Russes, Serge Diaghilew, der der Ansicht war, Isadora habe »dem klassischen Ballett des kaiserlichen Rußland einen nicht wiedergutzumachenden Stoß« versetzt. Selbst der junge George Balanchine, der Amerika in der zweiten Hälfte des 20. Jahrhunderts auf eine völlig andere Weise zum Tanzen brachte, als es Isadora vorschwebte, zeigte sich von Isadoras Ideen beeinflußt, als er 1925 sein erstes größeres Werk für Diaghilews Ballets Russes schuf: »Le Chant du Rossignol« – »Der Gesang der Nachtigall.«

Agnes de Mille, die das Vorwort zu Doreée Duncans, Carol Pratls und Cynthia Splatts Buch »Life into Art. Isadora Duncan and her World« geschrieben hat, auch sie eine klassische Choreographin, erinnert sich, die reife Isadora 1918 bei einem ihrer Soloabende in Los Angeles gesehen zu haben: »Ich war ein Kind und verstand nichts von dem, was ich sah. Aber ganze Phrasen ihres Tanzes haben sich meinem Gedächtnis exakt eingeprägt, und obwohl ich zu dieser Zeit die Musik nicht kannte, habe ich sie später als Gluck identifiziert.« Im amerikanischen Text steht an dieser Stelle nicht »Gluck«, sondern »Glück« – ein Freudscher Verschreiber, der die Wahrheit ans Licht bringt: den großen Gewinn, den eine spätere Choreographin aus der Tatsache zieht, Isadora noch auf der Bühne gesehen zu haben.

Man könnte diskutieren, ob nicht eine Weile lang der deutsche Tanz – Rudolf von Laban, die österreichischen Wiesenthal-Schwestern, Mary Wigman, Yvonne Georgi, Harald Kreutzberg – eine wichtigere Rolle für die Entwicklung des zeitgenössischen Tanzes gespielt habe als der amerikanische. Doch das wäre eine akademische, eine müßige Diskussion.

Um die Jahrhundertwende und dann wieder von den zwanziger Jahren an bis in die siebziger Jahre, als die Deutsche Pina Bausch die Tanzästhetik revolutionierte wie vor ihr vielleicht nur Isadora Duncan, sind es vor allem die Amerikaner gewesen, die den zeitgenössischen (modernen) Tanz immer weiter vorangetrieben haben.
Die erste Gruppe jener Choreographen, die das 20. Jahrhundert im Tanz zu einem amerikanischen gemacht haben, hat noch zu Isadoras Lebzeiten mit ihrer künstlerischen Arbeit begonnen. Tatsächlich sind Ruth St. Denis, geboren 1894 in Summerville, New Jersey, Martha Graham, geboren im selben Jahr in Allegheny, Pennsylvania, und Doris Humphrey, geboren 1895 in Oak Park, Illinois, nur unwesentlich jünger als Isadora. Die in Kanada geborene Maud Allan, die amerikanische Tanzhistoriker zu den Pionieren zählen, ist sogar vier Jahre älter als Duncan. Sie hat auch 1903, nur wenig später als Duncan, mit ihrer choreographischen Arbeit begonnen, war aber zu diesem Zeitpunkt bereits von Duncan, deren Werk sie in Berlin gesehen hatte, stark beeinflußt. Ruth St. Denis' erste wesentliche Choreographien, das geheimnisvolle »Incent« zum Beispiel, das die Zeit überdauert hat, fallen ins Jahr 1906, als Isadora Duncan schon eine vergleichsweise lange Liste von künstlerischen Arbeiten aufzuweisen hat. Doch ist ihr Einfluß auf die amerikanische Entwicklung ungleich stärker, da sie zu Hause blieb, dort eine Schule gründete und sich, bei aller Liebe zu asiatischen Themen, als uramerikanisch zu präsentieren wußte.
Doch sollten wir uns nichts vormachen: So richtig beginnt die Geschichte des zeitgenössischen amerikanischen Tanzes erst in den zwanziger Jahren des 20. Jahrhunderts. Isadora Duncan und Loie Fuller, auch Maud Allen, sind in den ersten Jahrzehnten des 20. Jahrhunderts praktisch in Europa zu Hause. Und Ruth St. Denis, die sich ihre ersten Anregungen auf dem Vergnügungspark von Coney Island bei New York holte, muß in dieser Zeit wohl als die eine hochfliegende Schwalbe

betrachtet werden, die noch keinen künstlerischen Frühling macht. Aber sie hat diesen Frühling in ihrer Schule, die sie zusammen mit ihrem drei Jahre älteren Partner Ted Shawn 1915 in Los Angeles gründete und der sie den später weithin berühmten Namen »Denishawn« gab, mindestens vorbereitet.
In den zwanziger Jahren, als Isadora künstlerisch bereits auf dem Abstieg war, drängte eine ganze Riege junger, bahnbrechender Choreographen beiderlei Geschlechts ins Rampenlicht. Shawn, der 1911 zu choreographieren begonnen hatte, dessen künstlerische Karriere aber im Ersten Weltkrieg unterbrochen wurde, als er in der US-Army diente, schuf nach der Erneuerung seiner Partnerschaft mit »Miss Ruth« im Jahre 1921 seine wichtigsten Stücke: »Death of Adonis« (1924), »Prometheus Bound« (1929) und »Kinetic Molpai« (1935) – für eine reine Männergruppe: damals eine Sensation. Martha Graham, die ab 1916 in Denishawn studiert und von 1919 bis 1923 in der Denishawn-Gruppe getanzt hatte, fiel mit ihren ersten Arbeiten auf. 1925 kamen ihre ersten Choreographien heraus, 1930 wies ihr Œuvre-Verzeichnis schon mehr als 50 Stücke auf, darunter Werke, die über die Jahre hin nichts von ihrer Faszination verloren haben, wie das Ensemblestück »Heretic« und das große Solo »Lamentation«.
Fast gleichzeitig machte die aus Deutschland stammende Hanya Holm von sich reden, die die USA zunächst mit der Gruppe von Mary Wigman besucht hatte, 1931 aber, als Mary Wigman in New York einen Ableger ihrer Dresdner Schule gründete, als Wigmans Statthalterin nach New York übersiedelte. In der Nazi-Zeit, als die Stimmung gegen die Deutschen sich immer mehr verschlechterte, übernahm sie dieses Studio in eigene Regie. Am Ende hatte man in Amerika, wie bei vielen anderen Emigranten, beinahe vergessen, daß Holm nicht in Amerika geboren war.
Doch zu Grahams großer Rivalin, mit der sie sich den Ruf der »Gründermutter« des amerikanischen Modern Dance teilt,

wurde die ungefähr gleichaltrige Doris Humphrey: Auch sie war nach einer Ausbildung in Gesellschaftstanz, Volkstanz und Steptanz in New York zunächst ein Mitglied des Denishawn-Ensembles, dann, seit 1928, zusammen mit ihrem Partner Charles Weidman, mit dem sie (und auch Graham) schon bei Denishawn getanzt hatte, selbständig.

Graham wie Humphrey arbeiteten, bevor sie ihren Blick auf die Welt weiteten, in ihrem Werk nicht zuletzt amerikanische Geschichte auf, sangen das Hohelied der Pioniere, die das weite Land besiedelt und urbar gemacht hatten. Diese Stücke hießen »Frontier« oder »Appalachian Spring«, »American Provincials« oder »American Document«, »Columbiad« oder »Salem Shore« (sämtlich von Graham), »The Shakers«, »Americana«, »American Holiday« oder »Lament for Ignacio Sánchez Mejias« (alle von Humphrey).

Parallel dazu entwickelte sich ein Zweig amerikanischer Tanzkunst, von dem Isadora Duncan nicht sehr begeistert gewesen wäre. Helen Tamiris choreographierte zwar 1934 auch eine »Walt Whitman Suite«. Aber sechs Jahre zuvor hatte sie »Negro Spirituals« begonnen, die sie mit der Zeit zu einem achtteiligen Werk weiterentwickelte. Lester Horton, 1906 in Indianapolis geboren, interessierte sich zunächst nur für nichtwestliche Tanzformen, vor allem für die der amerikanischen Indianer. 1928 zog er nach Kalifornien, 1932 gründete er seine eigene Tanzkompanie, für die er – ähnlich wie Graham und Humphrey – sein eigenes Vokabular entwickelte: die Lester-Horton-Technik des modernen Tanzes, die einen besonderen Einfluß bei der folgenden Generation schwarzer Choreographen und Tänzer gewann.

Mit der Zeit entwickelte sich im amerikanischen Tanz eine dichte Geschlechterfolge, die sich beinahe mit biblischen Worten beschreiben ließe: »Und Jaketan zeugte Almodad, Sem zeugte Arphachsad.« Aus der Graham-Schule gingen Schwergewichte wie Anna Sokolow, Paul Taylor oder, der Wichtigste von allen, Merce Cunningham hervor. Von Cunningham wiederum leitet sich alles ab, was in Amerika gemeinhin unter »postmoderner Tanz« geführt wird. Bei Humphrey und Weidman lernte der bedeutende José Limon, in dessen Fußstapfen wiederum Choreographen wie Louis Falco, Jennifer Muller oder Elio Pomare traten. Aus der Schule von Holm kamen Alwin Nikolais, Murray Louis und letztlich die Gruppe Pilobolus. Die Arbeit von Lester Horton setzten nicht zuletzt farbige Tänzer wie Alwin Ailey, James Truitte und Garth Fagan fort. Und wenn das Wort von Bert Brecht nicht auf den Faschismus gemünzt wäre und einen so schlechten Klang hätte, könnte man es durchaus benutzen: »Der Schoß ist fruchtbar noch, aus dem das kroch.« Ein Ende des amerikanischen Tanzbooms ist nicht abzusehen.

Obwohl die langbeinigen Girls und Boys, an die Isadora Duncan ihr »Ich sehe Amerika tanzen« adressierte, heute eher beim New York City Ballet, dem American Ballet Theatre oder dem San Francisco Ballet engagiert sind, blüht der zeitgenössische Tanz zwischen der Atlantik- und der Pazifikküste, wie es sich nicht einmal Isadora hätten träumen lassen. Jedes kleine Kaff hat heute sein Tanzensemble, alle Colleges, alle Universitäten haben ihre Tanzabteilung, und New York hat sich zur Tanzhauptstadt der Welt gemausert, auch, wenn ihre Dominanz im Jahr 2000 nicht mehr ganz so stark ist, wie sie in den siebziger und achtziger Jahren des Jahrhunderts war.

Keine Frage, Isadora Duncans Traum, ihre Idee ist Realität geworden: »Ich sehe Amerika tanzen.«

ANHANG

LEBENSDATEN

26. Mai 1877 Isadora wird in San Francisco als viertes Kind des Ehepaares Joseph und Dora Duncan geboren.

8. Okt. 1877 Joseph Duncans Bank gerät in die Pleite; Duncan wird des betrügerischen Bankrotts angeklagt, aber freigesprochen.

1880 Scheidung der Eltern; Dora Duncan zieht mit ihren vier Kindern nach Los Angeles; wenig später heiratet Joseph Duncan erneut. Isadora schwört sich, nie zu heiraten.

1892 Als Fünfjährige beginnt Isadora ihre Schulzeit in einer Public School.

1885 Dora Duncan gründet in Oakland eine Tanzschule.

1888 Isadora verläßt, elfjährig, die Schule, um als Tanzlehrerin Geld zu verdienen. Sie liest Dickens, Thackeray, Shakespeare »und tausend andere Romane«. Sie verliebt sich in den – wesentlich älteren – Apotheker Vernon, der sie gar nicht zur Kenntnis nimmt.

1890 Auf einem Wohltätigkeitsabend der First Unitarian Church in der Wendte Hall in Oakland tritt Isadora zum ersten Mal öffentlich als Tänzerin auf.

1893 Joseph Duncan kauft seiner alten Familie ein neues Haus in San Francisco.

1894 Isadora Duncan wird zum ersten Mal als Tanzlehrerin im Branchenverzeichnis von San Francisco aufgeführt.

1895 Dora Duncan und ihre 18jährige Tochter Isadora verlassen San Francisco und lassen sich zunächst in Chicago, dann in New York nieder.
In Chicago hat Isadora eine platonische Beziehung zu einem wesentlich älteren, verheirateten Polen und verspricht ihm die Ehe.
In New York schließt sich Isadora der Theaterkompa-

nie von Augustin Daly an; sie tanzt kleine Rollen in Shakespeare-Produktionen: »Sommernachtstraum« und »Der Sturm«.

1897 Mit Dalys Kompanie besucht Isadora zum ersten Mal London und gibt dort einige private Vorstellungen.

1898 Isadora verläßt Daly, mietet ein Studio in der Carnegie Hall und beginnt dort zu arbeiten; sie trifft dort den Komponisten Ethelbert Nevin.
Joseph Duncan stirbt mitsamt seiner neuen Familie bei einem Schiffsunglück auf der Überfahrt nach England.

24. März 1898 Isadora tritt mit einem von Nevin arrangierten Programm im Carnegie Lyceum auf, erhält erste, aber herablassende Kritiken.

17. März 1899 Das Windsor Hotel in New York, wo die Duncans wohnen, brennt ab; sie verlieren alles, was sie besitzen.

18. April 1899 Die Duncans geben ihre New Yorker Abschiedsvorstellung; zum letzten Mal treten alle Familienmitglieder gemeinsam auf amerikanischem Boden auf.

April 1899 Auf einem Viehtransportschiff reisen die Duncans von New York nach England.

1899 In London studieren Isadora und Raymond im British Museum die griechische Kunst. Isadora wird von Freunden mit wichtigen Mitgliedern der Londoner Künstlerszene bekannt gemacht und tanzt in privaten Zirkeln; sie trifft Charles Hallé, den Direktor der New Gallery.

März 1900 Isadoras erster Auftritt in London.

Juli 1900 Hallé organisiert für Isadora mehrere Aufführungen in seiner Galerie. Isadora tanzt Gluck und versucht sich an einer tänzerischen Illustration von Botticellis Gemälde »La Primavera«.

Sommer 1900 Isadora und ihre Mutter reisen nach Paris, um die Weltausstellung zu sehen. Sie machen Bekanntschaft mit der Tänzerin Loie Fuller und beschließen, vorerst in Paris zu bleiben.
Isadora hat mehrere unglückliche Liebesaffären.

März 1901	Isadora gibt einen Solo-Abend im Palais des Beaux-Arts in Monte-Carlo.
Juli 1901	Isadora kehrt nach London zurück und tanzt in der New Gallery eine Serie ihrer von griechischer Kunst inspirierten »Dance Idylls«, erhält aber keine Kontrakte, die ihr den Lebensunterhalt sichern.
	Zurück in Paris wird sie von Loie Fuller eingeladen, sie auf eine Osteuropa-Tournee zu begleiten; Fuller arrangiert für sie Auftritte in Wien und Budapest. Dort sieht sie der ungarische Impresario Alexander Grosz.
19. April 1902	Isadora beginnt eine triumphale Serie von Vorstellungen im Budapester Urania Theater.
	Sie trifft den Schauspieler Oscar Beregi, der ihr erster Liebhaber wird.
	Bevor sie auf ihre erste Deutschlandtournee geht, besucht Isadora Italien: Venedig, Florenz.
Sommer 1902	Isadora tanzt mit großem Erfolg im Münchner Künstlerhaus und in der Berliner Kroll-Oper.
1903	Isadoras Vorlesung »Der Tanz der Zukunft« erscheint bei Eugen Diederichs in Leipzig in deutscher und englischer Sprache.
Mai 1903	Isadora kehrt nach Paris zurück und gibt eine Serie von Vorstellungen im Théâtre Sarah Bernhardt; sie trifft den Bildhauer Rodin.
Herbst 1903	Die Mitglieder der Familie Duncan, die vorübergehend eigene Wege gegangen waren, treffen sich in Berlin; sie beschließen, nach Griechenland zu reisen.
	In Griechenland kaufen die Duncans ein Grundstück auf dem Berg Kopanos und versuchen dort, einen Palast nach dem Vorbild Agamemnons zu errichten.
	Isadora und Raymond Duncan studieren das griechische Drama und die byzantinische Musik. Sie bilden einen Knabenchor aus, um mit ihm die griechische Tragödie wiederzubeleben.
1904	Geldmangel zwingt die Duncans zur Rückkehr nach

	Deutschland, wo sie, mit geringem Erfolg, ihren griechischen Knabenchor präsentieren. Isadora tanzt den Strauß-Walzer »An der schönen blauen Donau«.
Sommer 1904	Auf Einladung von Cosima Wagner arbeitet Isadora Duncan in Bayreuth; sie choreographiert das »Bacchanale« der Wagner-Oper »Tannhäuser«.
Herbst 1904	Auf einem Grundstück im Berliner Grunewald gründet Isadora eine Schule für 20 Mädchen, die sie auf »Auditions« in ganz Deutschland aussucht.
Dezember 1904	Isadora trifft den Theaterreformer Edward Gordon Craig und verliebt sich Hals über Kopf in ihn; wenige Tage später reist sie zu ihrer ersten Rußlandtournee nach St. Petersburg und Moskau.
20. Juli 1905	Isadora tritt in der Berliner Kroll-Oper zum ersten Mal mit Zöglingen ihrer Schule auf.
Winter 1905	Isadora erfährt, daß sie von Gordon Craig schwanger ist; sie beschließt, bis zum Mai des nächsten Jahres weiterzutanzen.
29. Nov. 1905	Premiere von »Iphigenia in Aulis« im Kristallpalast in Berlin.
Juni 1906	Isadora zieht sich ins holländische Nordwijk zurück und verbringt dort die letzten Wochen ihrer Schwangerschaft.
24. Sept. 1906	1906 Isadora bringt eine Tochter zur Welt, die sie später Deirdre nennen wird; die Geburt ist extrem schwierig.
Sommer 1907	Die Beziehung zu Craig wird kompliziert; die Trennung bahnt sich an.
Winter 1907	Isadoras zweite Rußlandtournee; in Moskau trifft Isadora mit dem Regisseur Konstantin Stanislawski zusammen.
1908	Isadora mietet ein Studio in Paris; sie geht zum dritten Mal nach Rußland, diesmal mit den Schülerinnen ihrer Berliner Schule.
Juni 1908	Isadora bringt ihre Schülerinnen nach London.
Herbst 1908	Erstes USA-Gastspiel; Isadora tanzt Beethovens »Siebte« und Kompositionen Chopins in der Met.

Sommer 1908	Isadora trifft den Millionär Paris Singer und wird seine Geliebte; sie reist mit Singer nach Ägypten.
Herbst 1909	Isadora ist zum zweiten Mal schwanger, tanzt aber weiter.
2. Dez. 1909	Abschlußvorstellung von Isadoras zweiter, monatelanger USA-Tournee in der New Yorker Carnegie Hall.
10. Mai 1910	Patrick Augustus Duncan wird geboren; diesmal ist die Geburt wesentlich einfacher.
1911	Isadora richtet eine Schule in Paris ein, in einem schloßähnlichen Gebäude, das Singer gekauft hat: »Bellevue«.
1911/1912	Arbeit an Wagner- und Gluck-Choreographien; zahlreiche Tourneen; glückliches Privatleben.
19. April 1913	Tod der Kinder, als Isadoras Auto in die Seine stürzt.
Sommer 1913	An der italienischen Riviera sucht Eleonora Duse die trauernde Freundin ins Leben zurückzuführen. Isadora trifft einen jungen Bildhauer und wird erneut schwanger; das Kind, ein Junge, stirbt wenige Stunden nach der Geburt im Sommer 1914.
1. Aug. 1914	Ausbruch des Ersten Weltkriegs. Singer schickt die Schülerinnen nach New York; Isadora übergibt Bellevue den »Dames de France«, die daraus ein Lazarett machen.
Herbst 1914	Über Deauville schlägt sich Isadora nach New York durch. Sie lehrt, choreographiert und tritt im Frühjahr 1915 zum ersten Mal seit dem Tod ihrer Kinder wieder auf.
Mai 1915	Isadora kehrt nach Europa zurück; ein Versuch, sich mitsamt Schule in Griechenland niederzulassen, scheitert.
9. April 1916	Isadora tritt im Pariser Palais du Trocadéro auf; sie tanzt zu Musik von César Franck und zu Tschaikowskys »Pathetique«.
Sommer 1916	Eine Südamerikatournee scheitert kläglich; auf dem Rückweg trifft Isadora in New York wieder mit Singer zusammen, der ihr die Metropolitan Opera mietet.

Sommer 1917 Isadora verbringt den Sommer mit ihren Schülerinnen auf Long Island. Ohne ihre Schülerinnen geht sie auf eine Tournee nach Kalifornien, wo sie seit zwanzig Jahren nicht mehr gewesen ist.

1918 Noch vor dem Ende des Krieges kehrt Isadora nach Frankreich zurück; in Cap Ferrat mietet sie eine Garage als Studio und beginnt mit der Arbeit an religiösen Tänzen. Als der Krieg zu Ende ist, zieht sie wieder nach Paris.

1919 Auf dem Rückweg von einer Reise nach Nordafrika trifft Isadora in Rom Gordon Craig. Doch die Beziehung läßt sich nicht wiederbeleben.

April 1920 Isadora tanzt im Pariser Trocadéro, vornehmlich Schubert und Tschaikowsky. Als ihre Schülerinnen aus Amerika zurückkommen, reist sie mit ihnen nach Griechenland. In den politischen Wirren des Landes zerschlägt sich der Versuch, die Schule in Athen anzusiedeln.

1921 Die Regierung der Sowjetunion bietet Isadora an, ihr in Moskau eine Schule »für tausend Kinder« zu finanzieren. Isadora sagt zu und tritt von London aus die Reise an.

19. Juli 1921 An Bord der S. S. Baltanic kommen Isadora und Irma Duncan, ihre Ziehtochter, in Estland an; weitere sechs Tage benötigen sie für die Reise nach Moskau, wo ihnen die sowjetische Regierung das große Haus einer ehemaligen Bolschoi-Ballerina als Sitz der Schule zuweist, sich aber angesichts der prekären Situation des Landes außerstande sieht, die Schule auch zu finanzieren.

1922 Isadora trifft den – wesentlich jüngeren – Dichter Sergej Jessenin und verliebt sich in ihn; um ihn in den Westen mitnehmen zu können, bricht sie ihren Schwur, nie zu heiraten.

2. Mai 1922 Isadora Duncan und Sergej Jessenin werden auf dem Moskauer Standesamt getraut; wenige Tage später fahren sie zunächst nach Berlin, dann auch nach Venedig, Brüssel und Paris. Jessenins labiler Charakter macht die Beziehung schwierig; schon nach wenigen Wochen werden Kräche und Skandale zum Alltag.

1. Okt. 1922 Auf der S. S. Paris kommen Isadora und Jessenin in New York an. Erst nach eingehenden Verhören durch die Einwanderungsbehörde und Loyalitätsbekundungen ihrerseits werden sie an Land gelassen.
Die Tournee entwickelt sich zu einer skandalträchtigen Katastrophe und muß vorzeitig beendet werden.

Sommer 1923 Via Paris kehrt das Paar nach Moskau zurück, wo es sich dann trennt.

1924 Isadora unternimmt eine erfolgreiche Tournee durch die Ukraine. Sie arbeitet an Choreographien mit revolutionären russischen Themen. Eine zweite Tournee durch den russischen Süden bleibt erfolglos.

30. Sept. 1924 Isadora verläßt Moskau, um mit einer Solotournee in Deutschland Geld für ihre Moskauer Schule aufzutreiben. Sie gerät an einen betrügerischen Impresario und muß ohne Geld nach Paris weiterreisen. Sie kehrt nicht mehr nach Rußland zurück.

27. Dez. 1925 Jessenin nimmt sich in einem Leningrader Hotelzimmer das Leben.

1926 Isadora beginnt mit der Niederschrift ihrer Memoiren: »My Life«. Ihre Auftritte werden seltener.

14. Sept. 1926 Isadora tritt gemeinsam mit dem Dichter Jean Cocteau auf der kleinen Bühne ihres Studios in Nizza auf; sie verbringt ihre Zeit zwischen Nizza und Paris. In dem jungen russischen Pianisten Seroff hat sie einen neuen Liebhaber gefunden; wenn Seroff nicht bei ihr ist, greift sie sich junge Männer von der Straße auf.

8. Juli 1927 Isadoras letzte Vorstellung im Théâtre Mogador in Paris; sie tanzt Schubert und Wagner.

14. Sept. 1927 Isadora stirbt in Nizza, als sich ihr langer Schal im Speichenrad eines offenen Bugatti-Sportwagens verfängt und sie erdrosselt. Fünf Tage später wird sie eingeäschert; ihre Asche wird in Paris auf dem Prominentenfriedhof Père-Lachaise unmittelbar neben den Urnen ihrer Kinder beigesetzt.

VERZEICHNIS DER WICHTIGSTEN CHOREOGRAPHIEN

1902 »Orpheus« (Gluck; drei kurze Stücke).
1903 »Tanz-Idyllen« mit »Bacchus und Ariadne«,
»Pan und Echo«,
»Primavera«,
»Der Engel mit der Violine«,
»Musette«,
»Das Mädchen und der Tod«,
»Menuett«.
1904 Beethoven-Programm mit Studien zur 7. Sinfonie,
Sonate Pathétiquem op. 13,
Presto aus der Sonate op. 10, Nr. 1,
Sonate quasifantasia op. 27, Nr. 2,
»Bacchanale« aus »Tannhäuser« (Wagner).
1905 Brahms-Walzer (op. 52, Nr. 6 und op. 39, Nr. 15),
Chopin-Walzer (op. 64, Nr. 1 und Nr. 2, op. 69, Nr. 1, op. 70, Nr. 1),
Chopin-Mazurka (op. 33, Nr. 3),
Strauss-Walzer »An der schönen blauen Donau«,
»Iphigenia in Aulis« (Gluck),
»Orpheus« (Gluck; Fortsetzung der 1902 begonnenen Arbeit).
1908 »Siebte Sinfonie« (Beethoven),
drei Nationaltänze: Norwegisch, Slawisch, Spanisch.
1909 »Militärmarsch« (Schubert),
«Sechs deutsche Tänze« (Schubert).
1911 Tanz der Blumenmädchen aus »Parsifal« (Wagner),
Tanz der Lehrlinge« aus »Die Meistersinger« (Wagner),
»Gigue«, »Zwei Gavotten«,
Fortsetzung der Arbeit am »Orpheus«, nun mit Chorus.

1914 »Unvollendete Sinfonie« (Schubert),
»Ave Maria« (Schubert).

1915 Chopin-Programm,
»Fünfte Sinfonie« (Beethoven),
»Marseillaise«.

1916 »Iphigenia in Tauris« (Gluck).
»Sechste Sinfonie« (Tschaikowsky).

1917 »Slawischer Marsch« (Tschaikowsky).

1919 »Trauermarsch« (Chopin),
»Trois Poèmes«.

1920 Vorspiel zu »Parsifal« (Wagner).

1921 »Siebte Sinfonie« (Schubert).

1922 »Internationale«,
»Bénédiction de Dieu« (Liszt),
»Funeral March« aus »Götterdämmerung« (Wagner),
Vorspiel und »Isoldes Liebestod« aus Tristan und Isolde« (Wagner),
Skrjabin-Programm mit dem Scherzo aus der 1. und dem »Idyll« aus der 2. Sinfonie, der Sonate Nr. 4 und drei Etuden.

1923 »Rosen aus dem Süden« (Johann Strauss),
»Einzug der Götter nach Walhall« aus »Das Rheingold« (Wagner),
»Eine Nacht auf dem Kahlen Berg« (Mussorgski).

1924 »Impressions of Revolutionary Russia« (Revolutionslieder).

1928 »Mazurka« (Chopin),
»Die drei Grazien«.

LITERATURVERZEICHNIS

1. Schriften von Isadora Duncan

Isadora Duncan: *»Der Tanz der Zukunft«*, übersetzt und eingeleitet von Karl Federn, Leipzig 1903
Isadora Duncan: *»My Life«*, London 1927
Isadora Duncan: *»The Art of the Dance«*, New York 1928

2. Bücher über Isadora Duncan

Axel von Cossard: *»Isadora Duncan (Liebe der Tanzkunst)«*, Köln 1986
Ann Daly: *»Done into Dance. Isadora Duncan in America«*, Bloomington & Indianapolis 1995
Mary Desti: *»The Untold Story. The Life of Isadora Duncan 1921–1927«*, New York 1929
Dorée Duncan/Carol Pratl/ Cynthia Splatt: *»Life into Art. Isadora Duncan and Her World«*, New York/London 1993
Irma Duncan: *»Isadora Duncan. Pioneer in the Art of Dance«, New York 1958*
Irma Duncan: *»Duncan Dancer«*, Middletown, Con., 1966
Irma Duncan/Ross MacDougal: *»Isadora Duncan's Russian Years«*, New York 1929
Maurice Lever: *»Primavera – Tanz und Leben der Isadora Duncan«*, München 1988
Allan Ross MacDougal: *»Isadora Duncan. A Revolutionary in Art and Love«, New York 1960*
Paul David Magriel: *»Isadora Duncan«, New York 1947*
Max Niehaus: »Isadora Duncan – Triumph und Tragik einer Tänzerin«, München 1988
Franklin Rosemont (Hg.): *»Isadora Speaks Isadora Duncan«*, San Francisco 1981

Victor Seroff: *»The Real Isadora«*, London 1972
Francis Stegmuller (Hg.): *»Your Isadora. The Love Story of Isadora Duncan and Gordon Craig. Told through letters and diaries«*, New York 1976
Carola Stern: *»Isadora Duncan und Sergej Jessenin. Der Dichter und die Tänzerin«*, Reinbek 1988
Walter Terry: *»Isadora Duncan. Her Life, Her Art, Her Legacy«*, New York 1963

3. Aufsätze über Isadora Duncan

Frederick Ashton: *»Ein Mensch, den man nicht vergißt«*, in: Das Beste aus Reader's Digest, November 1968
Ann Daly: *»Die beständige Schönheit der Körperlinie. Isadora Duncans letzte Tanzschöpfungen«*, in: Ballett international,˜Heft 8 (August) 1990
Gillian Freeman: *»A Brief Life«*, im Programmheft zur Uraufführung von Kenneth MacMillans Ballett »Isadora«, The Royal Ballet, London, 30. April 1981
Claudia Jeschke: *»Neuerungen der performativen Technik um 1900. Eleonora Duse und Isadora Duncan«*, in: Tanzdrama Nr. 48, Herbst 1999
N. Israel: *»Isadora Duncans Freitanz-Schule«*, in: Album 1906 – Das Theater, Berlin
Don McDonagh: *»Isadora Duncan«*, in: Don McDonagh's Complete Guide to Modern Dance, New York 1976
Joseph H. Mazo: *»Isadora Duncan«* in: Prime Movers. The Makers of Modern Dance in Amerika, New York 1977
Max Merz: *»Die Elizabeth-Duncan-Schule auf Schloß Kleßheim, Salzburg«*, in: Die Leibesübungen, Jahrgang 1928, Heft 13/14
Erich Schmidt: *»Isadora Duncan und ihre Schule«*, Tanzdrama Nr. 46, Sommer 1999

4. Nachschlagewerke

Taryn Benbow-Pfalzgraf (Hg.): *»International Dictionary of Modern Dance«*, Detroit, New York, London 1998
Anatole Chujoy/P. W. Manchester: *»The Dance Encyclopedia«*, New York 1967

Nary Clarke/David Vaughn: »The Encyclopedia of Dance and Ballet«, London 1977
Horst Koegler: *»Reclams Ballettlexikon«*, Stuttgart 1984
Otto Schneider: *Tanzlexikon«*, Wien 1985

5. Andere Bücher zum Thema

Selena Iwanowana Poljakowa: *»Stanislawski. Leben und Werk des großen Theaterregisseurs«*, Bonn 1981
Natalia Roslavleva: *»Era of the Russian Ballet. 1917–1965«*, London 1966

PERSONENREGISTER

Pina Bausch ist die wichtigste
Tänzerin und Choreographin
dieses Jahrhunderts.
Ihr Tanztheater erlangte
Weltgeltung, weit über
Wuppertal hinaus.

Ihre revolutionären
Inszenierungen haben das
Publikum in höchstes Erstaunen
versetzt: Sie lockte alle an –
die begeisterten Fans,
die skeptischen Kritiker und
das entsetzte Establishment.
Alle wollten ihr huldigen,
auf ihre Art.

Das einstige Genie der Essener
Folkwang-Schule hatte es
geschafft: In zehn Jahren
konnte sie alles niederreißen,
was bis dato für das Tanztheater
galt. Es gab kein Ensemble, das
sich nicht an ihrer Kunst
orientiert hätte. Sie definierte
das Genre völlig neu. Und
Grenzen zu überschreiten, das
ist ihr großes Ziel – noch heute.

Jochen Schmidt

»Tanzen gegen die Angst«
Pina Bausch
22 Abbildungen
Originalausgabe

Econ ULLSTEIN List

Paula Modersohn-Becker gehört zu den ganz Großen der Malerei des 20. Jahrhunderts. Ihre künstlerische Heimat ist für viele Jahre die Malerkolonie Worpswede, aber sie will mit ihren Bildern immer weit über die romantisch-rückwärtsgewandte Kunst hinaus. Sie sucht das Neue, lehnt Weichzeichnung ab, weil sie spürt, dass sie sich dem gerade anbrechenden Jahrhundert stellen muß. Paula verlässt die Idylle und geht nach Paris. Dort findet sie zu ihrer Kunst: Sie malt expressionistisch, experimentiert mit Farben und Formen. Und sie provoziert, stellt sich selbst als nackte Schwangere dar ... Die Kritik reagiert vernichtend. Sie verkauft Zeit ihres Lebens kein einziges Bild. Doch das spornt sie nur zu Höchstleistungen an. Sie weiß, sie kann Großartiges leisten. Monika Keuthen zeichnet ein wunderbares Bild der Paula Modersohn-Becker, so kraftvoll und facettenreich wie ihre Gemälde.

Monika Keuthen

»...und ich male doch!«
Paula Modersohn-Becker
25 farbige und schwarz-weiße Abbildungen
Originalausgabe

Gala Dalí (1894-1982) ist die Muse der Musen. Ohne sie war der geniale Surrealist Salvador Dalí ein Nichts. Das wußte er – und sagte es auch. Sie war das zweite Ich eines Künstlers, für den Leben und Arbeit ohne ihre Liebe undenkbar waren. Als sie starb, schien auch er am Ende seines Lebens - und seiner Kunst.

»Sie hat mich in Trance versetzt und macht aus meinen Wahnideen mein Genie«, sagt Dalí selbst und empfindet es als großes Glück, von ihr beherrscht zu werden. Und sie nutzt egoistisch sein Talent, um auszudrücken, was sie will.

Die Liebe zwischen dem Künstler und der Muse ist geprägt von Unterwerfung und vollkommenem Ausgeliefertsein, aber auch von Hass und Zerstörung. Sie ist eine noch größere Exzentrikerin und Neurotikerin als er. Absolut narzistisch und diktatorisch, Tyrannin und Fee in einer Person. Sie ist Salvador Dalí.

Annette Seemann

»Ich bin alles!«
Gala Dalí
25 Abbildungen
Originalausgabe

»Ich habe schon immer getan, was ich wollte. Women's lib? Ich war schon eine befreite Frau, bevor es den Namen überhaupt gab.« Die stets gelangweilte Amerikanerin aus reichem Hause, Venedigs letzte Dogeressa, war immer auf der Suche nach dem Funkeln in ihrem Leben. Alle zerrissen sich die Mäuler über sie. Und allen hat sie es gezeigt, die unverbesserliche, kunstwütige, zugleich schüchtern und provokant wirkende Peggy Guggenheim.

Ein unglückliches Kind, aber eine reiche Erbin, ihre legendäre Kunstsammlung machte sie zu einer der bedeutendsten Frauen ihrer Zeit.

Annette Seemann

»Ich bin eine befreite Frau« Peggy Guggenheim
23 Abbildungen
Originalausgabe

Econon ULLSTEIN List

R11